Ralph Hartmann

»Die ehrlichen Makler«

Ralph Hartmann

»Die ehrlichen Makler«

Die deutsche Außenpolitik und
der Bürgerkrieg in Jugoslawien
Eine Bilanz

Dietz Verlag Berlin

Hartmann, Ralph: »Die ehrlichen Makler«. Die deutsche Außenpolitik und
der Bürgerkrieg in Jugoslawien. Eine Bilanz /
Ralph Hartmann. – Berlin : Dietz Verl. GmbH 1998. – 255 S.

ISBN 3-320-01958-9

© Dietz Verlag Berlin GmbH 1998
Umschlag: Trialon Berlin unter Verwendung eines Fotos von:
AP-Photo/Fritz Reiss
Typographie: Brigitte Bachmann
Satz: dietz berlin
Druck und Bindearbeit: Druck- und Verlagsanstalt Wiener Verlag GmbH
Printed in Austria

Inhalt

Vorwort von Hans Modrow   7

KAPITEL 1
Danke, Deutschland, danke vielmals   11

KAPITEL 2
Kaiser, Kanzler und die Serben   21

KAPITEL 3
Wider die »serbische Verbrecherclique« –
Rache für Sarajewo   41

KAPITEL 4
Der Absturz   67

KAPITEL 5
Deutsches Schuldkonto   119

KAPITEL 6
Alle Dinge in der Welt haben ihre Ursache   183

KAPITEL 7
Vom Grotesken zum Schrecklichen ist es nur
ein Schritt   204

KAPITEL 8
Test mißlungen, Durchbruch erzielt   219

Nachwort von Oskar Fischer   234

ANHANG

Chronologie der Entwicklung und des Zerfalls
Jugoslawiens   239

Personenverzeichnis   252

Vorwort

Im Februar 1991 beschäftigte sich das Plenum des Bundestages erstmals mit der sich zuspitzenden Krise in Jugoslawien. Zu diesem Zeitpunkt trat die deutsche Außenpolitik offiziell und gemeinsam mit den anderen EG-Staaten noch für den Erhalt der jugoslawischen Föderation und für eine friedliche Lösung des Konfliktes im Rahmen »eines geeinten, demokratischen Jugoslawiens« ein. Doch im außenpolitischen Ausschuß und in der Plenardebatte selbst gab es bereits erste Anzeichen dafür, daß sich das staatlich vereinigte Deutschland anschickte, sich in die innerjugoslawischen Angelegenheiten einzumischen und Feindbilder in Gestalt »noch vorhandener kommunistischer Machtstrukturen in Jugoslawien«, »serbischer Hegemonialansprüche« und »Restaurationsversuchen der jugoslawischen Volksarmee« aufzubauen.

Angesichts dessen hielt ich es als damaliger außenpolitischer Sprecher der PDS/Linken Liste im Bundestag für erforderlich, auf das enge Wechselverhältnis zwischen Deutschland und Jugoslawien in der Geschichte hinzuweisen und zu betonen, daß die Achtung vor den 1,7 Millionen jugoslawischen Opfern, die der von Hitlerdeutschland entfesselte Zweite Weltkrieg forderte, das vereinigte Deutschland zu größtem Respekt, zu höchster Zurückhaltung bei der Bewertung der inneren Entwicklung in Jugoslawien verpflichtet. Nachdrücklich appellierte ich an die anderen im Bundestag vertretenen Parteien, auf alle Versuche, Druck auf Jugoslawien auszuüben und aus kurzsichtigen machtpolitischen Erwägungen heraus den drohenden Zerfall der jugoslawischen Föderation zu beschleunigen, zu verzichten und für solche äußeren Bedingungen zu wirken, die es den jugoslawischen Völkern ermöglichen, selbst und ohne äußere Einmischung über ihre Zukunft, über die gesellschaftliche und staatliche Form ihres Zusammenlebens zu entscheiden.

Wie schon auf innenpolitischem Gebiet, wo die Forderung nach einer Korrektur des verhängnisvollen Anschlußkurses auf taube Ohren stieß, verhallten auch die Appelle zur außenpolitischen Mäßigung und friedensstiftenden Vermittlung ungehört. Die ausschließlich von wahl- und machtpolitischen Erwägungen bestimmte Vereinigungspolitik der Regierenden im Innern fand ihre Entsprechung in einer vom Streben nach Macht und Einfluß geprägten Politik nach außen. Das von einer tiefen inneren Krise erschütterte Jugoslawien wurde zum Testfeld der Außen- und Militärpolitik des größer gewordenen Deutschlands erkoren. Statt die Lehren der Geschichte zu beherzigen, knüpfte die Bundesrepublik unter der Kohl-Genscher-Regierung an Traditionslinien großdeutscher Balkanpolitik an. Statt in der Jugoslawienkrise ausgleichend und vermittelnd zu wirken, wurde sie selbst zur Partei im Konflikt und Schritt für Schritt letztlich zur Kriegspartei.

Seit dem Ende der bipolaren Blockkonfrontation hat kein anderes außenpolitisches Thema über Jahre hinweg die Schlagzeilen und Kommentarspalten der Welt- und Boulevardpresse, die Nachrichten und Berichte der elektronischen Medien so bestimmt wie der schreckliche Bürgerkrieg im zerbrechenden Jugoslawien. Erschienen sind dazu zahlreiche Bücher, Monographien, Reportagen, Nachschlagwerke, Bildbände. Aber bisher hat sich keines von ihnen umfassend und kritisch mit der Politik der Bundesrepublik Deutschland in der Jugoslawienkrise beschäftigt. Das ist um so verwunderlicher, wenn man bedenkt, daß es sich dabei um die erste selbständige außenpolitische Aktion des staatlich vereinigten Deutschlands handelt. Diese Lücke zu schließen, allein schon das ist ein Verdienst des vorliegenden Buches von Ralph Hartmann.

Mit ihm kehrt der Außenpolitiker und Autor der »Liquidatoren«, des vielbeachteten Buches über die Treuhandanstalt und die Zerstörung des sich selbst tragenden ostdeutschen Wirtschaftsstandortes, zu seinem eigentlichen Beruf und, wenn man so will, zu seiner zweiten Heimat, Jugoslawien, zurück. Aus jahrelanger gemeinsamer Arbeit in Bonn, dem Sitz des Bundestages, weiß ich, daß ihn der Zerfall Jugoslawiens und die Haltung der Bundesrepublik Deutschland mehr als jedes andere außenpolitische Thema beschäftigte. Zu ihm hat er nicht wenige Pressebeiträge publiziert, Vorträge und Foren bestritten, öffentliche Polemiken geführt. Das Verfassen einer umfassenden Betrachtung hat er immer wieder hinausgezögert, weil ihn die jugoslawische Tragödie zu sehr schmerzte und die Politik des Landes, dessen Bürger er geworden war, gegenüber dem Land, dem seine Achtung und Zuneigung gehörte, allzu betroffen machte. Erst jetzt, mit einem gewissen zeitlichen Abstand, fühlte er sich in der Lage, sich diesem Thema ausführlich zu widmen; das Gefühl der Betroffenheit ist immer noch spürbar. Das so entstandene Buch beweist erneut, auch anspruchsvolle politische Themen lassen sich so behandeln, daß sie dem Leser nicht nur überaus notwendige und interessante Fakten und Einblicke in Zusammenhänge, sondern zugleich eine fesselnde Lektüre bieten.

Anhand einer Fülle von Tatsachen und Dokumenten untersucht das Buch die Jugoslawienpolitik der Bundesrepublik seit dem Ausbruch der Krise. Bewußt verzichtet es auf eine herkömmliche, dem interessierten Zeitzeugen weitgehend bekannte chronologische Darstellung. Statt dessen führt es, losgelöst von den zeitlichen Abläufen, den Leser scheinbar kreuz und quer, aber mit sicherer Hand und Blick für das Wesentliche ebenso wie für das Wissenswerte und Aufschlußreiche durch die Phasen der von dichten propagandistischen Nebelwolken verhüllten bundesdeutschen Einmischungspolitik und legt ihre Formen und Methoden ebenso wie ihre Motive und Folgen dar. Chronologisch geordnet sind nur die Abschnitte, die sich mit der Politik des Deutschen Kaiserreiches und des Dritten Reiches gegenüber den südslawischen Völkern, vor allem den Serben, befassen. Sie erhellen den historischen Hintergrund, vor dem die heutige Jugoslawienpolitik der Bundesrepublik noch plastischer erscheint und ohne den sie nicht ausreichend bewertet werden kann.

Allseitig und gründlich, aber ohne den für Deutsche leider so typischen Anspruch darauf, letzte und unumstößliche Wahrheiten zu verkünden, untersucht das Buch auch die Ursachen für den Untergang der jugoslawischen Föderation und den Ausbruch des tragischen und grausamen Bürgerkrieges. Dabei kommen dem Autor die Sachkenntnis und das Verständnis für die komplizierten

Beziehungen zwischen den Menschen und Nationen dieses Raumes zugute, die er sich in über 13jähriger diplomatischer Tätigkeit in Jugoslawien, darunter von 1982 bis 1988 als Botschafter der DDR, erworben hat. Schon allein deshalb ergreift er weder Partei für die Serben noch für die Kroaten oder die Moslems. Parteiisch, und das entschieden, wendet er sich nur gegen diejenigen in der Bundesrepublik Deutschland, die mit ihrer Politik der einseitigen Parteinahme und der Dämonisierung der Serben schwere Mitschuld an der jugoslawischen Tragödie tragen. Obwohl er es konsequent ablehnt, serbische Schuld gegen kroatische oder moslemische aufzurechnen und damit die Bürgerkriegsgreuel der einen Seite durch die der anderen zu relativieren, wird ihm das in gewissen Kreisen den in Deutschland schweren Vorwurf einbringen, »proserbisch« zu sein. Er wird damit leben können; gegen den Strom zu schwimmen ist allemal besser als sich opportunistisch oder blind von ihm mitreißen zu lassen.

Trotz nicht weniger geschichtlicher Rückblenden und der Untersuchung von Ereignissen in jüngster Vergangenheit, die langsam zur Geschichte werden, ist das Buch von Ralph Hartmann keine historische Betrachtung. Es behandelt die deutsche Außenpolitik in einem aktuellen Konflikt, in dem die Waffen gegenwärtig schweigen, der jedoch jederzeit erneut und mit verheerenderen Folgen eskalieren kann. Dem Autor ist das Veranlassung, unter Bruch so mancher Denkschemata und Tabus über Lösungsmöglichkeiten nachzudenken. Unabhängig davon, wie manch einer zu dieser oder jener Anregung stehen wird, seine Untersuchung des Vorgehens der Bundesrepublik in der Jugoslawienkrise macht ein Warnzeichen deutlich sichtbar, das nicht nur für die Politik Deutschlands auf dem Balkan gilt und nicht übersehen werden sollte.

Hans Modrow

KAPITEL 1
Danke, Deutschland, danke vielmals

»Danke, Deutschland, mein Herz steht in Flammen. Danke, Deutschland, für das liebe Geschenk«, so beginnt ein Lied, das um die Jahreswende 1991/92 in Zagreb, der Hauptstadt der früheren jugoslawischen und heutigen unabhängigen Republik Kroatien, entstand. Mit ihm wurde eine Tat gewürdigt, mit der die Bundesrepublik Deutschland erstmals nach der staatlichen Vereinigung im Alleingang Außenpolitik betrieben und ihr Debüt als wiedererstandene Großmacht auf der internationalen Bühne gegeben hatte. Das »liebe Geschenk« war die am 19. Dezember 1991 vollzogene Anerkennung der Unabhängigkeit Kroatiens seitens der Bundesrepublik.

Urteilt man nach dem Zagreber Lied, dann war der Erstauftritt ein voller Erfolg. Es hat schon Seltenheitswert, daß ein Staat für sein außenpolitisches Vorgehen in einem anderen Land Dank in so poetischer, anrührender Form erntet. Vergegenwärtigt man sich zudem, daß das Danklied an die bundesdeutsche Außenpolitik mit besonderer Inbrunst in einer Restauration angestimmt wurde, die den Namen des Chefs dieser Politik trug, dann tritt das Ungewöhnliche dieses Vorganges um so plastischer hervor. Im »Café Genscher« loderten die Flammen des herzlichen Dankes für das »liebe Geschenk« empor bis zum hymnischen Finale: »Danke, Deutschland, danke vielmals! Jetzt sind wir nicht mehr allein. Wir fühlen unser Glück. Die Menschen sind froh. Die Freude hat uns erreicht. Für mich und für dich kommt die Hoffnung ins zerstörte Heim. Plötzlich scheint die Sonne über uns.«[1]

Worte, Worte, Worte – in Wahrheit handelte es sich um einen Wortbruch. Ein reichliches Jahr vor der Komposition des Liedes, am 12. September 1990, hatte der Namensgeber des Zagreber Cafés, der Bundesminister des Auswärtigen der Bundesrepublik

---
1 Zitiert nach Cornelia Domaschke/Birgit Schliewenz: Spaltet der Balkan Europa?, Berlin 1994, S. 247.

Deutschland, Hans-Dietrich Genscher, gemeinsam mit dem amtierenden Außenminister der Deutschen Demokratischen Republik, Ministerpräsident Lothar de Maizière, sowie den Außenministern Frankreichs, Großbritanniens, der UdSSR und der USA, Roland Dumas, Douglas Hurd, Eduard Schewardnadse und James Baker, in Moskau den »Vertrag über die abschließende Regelung in bezug auf Deutschland« unterzeichnet. Diese Vereinbarung, eingegangen in die Geschichte als »Zwei-plus-Vier-Vertrag«, machte außenpolitisch den Weg für die Vereinigung der beiden deutschen Staaten frei und regelte die äußeren Aspekte für die Wiedererlangung der vollen Souveränität des vereinigten Deutschlands. Mit ihr verpflichtete sich der zukünftige deutsche Einheitsstaat in völkerrechtlich verbindlicher Weise zur Einhaltung einer Reihe von Bedingungen, die die vier Siegermächte des Zweiten Weltkrieges für die Ablösung ihrer Rechte und Verantwortlichkeiten aus der Kriegs- und Nachkriegszeit stellten. In dem Vertrag erklärten die Regierungen der Bundesrepublik und der DDR, daß vom deutschen Boden nur Frieden ausgehen wird und daß nach der Verfassung des vereinigten Deutschlands Handlungen, die geeignet sind und in der Absicht unternommen werden, das friedliche Zusammenleben der Völker zu stören, verfassungswidrig und strafbar sind.[2]

Ganz in diesem Sinne erklärte der bundesdeutsche Außenminister bei der Unterzeichnung: »Für uns Deutsche ist dieser Vertrag, den wir heute unterzeichnen, ein Anlaß zu Freude, zu Selbstbesinnung und zu Dankbarkeit. Er verpflichtet uns, unsere Verantwortung zu erkennen für die großen Herausforderungen unserer Zeit, für die Wahrung des Friedens, die wirtschaftliche Entwicklung der Dritten Welt, für die Herstellung sozialer Gerechtigkeit überall und für den Schutz der natürlichen Lebensgrundlagen.

Wir werden uns unserer Verantwortung stellen, und wir werden ihr gerecht werden. Unsere Botschaft an die Völker dieser Welt ist:

Wir wollen nichts anderes, als in Freiheit und Demokratie und in Frieden mit allen anderen Völkern leben.«[3]

---

2 Vgl. Vertrag über die abschließende Regelung in bezug auf Deutschland, Presse- und Informationsamt der Bundesregierung, Bonn, September 1990.
3 Ebd., S. 56.

Nicht weniger bewegt und feierlich hatte er vorangestellt: »Die staatliche Einheit bedeutet für uns größere Verantwortung, aber nicht Streben nach mehr Macht«[4]; ein Gelöbnis, das er eine Woche später, am 20. September, in einer Regierungserklärung vor dem Bundestag in Bonn wiederholte und präzisierte: »Das vereinigte Deutschland wird größeres Gewicht haben. Wir wissen, daß sich die Völker Europas die Frage stellen, wie wir Deutschen dieses größere Gewicht nutzen werden.

Es kann darauf nur eine Antwort geben: Mit diesem größeren Gewicht streben wir nicht nach mehr Macht, wohl aber sind wir uns der größeren Verantwortung bewußt, die daraus erwächst.«[5]

Worte, Worte, Worte – ein Jahr später waren sie nur noch Schall und Rauch. So wie die Bundesregierung das Versprechen von den »blühenden Landschaften« in Ostdeutschland nicht einhielt, so brach es das der internationalen Gemeinschaft gegebene Wort. Ungeachtet aller feierlichen Erklärungen über Friedensverantwortung und Verzicht auf Machtstreben mischte sich die Bundesrepublik massiv in die inneren Angelegenheiten eines der Staaten der Antihitlerkoalition, der zugleich zu den Gründungsmitgliedern der Organisation der Vereinten Nationen und der Bewegung der Nichtpaktgebundenheit gehörte, ein, erpreßte Frankreich, Großbritannien und andere EG-Länder, setzte sich über den Widerstand der USA hinweg und mißachtete die Position der zerfallenden UdSSR. Deutschland, einig und wiedererstarkt, die »Nummer Eins in Europa«, wie es der Bundeskanzler auszudrücken pflegt, betrat die außenpolitische Bühne und betrieb erstmals nach dem Zweiten Weltkrieg wieder offen Großmachtpolitik – auf dem Balkan, wo es schon zweimal in diesem Jahrhundert angetreten war und schlimmstes Unheil angerichtet hatte.

Wider alle Gebote der Vernunft und politischen Verantwortung insistierte die Bundesrepublik im Spätherbst 1991 auf die internationale Anerkennung der jugoslawischen Teilrepubliken Kroatien und Slowenien – zu einem Zeitpunkt, an dem die Fragen einer Transformation oder Auflösung der SFRJ völlig ungelöst

---

4 Ebd., S. 54.
5 Ebd., S. 86.

waren und seitens der KSZE, EG und UNO intensive Anstrengungen zur Beendigung des Bürgerkrieges unternommen wurden. Unbeeindruckt von den Warnungen zahlloser Balkanspezialisten, bis hin zu denen im eigenen Auswärtigen Amt, setzte die Kohl-Genscher-Regierung, unterstützt und nicht selten vorangetrieben von Teilen der SPD-Opposition, ihre Position mit erpresserischem Druck durch.

Selbst in den USA rief der schroffe Übergang von den Verzichtserklärungen auf Machtstreben in den Zwei-plus-Vier-Zeiten zu offenkundiger Großmachtpolitik Erstaunen und Ablehnung hervor, über die die »Berliner Zeitung« am 19. Dezember 1991 zu berichten wußte:

»US-Präsident George Bush hat seine regelmäßige Telefoniererei mit dem Bonner Bundeskanzler eingestellt, denn der Chef der amerikanischen Supermacht ist verärgert. ›Bonn läßt in der Jugoslawienfrage die Muskeln spielen‹, erklärte ein Sprecher des USA-Außenministeriums, ›und das ist uns gar nicht recht‹.

In großer Aufmachung verkündigte die ›New York Times‹ das Ende des ›Zeitalters des politischen Zwergs Deutschland‹. Und der amerikanische UNO-Botschafter Thomas Pickering grummelte über die Geburt der ›Großmacht Deutschland‹.

Nach Ansicht der Regierung in Washington leisten sich die Deutschen derzeit auch Unerhörtes: Gegen den erklärten Willen der amerikanischen Regierung will Bonn die Unabhängigkeit der jugoslawischen Bürgerkriegsrepubliken Slowenien und Kroatien anerkennen ...

Nach amerikanischer Einschätzung ist Bonn ... zum ›großen Bruder‹ auf Konfrontationskurs gegangen: ›Durch die Überwindung der deutschen Teilung sind die Deutschen in eine politische Führungsrolle in Europa hineingewachsen‹, erklärte ein Berater von James Baker. ›Und mit einem in der Nachkriegszeit nicht erlebten Selbstbewußtsein füllen sie diese Rolle jetzt auch sehr aktiv aus‹ ...

Helmut Sonnenfeld von der Washingtoner ›Denkfabrik‹ Brookings-Institution glaubt, daß die amerikanische Regierung das neue deutsche Selbstbewußtsein wie ein Schlag getroffen hat ... Befreit von Rücksichtnahmen wegen des Ost-West-Konfliktes würden sich die Deutschen jetzt so mächtig benehmen, wie sie es eigentlich schon vorher gewesen seien ...«[6]

Wenige Tage zuvor hatte sich in New York bereits der Sicherheitsrat der Vereinten Nationen mit den Jugoslawienplänen der Bundesrepublik befaßt. In einer einstimmig angenommenen Resolution hatte er sie vor einer vorzeitigen Anerkennung Kroatiens sowie Sloweniens gewarnt und »alle Staaten dringend aufgefordert, auf jegliche Aktionen zu verzichten, die die Spannungen in Jugoslawien erhöhen sowie die Sicherung des Waffenstillstandes behindern und eine friedliche Lösung des Konflikts verzögern könnten«.[7] Schon bei der Vorbereitung der Resolution machte US-Botschafter Pickering deutlich, daß seine Regierung deren Hauptzweck in einer Warnung an Deutschland sah: »Die Deutschen kennen unsere Position, und wir erwarten eine positive Reaktion.«[8] Die Erwartung, daß die Bundesrepublik ihre Position überdenkt, äußerten auch die UN-Botschafter der UdSSR und Großbritanniens.

Höhepunkt der Auseinandersetzungen um die Bonner Balkanpolitik war ein scharfer Briefwechsel zwischen dem Vorsitzenden der Jugoslawienkonferenz, Lord Peter Carrington, früherer Außenminister Großbritanniens und Generalsekretär des Nordatlantikpaktes, dem Generalsekretär der Vereinten Nationen, Javier Pérez de Cuéllar, und dem deutschen Außenminister Hans-Dietrich Genscher. Während Lord Carrington darauf hinwies, daß eine frühzeitige Anerkennung Sloweniens und Kroatiens den Abbruch der Friedenskonferenz bedeuten würde und »der Funke sein (könnte), der Bosnien-Herzegowina in Brand setzt«[9], schrieb der UN-Generalsekretär wörtlich: »... Ich bin tief beunruhigt darüber, daß eine verfrühte, selektive Anerkennung den gegenwärtigen Konflikt ausweiten und eine explosive Situation hervorrufen könnte, besonders in Bosnien-Herzegowina und auch in Mazedonien; tatsächlich könnten schwerwiegende Folgen für die ganze

---

6 Bericht von Peter W. Schroeder (Washington), in: Berliner Zeitung, 19.12.1991.
7 ADN, New York, 15.12.1991.
8 Ebd.
9 Dokumentation zum Krieg auf dem Balkan, in: »Versöhnung«, Zeitschrift des »Versöhnungsbundes«, Mai 1996.

Balkanregion daraus entstehen. Ich glaube daher, daß unkoordinierte Handlungen vermieden werden sollten.«[10]

Doch Bonn blieb hart, es scherte sich wenig um seine kurz vor der deutschen Vereinigung gegebenen Zusicherungen und die zu erwartenden Folgen seiner Politik für die jugoslawischen Völker und die gesamte Balkanregion. Genscher brachte seine »Besorgnis« über die Ausführungen des UN-Generalsekretärs zum Ausdruck, ließ ihn abblitzen und den kritisierten Absichten Taten folgen. Als Hebel wurden die Maastricht-Verträge über die Schaffung einer Wirtschafts- und Währungsunion benutzt, wirkungsvoll und ziemlich skrupellos. Horst Grabert, in den 80er Jahren angesehener und erfolgreicher Botschafter der Bundesrepublik in Belgrad, schilderte das Vorgehen Bonns 1993 mit folgenden Worten: »Der Vertrag von Maastricht wird am 10. Dezember 1991 von den Regierungschefs der EG unterschrieben, sechs Tage später werden die EG-Partner von Deutschland erpreßt, die Anerkennung Sloweniens und Kroatiens vorzunehmen. Deutschland werde am 18. Dezember anerkennen, wird dem Rat (Ministerrat der EG – R. H.) mitgeteilt. Soll die gerade in Maastricht vereinbarte gemeinsame Außenpolitik nicht schon nach sechs Tagen beerdigt werden, müssen die anderen EG-Staaten der deutschen Ankündigung folgen. Um die deutsche Führungsposition zu unterstreichen, wartet Deutschland nicht einmal den von der Gemeinschaft vereinbarten Termin zum 15. Januar 1992 ab, sondern vollzieht die Anerkennung ›noch vor Weihnachten‹, wie Bundeskanzler Kohl den Deutschen Bundestag schon Mitte Dezember hatte wissen lassen.«[11]

Zu den wenigen Trümpfen, die Bonn in diesem Spiel um das Schicksal Jugoslawiens hatte, gehörte neben der symbolträchtigen und bewährten DM, die in Maastricht bei Wohlverhalten der Partner auf dem Altar der europäischen Einheit geopfert werden sollte, der balkanerfahrene Vatikan. In einem Gespräch mit Johannes Paul II. unter vier Augen hatte Genscher bereits Ende November das Vorgehen abgestimmt.

---

10 Ebd.
11 Horst Grabert: »Jugoslawien: Der große Umweg«, in: Blätter für deutsche und internationale Politik, 2/1993, S. 156.

Die Folgen der von der deutschen Außenpolitik initiierten und durchgesetzten übereilten Anerkennung Sloweniens und Kroatiens sind bekannt: Jugoslawien brach unwiderruflich auseinander, der Konflikt eskalierte. Die Voraussage von Lord Carrington trat ein: Die Anerkennung wurde zum Funken, der Bosnien-Herzegowina in Brand setzte.

Die Schuld des vereinigten Deutschlands steht außer jeden Zweifel. Südosteuropa-Experten und Friedensforscher sind sich darin ebenso einig wie Außenpolitiker und Militärs.

So wurde auch während des vierten Streitgespräches in der Reihe »Balkan kontrovers« am Osteuropa-Institut der Freien Universität Berlin im Februar 1994 die deutsche Mitverantwortung für die jugoslawische Tragödie nahezu einmütig unterstrichen. Selbst der Leiter der Balkanabteilung im wahrlich nicht deutschlandfeindlichen türkischen Außenministerium, Alev Kilić, stellte fest, daß die auf deutschen Druck erfolgte frühzeitige Anerkennung der innerjugoslawischen Teilrepubliken »die Hoffnung auf eine friedliche Lösung des Konfliktes zunichte gemacht« habe.[12] Inwieweit man allerdings der Auffassung des Vertreters der Südostabteilung der »Deutschen Welle« in Köln, Heribert Korfmacher, die im Alleingang vollzogene deutsche Diplomatie sei kläglich gescheitert und der erste Versuch, das neue außenpolitische Gewicht in die Waagschale zu werfen, gehörig daneben gegangen,[13] zustimmen kann, ist eine andere Frage. Immerhin ist die Sozialistische Föderative Republik Jugoslawien von der Landkarte getilgt, Restjugoslawien geschwächt und der deutsche Einfluß in Slowenien und Kroatien groß wie nie zuvor seit dem Zweiten Weltkrieg. Neben vielen anderen Kommentatoren sieht das auch Pierre-Marie Gallors, französischer Luftwaffengeneral a. D. und führender Nuklearstratege, ähnlich, wenn er die Bundesrepublik für den Ausbruch der jugoslawischen Krise verantwortlich macht und konstatiert: »Die Zergliederung dieses Landes und die engere Ankopplung von Kroaten und Slowenen an die deutsche Wirtschaft brachten zum einen die Emanzipation jener Völker, die einst mit den Imperien in der Mitte Europas und dann mit dem

---

12 Siehe Frankfurter Allgemeine Zeitung, 25.2.1994.
13 Ebd.

›Dritten Reich‹ verbündet waren. Es bedeutet zum anderen eine Bestrafung der Serben, die so hartnäckig zu den Siegern der beiden Weltkriege gehalten hatten. Und drittens brachte es die letzten Reste jener Verträge zum Verschwinden, durch die Deutschland zweimal für seine Niederlagen bestraft wurde. Kurz, durch die Allmacht der Wirtschaft wurde zurückerobert, was durch die Waffen verlorengegangen war.«[14]

Doch es waren nicht nur Verbündete a. D., die heftige Kritik an der Außenpolitik des größer gewordenen Deutschlands übten.

Im Juni 1993 – ein Jahr nach dem glanzlosen Rücktritt Genschers – machte kein Geringerer als der damalige US-Außenminister Warren Christopher zum Entsetzen Bonns die Bundesrepublik für die Katastrophe in Bosnien-Herzegowina verantwortlich. In einem Interview mit der Zeitung »USA Today« unterstrich er: »Es wurden beim gesamten Anerkennungsprozeß und vor allem bei der zu schnellen Anerkennung schwere Fehler gemacht, und die Deutschen tragen eine besondere Verantwortung dafür.« Und er fügte hinzu: »Meine Regierung war zu jener Zeit noch nicht im Amt, doch viele ernstzunehmende Fachleute sind der Meinung, daß die Probleme, denen wir heute gegenüberstehen, aus der Anerkennung Kroatiens und später Bosniens abzuleiten sind.«[15]

Kurz danach meldete sich auch der ehemalige französische Außenminister Roland Dumas, einer der Unterzeichner des Zwei-plus-Vier-Vertrages, zu Wort und schätzte ein, daß die EG »aufgrund interner Meinungsverschiedenheiten« Slowenien und Kroatien auf »voreilige und überstürzte Weise« anerkannt und damit die Möglichkeiten für eine Verhandlungsregelung der Auflösung Jugoslawiens vertan habe. »Die Verantwortlichkeiten Deutschlands und des Vatikans für die Beschleunigung der Krise« im früheren Jugoslawien seien »offenkundig enorm«.[16]

Die darauf folgenden hektischen diplomatischen Aktivitäten und undiplomatischen Zornesausbrüche Bonns konnten die Tatsachen nicht aus der Welt schaffen: Die Bundesrepublik Deutschland hat ihre mit dem Zwei-plus-Vier-Vertrag übernom-

---

14 Die Zeit, 23.7.1993.
15 Die Welt, 18.6.1993.
16 Süddeutsche Zeitung, 21.6.1993.

menen Verpflichtungen nicht eingehalten. Sie hat ihr Wort, Handlungen zu unterlassen, die geeignet sind, das friedliche Zusammenleben der Völker zu stören, gebrochen. Der deutsche Wortbruch hat die jugoslawische Tragödie mitverschuldet.

Am 3. Oktober 1990, dem Tag, in dessen erster Minute vor dem Reichstagsgebäude in Berlin die überdimensional große schwarz-rot-goldene Einheitsflagge gehißt wurde, richtete Bundeskanzler Helmut Kohl an alle Regierungen der Welt, mit denen das nun vereinigte Deutschland diplomatische Beziehungen unterhielt, eine Botschaft. Zu den Adressaten zählte auch Ante Marković, der Ministerpräsident der jugoslawischen Föderation. Auch ihm versicherte der Kanzler: »Unser Land will mit seiner wiedergewonnenen nationalen Einheit dem Frieden in der Welt dienen ... Wir wissen, daß wir mit der Vereinigung auch größere Verantwortung in der Völkergemeinschaft insgesamt übernehmen. Unsere Außenpolitik bleibt deshalb ausgerichtet auf weltweite Partnerschaft, enge Zusammenarbeit und friedlichen Interessenausgleich.

Von deutschem Boden wird in Zukunft nur Frieden ausgehen. Wir sind uns bewußt, daß die Unverletzlichkeit der Grenzen und die Achtung der territorialen Integrität und der Souveränität aller Staaten in Europa eine grundlegende Bedingung für den Frieden ist.«[17]

Eingefügt in seine Botschaft hatte der Kanzler einen Satz, der gerade für Jugoslawien von besonderem Gewicht war. Er pries den Friedensauftrag des Grundgesetzes und schrieb: »Zugleich stehen wir zu den moralischen und rechtlichen Verpflichtungen, die sich aus der deutschen Geschichte ergeben.«[18]

Doch wie sieht der Kanzler die deutsche Geschichte, wenn er so zu den moralischen und rechtlichen Verpflichtungen gegenüber Jugoslawien und seinen Völkern steht, wie er das 1991 und danach vorgeführt hat? Was weiß der Historiker Helmut Kohl von der Politik seiner Vorgänger, von der Geschichte zwischen Deutschland und Jugoslawien, zwischen dem deutschen Kaiserreich und dem Königreich der Serben, zwischen Jugoslawien und Hitlerdeutschland?

---

17 Texte zur Deutschlandpolitik. Eine Information des Bundesministers für Innerdeutsche Beziehungen, Reihe III/Band 8b – 1990, Bonn 1990, S. 705.
18 Ebd.

Er muß nicht unbedingt im Detail wissen, wie der erste deutsche Reichskanzler Otto von Bismarck mit den Völkern Südosteuropas umgesprungen ist und trotz der Erklärung, daß ihm das Glück südslawischer Hammeldiebe vollständig gleichgültig sei, alles getan hat, um Serbien klein zu halten. Er darf zur Not nicht sonderlich bewandert sein in der Politik Kaiser-Deutschlands und seines Reichskanzlers Theobald von Bethmann Hollweg auf dem Balkan, die zum Ersten Weltkrieg und unter dem Motto »Serbien muß sterbien« zum Tod eines Fünftels der serbischen Männer führte. Aber die Politik des Reichskanzlers Adolf Hitler und die Geschichte der Beziehungen zwischen dem Dritten Reich und Jugoslawien von 1941 bis 1945 sollte er kennen, bis in ihre schrecklichsten Details.

KAPITEL 2
Kaiser, Kanzler und die Serben

»Miljačka«, der »Liebliche«, so heißt der schmale Fluß, über den im Zentrum Sarajewos eine Brücke führt, die lange Zeit den Namen von Gavrilo Princip trug. Nur wenige Schritte von ihr entfernt sind im Zement des Trottoirs die Fußabtritte des 19jährigen Gymnasiasten verewigt, dessen Tat tausendfach berichtete Geschichte wurde. Von hier aus hatte er am 28. Juni 1914 die zwei Schüsse abgefeuert, die den österreichisch-ungarischen Thronfolger Erzherzog Franz Ferdinand sofort und dessen Gemahlin wenig später zu ihren Ahnen schickten.

525 Jahre zuvor, auf den Tag genau, am 28. Juni 1389, hatte schon einmal ein Attentäter einen fremden Eroberer vom Leben zum Tode befördert. Während der Schlacht auf dem Kosovo Polje, dem Amselfeld, in der die vereinigten Heere Serbiens, Bosniens und Mazedoniens den türkischen Heerscharen unterlagen, der serbische Zar Lazar fiel und der Balkan für Jahrhunderte der Fremdherrschaft des Osmanischen Reiches geöffnet wurde, hatte der serbische Edelmann Miloš Obilić den Sultan Murat I. erstochen. Mit einem knappen Dutzend Kampfgefährten war er in das prächtige Zelt des Sultans eingedrungen, hatte sich ihm zu Füßen geworfen, unterwürfig die Zehen geküßt und ihm den Dolch tief in den Leib gerammt. Die für den Balkan und für Europa schicksalsschwere Schlacht ging verloren, die Erinnerung an die Heldentat gegen den Despoten blieb erhalten, wurde Mythos. Jahrzehntelang wurden und noch heute werden an diesem Tag, dem Vidovdan, dem Tag des heiligen Veit, von den Südslawen die Worte aus dem Nationalepos des montenegrinischen Fürsten und Dichter Petrović Negoš »Der Bergkranz« rezitiert: »Auf den Nacken tratest du den Sultan, / aufgeschlitzt hast du den Fettwanst, / edles Opfer reiner Pflichterfüllung, / deiner Ritterseele Heldengröße / stellt in Schatten alle Freiheitskämpfe ...«[19]

---

19 Cjelokupna djela Nikole i Petrovića Njegoša, Band 2, Cetinje 1969, S. 106.

Ausgerechnet an diesem Tag, dem Gedenktag der tiefsten nationalen Schmach und der höchsten patriotischen Selbstaufopferung, war der Erzherzog, Neffe des uralten Kaisers Franz Joseph und seit 1896, dem Tod seines Vaters, Thronfolger, nach Sarajewo gekommen, um nach großen Militärmanövern in dem seit 1908 annektierten Bosnien die Huldigungen seiner Untertanen entgegenzunehmen. Für die national-revolutionäre Geheimbewegung »Mlada Bosna« (Junges Bosnien), die für die Unabhängigkeit von Österreich-Ungarn und den Zusammenschluß aller südslawischen Völker eintrat, bot diese Reise, die nach der Wahl des Ortes und des Zeitpunktes nur als Provokation zu werten war, die einmalige Gelegenheit zu neuer heldischer »reiner Pflichterfüllung«. Am Attentat nahmen rund 20 Verschwörer, Serben, Kroaten und moslemische Bosnier, vor allem Schüler und Studenten, aber auch Lehrer und Händler, teil. Zum Zeitpunkt, als Gavrilo Princip seine Schüsse abfeuerte und die Nachricht über den Anschlag den Wiener Hof und dessen Verbündete in Berlin erreichte, kannte niemand die Nationalität des Schützen und seine Hintermänner – die Frage nach einer Mitschuld des amtlichen Serbiens ist auch später nie eindeutig geklärt worden[20] –, doch für beide Kaiser und ihre Kamarilla stand der Schuldige fest: die Serben. In Österreich-Ungarn und in Deutschland setzte schlagartig eine antiserbische Kampagne ein, die alles Bisherige in den Schatten stellte und den deutschen Botschafter in London, Fürst Karl Max Lichnowsky veranlaßte, den deutschen Staatssekretär im Auswärtigen Amt, Gottlieb von Jagow, vor der Illusion zu warnen, »die gesamte serbische Nation als ein Volk von Bösewichtern und Mördern zu brandmarken und ihm dadurch ... die Sympathien des gesitteten Europas zu entziehen«.[21] Ein dreiviertel Jahrhundert später war diese Warnung nicht weniger begründet als damals.

Die Serbophobie der Herrschenden in Wien hatte tiefe Ursachen. Serbien hatte sich im Laufe des 19. Jahrhunderts nach langen blutigen Kämpfen von den Türken befreit und war nach

---

20 Siehe auch Holm Sundhausen: Geschichte Jugoslawiens 1918-1980, Stuttgart 1982, S. 32.
21 Zitiert nach Imanuel Geiss: »Hegemonie und Genozid: Das Serbien-Syndrom 1991/92«, in: Europa-Archiv 15-16/1992, S. 422.

Montenegro zu einem unabhängigen südslawischen Staat geworden. Als ein nachahmungswürdiges Beispiel bedrohte allein schon seine Existenz die österreichisch-ungarische Herrschaft in Kroatien und Slowenien sowie in Bosnien, das seit 1878 unter Wiener Verwaltung stand. Hinzu kam, daß die sich hier entwikkelnde jugoslawische Bewegung, die nach einem einheitlichen Staat strebte, in Serbien Ansporn und Stütze hatte. Kein Wunder also, daß man in Wien das kleine serbische Königreich, das nach den beiden Balkankriegen an Einfluß und Territorien gewonnen hatte, als einen Kontrahenten betrachtete, der den Bestand des morschen Vielvölkerstaates bedrohte.

Schon 1876, als der serbische Fürst Miloš den Aufstand der christlichen Bevölkerung in der Herzegowina und in Bosnien gegen die türkische Fremdherrschaft unterstützte und Konstantinopel den Krieg erklärte, wurde zwischen dem russischen Staatskanzler Fürst Gortschakow, dem deutschen Reichskanzler Fürst von Bismarck und dem österreichisch-ungarischen Ministerpräsidenten Graf Andrássy auf habsburgischen Druck im sogenannten Berliner Memorandum der drei Mächte vereinbart, daß für den Fall eines Sieges der Serben »die Mächte die Enstehung eines großen slawischen Staates nicht fördern werden«.[22] Was für alle, für Deutsche und Russen, Engländer und Franzosen, Spanier und Italiener, im 19. Jahrhundert ein selbstverständliches Naturrecht war – das Leben in einem einheitlichen Staat – sollte den Südslawen bzw. den Serben ein für allemal verwehrt bleiben. Ihr Streben nach staatlicher Vereinigung wurde verketzert und zu einem bedrohlichen Gespenst gemacht. Sein Name war »Großserbien«, und unter diesem ging es – obwohl das serbische Königreich bei allem eigenen Streben nach mehr Macht und Einfluß im Vergleich zu den großen europäischen Mächten schwach und klein war, auch die Zahl der Serben war nie größer als 10 Millionen – viele Jahrzehnte um in Wien, in Berlin und anderswo, und auch bis heute ist es nicht zur Ruhe gekommen.

1913, 37 Jahre nach der Vereinbarung des »Berliner Memorandums«, Rußland stützte sich inzwischen in seiner Balkanpolitik auf die slawischen Blutsbrüder in Belgrad, waren Serbenangst

---

22 Zitiert nach Geschichte der Diplomatie, Band 2, Moskau 1947, S. 44.

und -haß zu einem bestimmenden Element österreichisch-ungarischer Außenpolitik geworden. In welchem Maße zeigten die Darlegungen des Außenministers der Donaumonarchie Graf Berchthold gegenüber dem deutschen Botschafter. Der Graf hatte die Exzellenz zu einem Zeitpunkt zu sich bestellt, an dem sich im zweiten Balkankrieg um die Aufteilung der Beute aus der befreiten europäischen Türkei ein Sieg Serbiens im Bund mit Griechenland und Rumänien gegen Bulgarien abzeichnete. Nach dem Gespräch meldete der Diplomat nach Berlin: »... Minister sagte, er halte es für seine Pflicht, die deutsche Regierung über den Ernst der Lage für die (österreichisch-ungarische) Monarchie nicht im unklaren zu lassen. Die Südslawenfrage – das heißt der ungestörte Besitz der von Südslawen bewohnten Provinzen – sei eine Lebensfrage für die Monarchie wie auch für den Dreibund. Gegenüber einem am Balkan übermächtigen Serbien würden die südslawischen Provinzen der Monarchie nicht zu halten sein ... Die Monarchie würde demgemäß möglicherweise gezwungen werden einzugreifen, falls Serbien ... Bulgarien vernichtend schlagen und Serbien sich Landstrecken aneignen würde, die über das Gebiet etwa Altserbiens hinausgingen ...

Auf meine Frage, wann und wie er sich das Eingreifen denke, bemerkte der Minister, der psychologische Moment werde wohl gefunden werden können. Über die Art und Weise der Einschreitung könne er jetzt natürlich sich noch nicht äußern. Das werde von den Umständen abhängen. Er denke sich, daß es wohl mit einer diplomatischen Konversation in Belgrad zu beginnen haben werde, die, falls ohne Resultat, militärischen Nachdruck erhalten müßte ... Ein kleines, von dem Feinde geschlagenes Serbien sei ihm natürlich die angenehmste Lösung der Frage, die er einer eventuellen Besetzung Serbiens seitens der Monarchie bei weitem vorziehen würde, aber wenn die erste Alternative nicht eintreten sollte, so würde die Monarchie eben handeln müssen ...«[23]

Zur Sicherung seiner Macht auf dem Balkan setzte Österreich-Ungarn, unterstützt vom Deutschen Reich, auf Krieg und wartete nur noch auf einen geeigneten Vorwand. Der Prinzenmord in Sarajewo bot ihn. Doch er sah anders aus als der herbeigesehnte und

---

23 Ebd., S. 276 f.

vorgestellte. Statt zu raschen Entschlüssen kam es nach den Pistolenschüssen in Sarajewo am Wiener Hof zu Konfusion und Streit. Der Chef des Generalstabes Conrad von Hötzendorf sah die historische Chance, seine Truppen in Richtung Belgrad in Marsch zu setzen und das Gespenst »Großserbien« zum Teufel zu jagen. Außenminister Graf Berchthold, in der ganzen Monarchie als Stümper und aristokratischer Leichtfuß bekannt, teilte diese Auffassung. Der ungarische Ministerpräsident Graf Tisza sah die Risiken, warnte vor der »furchtbaren Kalamität eines europäischen Krieges« und riet zu maßvollem Vorgehen. Der greise Franz Joseph tat, was er immer schon getan hatte: Er schwankte. Kaiser, General und die Grafen einigten sich, den Verbündeten in Berlin um Rat und Hilfe zu bitten. Die Entscheidung über Krieg und Frieden wurde an den Deutschen Kaiser und dessen ersten Berater, Reichskanzler von Bethmann Hollweg, delegiert, die sich in der Vergangenheit als treue Freunde Österreich-Ungarns und bewährte Feinde Serbiens gezeigt hatten.

Franz Joseph richtete ein persönliches Schreiben an Wilhelm II., in dem er eingestand, daß es in der Angelegenheit von Sarajewo »vermutlich unmöglich sein wird, die Komplicität der serbischen Regierung nachzuweisen«. Aber, so fuhr er fort, man könne wohl »nicht im Zweifel darüber sein, daß ihre (der serbischen Regierung) auf die Vereinigung aller Südslawen unter serbische Flagge gerichtete Politik ... eine dauernde Gefahr für mein Haus und für meine Länder bildet ... Das Bestreben meiner Regierung muß in Hinkunft auf die Isolierung und Verkleinerung Serbiens gerichtet sein.« Zusammenfassend betonte er, daß Serbien »als Machtfaktor am Balkan ausgeschaltet« werden müsse.[24]

Deutschland kamen Attentat und kaiserliches Schreiben wie gerufen. Vierzig Jahre nach der mit Blut und Eisen vollzogenen nationalstaatlichen Einigung hatte es den ökonomischen Vorsprung der älteren kapitalistischen Hauptmächte Europas eingeholt. Doch der Expansion waren Grenzen gesetzt. Die Welt war aufgeteilt. Für Deutschland waren nur einige verstreute koloniale Brosamen abgefallen. Die Verbitterung des deutschen Finanz-

---

24 Die deutschen Dokumente zum Kriegsausbruch 1914, Band 1, Nr. 13, Berlin 1922, S. 21 f.

und Industriekapitals darüber war ebenso stark wie sein Drang, durch Neuverteilung eigene Ansprüche durchzusetzen. Der Generalsekretär des Verbandes Deutscher Industrieller, Henry Axel Bueck, faßte das 1898 in die Worte: »Wir wollen hoffen, daß in zukünftigen Fällen, wenn es auf der Erde vielleicht wieder einmal etwas zu verteilen gibt oder wenn es wiederum Umwälzungen gibt, bei denen die Nationen am Platze sein müssen, man nicht wie es in der Südsee und in Afrika gewesen ist, erst kommt, wenn die Welt bereits verteilt ist und man schließlich mit dem letzten Rest vorlieb nehmen muß, sondern daß man gleich vorgeht und gleich das nimmt, was man kriegen kann.«[25]

Und schon damals, vor 100 Jahren, war das Wort der deutschen Wirtschaft Auftrag für die Regierung. Durch den Mund des Staatssekretärs des Auswärtigen Amtes und späteren Reichskanzlers, Fürst von Bülow, verkündete sie im Dezember 1899 im Reichstag auf die Frage, ob man »wieder vor einer neuen Teilung der Erde« stehe: »... Jedenfalls können wir nicht dulden, daß irgendeine fremde Macht, daß irgendein fremder Jupiter zu uns sagt: Was tun? Die Welt ist weggegeben. Wir wollen keiner fremden Macht zu nahe treten, wir wollen uns aber auch von keiner fremden Macht auf die Füße treten lassen (Bravo!), und wir wollen uns von keiner fremden Macht beiseite schieben lassen, weder in politischer noch in wirtschaftlicher Beziehung. (Lebhafter Beifall.) Es ist Zeit, es ist hohe Zeit, daß wir ... uns klarwerden über die Haltung, welche wir einzunehmen haben gegenüber den Vorgängen, ... welche die Keime in sich tragen für die zukünftige Gestaltung der Machtverhältnisse für vielleicht unabsehbare Zeit. Untätig beiseite stehen, ... während andere Leute sich in den Kuchen teilen, das können wir nicht und das wollen wir nicht. (Beifall.) Wir können das nicht aus dem einfachen Grunde, weil wir jetzt Interessen haben in allen Weltteilen.

Die rapide Zunahme unserer Bevölkerung, der beispiellose Aufschwung unserer Industrie, die Tüchtigkeit unserer Kaufleute, kurz, die gewaltige Vitalität des deutschen Volkes haben uns in die Weltwirtschaft verflochten und in die Weltpolitik hineingezo-

---

25 Henry Axel Bueck: Kundgebungen für den Entwurf eines Gesetzes betreffend die deutsche Flotte, Berlin 1898, S. 18.

gen ... Wir können nicht dulden und wir wollen nicht dulden, daß man zur Tagesordnung übergeht über das deutsche Volk.«[26]

Zur Durchsetzung weltpolitischer Ziele hatten der Kaiser und seine Generale ein starkes Heer und eine moderne Kriegsflotte geschaffen, allein mit den Verbündeten haperte es. Plumpe Diplomatie hatte Deutschland nur schwache Bündnispartner verschafft: das höchst unzuverlässige Italien und die morbide Habsburger Monarchie, die bereits vom bevorstehenden historischen Untergang gezeichnet war. Diesem »Dreibund« stand die Triple-Entente, bestehend aus England, Frankreich und Rußland, gegenüber. Hinzu kam, daß der Vorsprung bei der Rüstung und der Organisierung des Heeres, mit dessen Hilfe man den von allen imperialistischen Hauptmächten entfesselten Kampf um neue Märkte und Rohstoffquellen, um ökonomische und politische Vorherrschaft für sich entscheiden wollte, im zweiten Jahrzehnt des Jahrhunderts zu schmelzen begann. Eile tat not, wollte man sich ein möglichst großes Stück aus dem Kuchen, der sich vor allem auf dem Balkan und im Nahen und Mittleren Osten durch den Zerfall des Osmanischen Reiches anbot, herausschneiden.

So traf denn das Wiener Ersuchen um Rat und Beistand in serbischen Angelegenheiten in der deutschen Hauptstadt auf große Aufgeschlossenheit. An eine diplomatische Vermittlungsmission, die durchaus möglich gewesen wäre, wurde nicht einmal der Anflug eines Gedankens verschwendet. Hatte Wilhelm II. doch bereits 1899 den auf der Haager Friedenskonferenz gemachten Vorschlag zur Einführung eines obligatorischen Schiedsgerichtsverfahrens mit den Worten kommentiert: »... Werde in meiner Praxis auch für später mich nur auf Gott und auf mein scharfes Schwert verlassen und sch ... auf die ganzen Beschlüsse.«[27] Statt Wien gegenüber Serbien zur Mäßigung zu raten, stachelte Berlin es an.

Noch vor dem Handschreiben Franz Josephs war in Wilhelms Kanzlei ein Bericht des deutschen Botschafters in Wien Tschirschky eingetroffen, in dem dieser über den österreichisch-

---

26 Zitiert nach Leo Haupts: Optionen deutscher Außenpolitik. Vom Kaiserreich zum wiedervereinigten Deutschland, Stuttgart 1994, S.43 f.
27 Zitiert nach Deutschland im Ersten Weltkrieg, Band 1, Berlin 1971, S. 71.

ungarischen Wunsch informiert hatte, mit den Serben einmal gründlich abzurechnen. Der Kaiser versah den Diplomatenbrief mit Anmerkungen, die an Deutlichkeit nichts zu wünschen übrig ließen: »Jetzt oder nie«, schrieb er und fügte hinzu: »Mit den Serben muß aufgeräumt werden, und zwar bald.«[28]

So eingestimmt, empfing Wilhelm II. am 5. Juli im Neuen Palais in Potsdam den österreichisch-ungarischen Botschafter Szögyény, der ihm ein Memorandum und das Handschreiben Franz Josephs mit dem Plan, Serbien »als Machtfaktor am Balkan« auszuschalten, überreichte. Die Antwort war eines deutschen Kaisers würdig. Er bat den Botschafter, seinem Souverän mitzuteilen, daß Österreich-Ungarn auch im Ernstfall mit der Unterstützung des Deutschen Reiches rechnen könne. »Insbesondere«, so informierte Szögyény, »gelte dies betreffend eine Aktion unsererseits gegenüber Serbien. Nach seiner (Kaiser Wilhelms) Meinung muß aber mit dieser Aktion nicht zugewartet werden. Rußlands Haltung werde jedenfalls feindselig sein, doch sei er hierauf schon seit Jahren vorbereitet, und sollte es sogar zu einem Krieg zwischen Österreich-Ungarn und Rußland kommen, so könnten wir davon überzeugt sein, daß Deutschland in gewohnter Bundestreue an unserer Seite stehen werde ... Er begreife sehr gut, daß es seiner k. und k. apostolischen Majestät bei seiner bekannten Friedensliebe schwerfallen würde, in Serbien einzumarschieren, wenn wir aber wirklich die Notwendigkeit einer kriegerischen Aktion gegen Serbien erkannt hätten, so würde er (Kaiser Wilhelm) es bedauern, wenn wir den jetzigen, für uns so günstigen Moment ungenützt ließen.«[29]

Tags darauf wurde Szögyény von Reichskanzler von Bethmann Hollweg, der 1909 seinen Vorgänger von Bülow abgelöst hatte, empfangen. Der Regierungschef bekräftigte den Standpunkt des Kaisers, und der Botschafter konnte, offenkundig freudig erregt, dem Wiener Ballhaus melden, »daß auch der Reichskanzler, ebenso wie sein kaiserlicher Herr, ein sofortiges Einschreiten unsererseits gegen Serbien als radikalste und beste Lösung unserer

---

28 Die deutschen Dokumente zum Kriegsausbruch 1914, Band 1, Berlin 1922, Nr. 7, S. 13.
29 Ebd., S. 219 f.

Schwierigkeiten am Balkan ansieht. Vom internationalen Standpunkt hält er den jetzigen Augenblick für günstiger als einen späteren.«[30]

In Wien riefen die Nachrichten aus Berlin bei der Kriegspartei Freude und Genugtuung hervor, auch wenn sie keine Überraschung darstellten. Schließlich hatte man seit längerem auf die antiserbische Haltung Deutschlands bauen können, auch wenn der Kaiser und sein Generalstab bei anderen Gelegenheiten den Zeitpunkt zum Losschlagen gegen die Serben für verfrüht gehalten hatten. Im Februar 1913 noch hatte der Chef des deutschen Generalstabes, Helmuth von Moltke, in einem Schreiben an seinen österreichischen Kollegen, Feldmarschall Franz Graf Conrad von Hötzendorf, von einem militärischen Vorgehen gegen Serbien abgeraten, aber vertröstend hinzugefügt, daß »ein europäischer Krieg über kurz oder lang kommen muß, in dem es sich in letzter Linie handeln wird um einen Kampf zwischen Germanentum und Slawentum ... Sich hierauf vorzubereiten, ist Pflicht aller Staaten, die Bannerträger germanischer Geisteskultur sind.«[31]

Im Oktober desselben Jahres konnte der österreichisch-ungarische Generalstabschef aus allerhöchstem Munde noch deutlichere Worte hören. In einem Gespräch am Rande der Einweihungsfeierlichkeiten des Völkerschlachtdenkmals in Leipzig hatte ihm Wilhelm II. höchstpersönlich eröffnet: »Ich gehe mit Euch (gegen die Serben). Die anderen (Mächte) sind nicht bereit, sie werden nichts dagegen unternehmen. In ein paar Tagen müßt Ihr in Belgrad stehen. Ich war stets ein Anhänger des Friedens; aber das hat seine Grenzen. Ich habe viel über den Krieg gelesen und weiß, was er bedeutet. Aber endlich kommt die Lage, in der eine Großmacht nicht länger zusehen kann, sondern zum Schwert greifen muß.«[32] Am 1. Januar 1914 schließlich hielt der Kaiser seine traditionelle Ansprache an die kommandierenden deutschen Generale. Kurz danach berichteten hochgestellte Zuhörer übereinstimmend, daß Wilhelm II. für das begonnene Jahr mit dem Kriegsbeginn rechne. Der kommandierende General des Rheini-

---

30 Ebd., S. 220.
31 Deutschland im Ersten Weltkrieg, Band 1, S. 103.
32 Zitiert nach Fritz Fischer: Der Erste Weltkrieg und das deutsche Geschichtsbild, Düsseldorf 1977, S. 306.

schen Armeekorps in Koblenz, General Tülff von Tschepe und Widenbach, faßte das auf einem Offiziersempfang in die Worte. »Meine Herren, ich habe Ihnen zu eröffnen, in diesem Jahre geht es los. Richten Sie sich darauf ein. Ich weiß es aus allerhöchstem Munde.«[33]

Nun also sollte zum Schwert gegriffen werden, alles andere war nur noch eine Sache der Diplomatie, der unmittelbaren Heeresvorbereitung und der Propaganda. Von einem Hineintaumeln in den Krieg nach dem Attentat von Sarajewo, wie es die meisten bundesdeutschen Historiker noch heute darstellen, konnte keine Rede sein. Kaiserdeutschland hat Österreich-Ungarn zielstrebig zum militärischen Vorgehen gegen Serbien, zum Krieg auf dem Balkan angestachelt; wissend, daß die Halbinsel das »Pulverfaß Europas« war.

Der Zündstoff hatte sich in den zurückliegenden Jahrhunderten angesammelt. Einheimische Machthaber und ausländische Eroberer, das Osmanische Reich und die Habsburger Monarchie hatten die Völker in ihren Siedlungsgebieten auseinandergerissen, zusammengepreßt und vermischt. Die unter diesem Druck erfolgten Bevölkerungsverschiebungen machten aus dem Siedlungsgebiet der Südslawen einen Flickenteppich von Nationen und Nationalitäten. Nirgenwo in Europa wies die nationale Zusammensetzung eine solche Heterogenität auf und in keinem anderen Gebiet des Kontinents verliefen die Grenzen zwischen Rom und Byzanz, römisch-katholischem und orthodoxem Glauben, Christentum und Islam so scharf wie auf dem Balkan.

Als die Herrschaft der Osmanen zusammenbrach, befehdeten sich die entstandenen Fürstentümer und Königreiche untereinander in wechselnden Bündnissen. Überlagert wurde ihr Streit vom Konkurrenzkampf der europäischen Großmächte, die um die Vorherrschaft auf der Halbinsel und um den Zugang zum Nahen und Mittleren Osten rangen. Mittendrin in diesem erbarmungslosen Machtgerangel die unterschiedlichen selbstsüchtigen Kirchen, allen voran der Vatikan, die nach Besitz und Einfluß gierten.

Eingeflochten waren die Akteure auf dem Balkan in das entstandene Netz der beiden großen Allianzen, das einen gefährli-

---

33 Ebd., S. 306.

chen Automatismus schuf. Berlin, das seine Positionen auf dem Balkan und in der Türkei ausbaute, unterstützte Österreich-Ungarn. Wien wollte sein Vielvölkerreich erhalten und mit Serbien abrechnen. Belgrad stützte sich auf Rußland, das in Serbien einen blutsverwandten Bündnispartner gegen Österreich sah. Paris und London verfolgten eigene hegemoniale Ziele, doch zur Abwehr deutscher Konkurrenz und Expansion hatten sie sich mit Petersburg verbunden.

Der Konflikt zwischen Österreich-Ungarn und Serbien war die Lunte am balkanischen Pulverfaß. Mit seiner Empfehlung an Wien, gegen Serbien loszuschlagen, zündete Kaiserdeutschland sie und machte den Balkan und ganz Europa zum Schlachtfeld.

Nachdem die Entscheidung an der Spree getroffen war, fielen auch an der Donau die Würfel. Am 23. Juli überreichte der österreichische Gesandte in Belgrad der serbischen Regierung ein auf 48 Stunden befristetes Ultimatum. Es war durch den Rat der Deutschen und unter dem Beifall des Kaisers – »Bravo!« rief er zum Text, »man hatte es den Wienern nicht mehr zugetraut!«[34] – mit der Absicht formuliert, es unannehmbar zu machen. Noch kurz vor der Übergabe des Ultimatums hatte der englische Außenminister, Sir Edward Grey, Deutschland auf diplomatischen Wege ersucht, dafür zu sorgen, daß Wien keine unerfüllbaren Forderungen stelle. Als dem Kaiser der entsprechende Bericht vorgelegt wurde, versah er ihn mit folgender Notiz: »Wie käme ich dazu! geht mich gar nichts an! was heißt hier unerfüllbar? die Kerls (Serben) haben Agitation und Mord getrieben und müssen geduckt werden.«[35]

Das Ultimatum begann mit dem Hinweis darauf, daß die serbische Regierung der antiösterreichischen Bewegung und sogar Terrorakten Vorschub geleistet habe. Ganz im Widerspruch zum Franz Josephschen Eingeständnis gegenüber Wilhelm II., daß die »Komplicität der serbischen Regierung« vermutlich nicht nachzuweisen sein würde, wurde behauptet: »Es erhellt aus den Aussagen und Geständnissen der verbrecherischen Urheber des Atten-

---

34 Geschichte der Diplomatie, Band 2, S. 302.
35 Zitiert nach Fritz Fischer: Griff nach der Weltmacht, Düsseldorf 1977, S. 72 f.

tates vom 28. Juni, daß der Mord von Sarajewo in Belgrad ausgeheckt wurde, daß die Mörder die Waffen und Bomben, mit denen sie ausgestattet waren, von serbischen Offizieren und Beamten erhielten ..., und daß schließlich die Beförderung der Verbrecher und deren Waffen nach Bosnien von leitenden serbischen Grenzorganen veranstaltet und durchgeführt wurde.« Von diesen Beschuldigungen ausgehend, verlangte Österreich-Ungarn, daß die serbische Regierung jede antiösterreichische Propaganda und Agitation öffentlich und feierlich verurteile und daß dies auch in einem besonderen Armeebefehl des Königs geschehe. Weitere Forderungen lauteten: Auflösung antiösterreichischer Organisationen; Entlassung der Offiziere, Beamten und Lehrer, die an antiösterreichischer Tätigkeit und Propaganda beteiligt waren, wobei die Listen dieser Personen von der österreichisch-ungarischen Regierung zusammengestellt werden sollten; Entfernung aller Elemente antiösterreichischer Propaganda aus dem Schulunterricht; Teilnahme der österreichischen Behörden an der Unterdrückung der antiösterreichischen Bewegung auf dem Territorium Serbiens, besonders an der Untersuchung des Falles von Sarajewo; strenge Bestrafung der an der Mordtat von Sarajewo beteiligten Personen.[36]

Als dem englischen Außenminister eine Kopie des Ultimatums vorgelegt wurde, bezeichnete er es – verständlicherweise konnte er nicht ahnen, daß die Serben in diesem Jahrhundert noch mehrfach mit bemerkenswerten Ultimaten konfrontiert werden würden – als »erstaunlichstes Dokument, das jemals eine Diplomatie hervorgebracht« habe.[37] Seine Annahme hätte den serbischen Verzicht auf die eigene Souveränität bedeutet, seine Ablehnung – Krieg, zustandegekommen in völkerrechtlich völlig korrekter Weise. Denn immerhin hatte das II. Haager Abkommen von 1907 festgelegt, daß dem Beginn kriegerischer Handlungen eine Warnung in Form eines Ultimatums vorausgehen muß.

Zur Unnachgiebigkeit und zum Krieg wurde Wien nicht nur vom Deutschen Kaiserreich, sondern auch von einer Kraft ermuntert, deren höchstes Anliegen Ausgleich, Vergebung und Versöh-

---

36 Siehe Geschichte der Diplomatie, Band 2, S. 301.
37 Ebd., S. 303.

nung hätte sein müssen: vom Vatikan. Doch die Kurie verfolgte keine religiös-christlichen, sondern eigene, zutiefst weltliche Absichten auf dem Balkan. Wie diese beschaffen waren, erläuterte der Kardinalstaatssekretär Mery del Val dem österreichisch-ungarischen Gesandten. Über das Gespräch berichtete dieser am 27. Juli 1914 nach Wien: »Im Laufe der letzten Jahre drückte seine Heiligkeit mehrmals Ihr Bedauern darüber aus, daß Österreich-Ungarn es versäumt hat, seinen gefährlichen Donaunachbarn zu bestrafen ... Der Papst und die Kurie sehen in Serbien eine nagende Krankheit, die das Mark der Monarchie langsam zerstört und mit der Zeit deren Auflösung verursachen wird. Die Vernichtung dieses Bollwerks würde für die Kirche den Verlust des festesten Stützpunkts in ihrem Kampf gegen die Orthodoxie und ... den Verlust ihres stärksten Vorkämpfers bedeuten. Der Kardinalstaatssekretär brachte ... die Hoffnung zum Ausdruck, daß die Monarchie bis zum äußersten geht.«[38]

Von Rußland zu größtmöglicher Mäßigung angehalten, nahm Serbien wider Erwarten neun der insgesamt zehn ultimativen Forderungen an. Es weigerte sich lediglich, die Untersuchung der Verschwörung gegen das Leben des Erzherzogs auf serbischen Boden durch österreichische Beamte vornehmen zu lassen.

Für die Machthaber in Wien reichte das aus. Am 28. Juli erklärten sie Serbien den Krieg und erteilten ihren Truppen den Marschbefehl. Es begann der »große Generalmarsch ..., auf den hin sechzehn bis achtzehn Millionen Männer, die Blüten der verschiedenen Nationen, ausgerüstet mit den besten Mordwaffen, gegeneinander als Feind ins Feld rücken«, wie August Bebel bereits 1911 gewarnt hatte.[39]

Der Bündnisautomatismus setzte ein: Als Rußland mobil machte, erklärte Deutschland ihm am 2. August den Krieg. Zwei Tage später erfolgte der gleiche Schritt gegenüber Frankreich, und der deutsche Überfall auf Belgien führte am 4. August zum Kriegseintritt Großbritanniens, auf dessen Neutralität Deutschland bis zuletzt spekuliert hatte.

---

38 Zitiert nach Andreas Meurer/Hardy Vollmer/Hunno Hochberger: Intervention der BRD in den jugoslawischen Bürgerkrieg, Köln 1992, S. 23.
39 Zitiert nach Golo Mann: Deutsche Geschichte des 19. und 20.Jahrhunderts, Frankfurt am Main 1958, S. 568 f.

Abgesehen vom britischen Sonderfall hatte sich Deutschland beeilt, den serbischen Anlaß zum Kriegserklären und -beginnen zu nutzen. In diese Richtung drängten nicht nur der Kaiser und seine Generale, sondern auch der Reichskanzler Bethmann Hollweg. Vor dem Reichstag gestand er es offen ein: »Sollten wir«, fragte er, »weiterhin warten, bis etwa die Mächte, zwischen denen wir eingekeilt sind, den Zeitpunkt zum Losschlagen wählten? Dieser Gefahr Deutschland auszusetzen wäre ein Verbrechen gewesen ... Unsere Truppen haben Luxemburg besetzt und vielleicht schon belgisches Gebiet. Das widerspricht den Geboten des Völkerrechts ... Das Unrecht, das wir damit tun, werden wir wieder gutmachen, sobald unser militärisches Ziel erreicht ist. Wer so bedroht ist, wie wir, und um sein Höchstes kämpft, der darf nur daran denken, wie er sich durchhaut.«[40]

Auch bei der Kriegserklärung an Rußland hatte der Kanzler Eile an den Tag gelegt, aus innenpolitischen Gründen. In seinen Memoiren schilderte dies sein Vorgänger von Bülow anhand einer Szene, die sich in den Morgenstunden des 2. August im Palast des Reichskanzlers abspielte: »Als Ballin (Generaldirektor der Hamburg-Amerika-Linie HAPAG – R. H.) in den Gartensalon zu ebener Erde eintrat, in dem damals so furchtbare Beschlüsse gefaßt wurden, sah er den Reichskanzler ... vor sich, der mit langen Schritten und großer Erregung im Zimmer auf und ab ging. Vor ihm saß, an einem mit Folianten bedeckten Tisch, der Geheime Rat Kriege. Kriege war ein fleißiger, ein gewissenhafter, ein eifriger Beamter ... Bethmann richtete von Zeit zu Zeit an Kriege die ungeduldige Frage: ›Ist die Kriegserklärung an Rußland noch nicht fertig? Ich muß meine Kriegserklärung an Rußland sofort haben!‹ Der ganz verstört aussehende Kriege suchte inzwischen nach einem Simili in den bewährtesten Lehrbüchern des Völker- und Staatsrechts ... Ballin erlaubte sich die Frage an den Reichskanzler: ›Exzellenz, warum haben Sie denn eine so enorme Eile, Rußland den Krieg zu erklären?‹ Bethman antwortete: ›Sonst kriege ich die Sozialdemokraten nicht mit.‹ Er glaubte dies zu erreichen, wenn er dem Krieg die Spitze gegen das zaristische Rußland gab.«[41]

---

40 Ebd., S. 577 f.
41 B. H. M. von Bülow: Denkwürdigkeiten, Band 3, Berlin 1930, S. 166 ff.

Der Kanzler hatte sich nicht geirrt. Wenn es um so heilige Dinge ging wie um den Schutz des Reiches vor dem grausamen Zarenregime – die Menschenrechte waren seinerzeit noch nicht so im Schwange wie heutzutage – konnte sich die deutsche Sozialdemokratie, mit Ausnahme eines gewissen Karl Liebknecht, nicht verweigern. Und so erklärte denn der sozialdemokratische Sprecher im Reichstag nach des Kanzlers Losschlag- und Durchhau-Parolen: »Die Sozialdemokraten haben diese verhängnisvolle Entwicklung mit allen Kräften bekämpft, und noch bis in die letzten Stunden hinein haben sie durch machtvolle Kundgebungen in allen Ländern, namentlich im innigen Einvernehmen mit den französischen Brüdern, für Aufrechterhaltung des Friedens gewirkt. Ihre Anstrengungen sind vergeblich gewesen. Jetzt stehen wir vor der ehernen Tatsache des Krieges. Uns drohen die Schrecknisse feindlicher Invasionen ... Für unser Volk und seine freiheitliche Zukunft steht bei einem Siege des russischen Despotismus, der sich mit dem Blute der Besten des eigenen Volkes befleckt hat, viel, wenn nicht alles auf dem Spiel ...«[42]

Nebenbei erwähnt: Während die SPD unter Anwendung des Fraktionszwanges im Reichstag für die Kriegskredite votierte, war die serbische sozialdemokratische Partei die einzige Abteilung der Zweiten Internationale, die geschlossen gegen die Kriegskredite stimmte. In Deutschland verhielt man sich anders. Selbst ein so aufrechter linker Sozialdemokrat wie Franz Mehring schrieb am 22. August 1914 in der Sozialdemokratischen Korrespondenz: »Eine harte Notwendigkeit zwingt sie (die deutsche Sozialdemokratie – R. H.) Schulter an Schulter mit denen zu kämpfen, die sie seit einem halben Jahrhundert bedrängt und bedrückt, geschmäht und verlästert haben ... Krieg dem Zarismus! – jawohl, aber diesen Krieg führen unsere russischen Brüder seit Jahrzehnten mit unvergleichlichem Heldenmut, und sie allein können ihn siegreich ausfechten ...«[43]

Im Unterschied zu Mehring, der immerhin noch von einer »harten Notwendigkeit« sprach, wurde der Kriegsbeginn von der

---
42 Zitiert nach Golo Mann: Deutsche Geschichte des 19. und 20. Jahrhunderts, S. 593 f.
43 Franz Mehring: Gesammelte Schriften, Band 15, Berlin 1966, S. 642.

Mehrheit der Deutschen, von Großindustriellen und -agrariern bis zu den kleinen Leuten, die die Soldaten auf ihrem Abmarsch in die Schlachten und in den Tod verabschiedeten, jubelnd gefeiert. Endlich wurde etwas getan, gegen die serbischen Rechtsbrecher, Königsmörder und ihre Hintermänner, gegen die, die Deutschland niederhalten wollten! Die Losung »Serbien muß sterbien«, erstmals von der »Arbeiterzeitung«, dem Zentralorgan der deutschen Sozialdemokratie Österreichs, gereimt, fand in Deutschland krachenden Widerhall und unzählige Variationen.

In seinem Weltkriegsdrama »Die letzten Tage der Menschheit« hat Karl Kraus die »hundstolle« Stimmung nach dem Kriegsbeginn in Österreich – und die in Deutschland war nicht viel anders – wiedergegeben. Im ersten Akt der 1. Szene macht er auf dem Ringstraßenkorso der fahnengeschmückten österreichischen Hauptstadt die Bürger zu Mitwirkenden:

»EIN WIENER (hält von einer Bank eine Ansprache): – denn wir mußten die Manen des ermordeten Thronfolgers befolgen, da hats keine Spompanadeln geben – darum, Mitbürger, sage ich auch – wie ein Mann wollen wir uns mit fliehenden Fahnen an das Vaterland anschließen in dera großen Zeit! ...Die Sache für die wir ausgezogen wurden, ist eine gerechte, da gibts keine Würschteln, und darum sage ich auch, Serbien – muß sterbien!

STIMMEN AUS DER MENGE: Bravo! So ist es! – Serbien muß sterbien! – Ob's da wüll oder net! – Hoch! – A jeder muß sterbien!

EINER AUS DER MENGE: Und a jeder Ruß –

EIN ANDERER (brüllend): – ein Genuß!

EIN DRITTER: An Stuß! (Gelächter.)

EIN VIERTER: An Schuß!

ALLE: So is! An Schuß! Bravo!

DER ZWEITE: Und a jeder Franzos?

DER DRITTE: A Roß! (Gelächter.)

DER VIERTE: An Stoß!

ALLE: Bravo! An Stoß! So is!

DER DRITTE: Und a jeder Tritt – na, jeder Britt!?

DER VIERTE: An Tritt!

ALLE: Sehr guat! An Britt für jeden Tritt! Bravo!

Ein BETTELBUB: Gott strafe England!

STIMMEN: Er strafe es! Nieda mit England!

EIN MÄDCHEN: Der Poldl hat mir das Beuschl von an Serben versprochen! Ich hab das hineingeben in die Reichspost!

EINE STIMME: Hoch Reichspost! Unser christliches Tagblaad! ...

EIN INTELEKTUELLER (zu seiner Freundin): Hier könnte man, wenn noch Zeit wär, sich in die Volksseele vertiefen, wieviel Uhr is? Heut steht im Leitartikel, daß eine Lust is zu leben. Glänzend wie er sagt, der Glanz antiker Größe durchleuchtet unsere Zeit ...

EINE GRUPPE (singend): Die Russen und die Serben die hauen wir in Scherben!«[44]

Obwohl es in dieser »glanzvollen Zeit« weder Funk noch Fernsehen gab und die Untaten der Feinde nicht mit heutiger Suggestivkraft vermittelt werden konnten, der selbst wacher Verstand nur mit Mühe widerstehen kann, hatte die Propaganda mit den ihr zur Verfügung stehenden Mitteln ganze Arbeit geleistet, voll im Sinne allerhöchsten Auftrages. Bereits 1912, während des ersten Balkankrieges, hatte Wilhelm II. angewiesen, »das eigene Volk propagandistisch zu mobilisieren, es auf den großen Krieg, der aus einem österreichisch-serbischen bzw. österreichisch-russischen Konflikt erwachsen könnte, vorzubereiten. ›Die ewige Betonung des Friedens‹, telegrafierte Wilhelm ..., ›bei allen Gelegenheiten, passenden und unpassenden – hat in 43 Friedensjahren eine geradezu eunuchenhafte Anschauung unter den leitenden Staatsmännern und Diplomaten Europas gezeitigt.‹ Der Krieg mit der Türkei und den Balkanstaaten komme: Es ist deshalb ›besser‹, fährt der Kaiser fort, ›er erfolgt jetzt – wo er Rußland und Gallien nicht paßt – weil beide noch nicht gegen uns fertig sind, als später, wenn sie sich bereitgestellt haben.‹ Durch ›Presseaktionen‹ müsse das Volk ›schon vorher‹ aufgeklärt werden, für welche Interessen es zu kämpfen habe, damit es ›mit dem Gedanken an einen solchen Krieg vertraut gemacht‹ werde.«[45]

Die Mehrheit des deutschen Volkes wurde so »mit dem Gedanken an einen solchen Krieg vertraut gemacht«, daß sie bei seinem Beginn in patriotischen Taumel geriet und, glaubte man sei-

---

44   Karl Kraus: Ausgewählte Werke, Band 5, I, Berlin 1978, S. 53 ff.
45   Zitiert nach Fritz Fischer: Der Erste Weltkrieg und das deutsche Geschichtsbild, S. 305.

nen Barden, selbst seine Gäule opferbereit in den heiligen Kampf gegen Russen und Serben, Briten und Franzosen zogen. Der schon erwähnte Karl Kraus ließ in seinem Kommentar zu »Die letzten Tage der Menschheit« den sprachgewaltigen Richard Dehmel zu Wort kommen, der großen Einfluß auf die Lyrik seiner expressionistischen Zeitgenossen ausübte und den deutschen »Bruderscharen« an allen Fronten treue Helfer an die Seite stellte: »Und was kommt hintendrein noch getönt, / was stampft so eisern die Erde, / daß uns die Wand des Herzens dröhnt? / *Das waren die deutschen Pferde.* / Mit witternden Nüstern auf der Wacht / trugen auch sie ihr Blut zur Schlacht / für Deutschlands Ehre und Recht und Macht- / in den Dörfern tobten die Hunde; / *auch unsere Tiere spürten den Ernst* / der großen Gottesstunde.«

Auch auf dem Balkan wurde die »große Gottesstunde« letztlich zur Götterdämmerung. Schon für die Österreicher hatte der Feldzug gegen die Serben nicht sonderlich glücklich begonnen. Kaum daß sie im August 1914 die Drina und die Save überschritten hatten, erlitten sie am Cer-Gebirge und kurz danach in den Bergen des Kolubara-Massivs schwere Niederlagen. Statt im Sturmschritt Belgrad zu nehmen, mußten sie sich weit davon entfernt schweren Gegenoffensiven erwehren. Selbst der preußische Generalfeldmarschall August von Mackensen nannte die Serben die »besten Soldaten des Balkans«.[46]

Ob der deutsche Heerführer dieses Loblied ehrlichen Soldatenherzens oder nur deshalb sang, um seine eigenen Erfolge gegen die Serben herauszustreichen, ist nicht nachprüfbar. Mackensen war im Herbst 1915 zum Oberbefehlshaber über die verbündeten deutsch-österreichisch-ungarischen-bulgarischen Streitkräfte, die den Serben den Garaus machen sollten, ernannt worden. Bulgarien war inzwischen nach langem Feilschen und Zögern auf Seiten der serbischen Gegner in den Krieg eingetreten, Griechenland – auf Seiten der Entente. In der deutschen Obersten Heeresleitung (OHL) war nach den österreichisch-ungarischen Fehlschlägen der Plan entstanden, Serbien in einem gemeinsamen Feldzug niederzuringen, den Landweg in die Türkei zu öffnen und die traditionelle Ex-

---

46 Zitiert nach Norbert Mappes-Niediek: »Überall edle Menschen«, in: Freitag, 29.3.1996.

pansionslinie von Berlin über Konstantinopel nach Bagdad wieder zu öffnen. Sein Auftrag, festgelegt in den Operationsanweisungen der OHL vom 15. September 1915, lautete: »Die serbische Armee ist entscheidend zu schlagen und die Verbindung über Belgrad und Sofia mit Konstantinopel zu öffnen und zu sichern.«[47]

Wenige Wochen danach gingen 10 deutsche und 4 österreichisch-ungarische Divisionen, die nördlich von Save und Donau aufmarschiert waren, zum Angriff über. Oberbefehl und Anteil an der Truppenstärke hatten den Feldzug gegen die Serben »fast ganz zu einer deutschen Angelegenheit«[48] gemacht, wie Wilhelm Groener, späterer Nachfolger Ludendorffs als erster Generalquartiermeister der OHL, einschätzte und woran auch der Umstand wenig änderte, daß sich, vom Osten vorrückend, 6 bulgarische Divisionen an ihm beteiligten.

Trotz erbitterter Gegenwehr mußten die serbischen Truppen, sie verfügten über insgesamt 10 Divisionen, der Übermacht weichen. Am 9. Oktober nahm die Heeresgruppe Mackensen Belgrad und am 31. Oktober Kragujevac ein. Große Teile Serbiens wurden von Deutschland okkupiert, auf den Widerstand der Bevölkerung reagierten die Besatzer mit Terror, Vergewaltigungen und Brandschatzungen. Nach einer letzten verzweifelten Abwehrschlacht auf dem Amselfeld schlugen sich die serbischen Truppen über die montenegrinischen Berge zur Adriaküste durch, von wo aus sie – 140.000 Mann mit 81 Geschützen und 179 Maschinengewehren – auf die Insel Korfu evakuiert wurden. Neu ausgerüstet und mit Freiwilligen verstärkt, bildeten sie den Kern der serbischen Armee, die ab dem Frühjahr 1916 an der Saloniki-Front den Krieg fortsetzte.

Am 1. November 1918 schließlich befreite das serbische Heer Belgrad, wo einen Monat später, am 1. Dezember, das Königreich der Serben, Kroaten und Slowenen unter König Alexander aus der serbischen Dynastie der Karadjordjević' ausgerufen wurde. Der Bildung des einigen südslawischen Staates nach dem Zusammenbruch der österreichisch-ungarischen Monarchie waren

---

47 Deutschland im Ersten Weltkrieg, Band 2, Berlin 1968, S. 102.
48 Ebd., S. 101.

Verhandlungen und Absprachen zwischen Vertretern aller in ihm vereinigten staatstragenden Völker vorausgegangen – des Serben Nikola Pašić, Chef der königlichen Exilregierung auf Korfu, des Kroaten Ante Trumbić, Vorsitzender des »Südslawischen Ausschusses« mit Sitz in London, und des Slowenen Anton Korošec, Vorsitzender des in Zagreb wirkenden »Nationalrates der Slowenen, Kroaten und Serben«. Die montenegrinische Nationalversammlung hatte den eigenen König abgesetzt und den Anschluß an Serbien beschlossen. Der deutsch-österreichische Plan, Serbien »als Machtfaktor am Balkan auszuschalten«, war ebenso gescheitert wie die Versuche Kaiserdeutschlands, die Macht- und Besitzverhältnisse inner- und außerhalb Europas zu seinen Gunsten zu verändern.

Am 9. November wurde in Berlin die Republik ausgerufen. Zwei Tage danach kam es im Wald von Compiègne zur Unterzeichnung des Waffenstillstandes zwischen Deutschland und der Entente. Der Erste Weltkrieg war zu Ende. Den beiden Toten aus Sarajewo waren 10 Millionen Menschen in die Gräber gefolgt. Vier Kaiserreiche waren zusammengebrochen. Die europäische Landkarte hatte sich verändert. Zu den neu entstandenen Staaten gehörte das Königreich der Serben, Kroaten und Slowenen, das ab 1929 den Namen Jugoslawien tragen sollte. Erstmals in der Geschichte war eine deutsche Niederlage mit der Entstehung eines jugoslawischen Staates verbunden. Es sollte bekanntlich nicht das letzte Mal gewesen sein.

KAPITEL 3

Wider die »serbische Verbrecherclique« – Rache für Sarajewo

Am Sonntag, den 6. April 1941, sendete der großdeutsche Rundfunk unter den üblichen Klängen des Triumph-Themas aus den »Präludien« von Franz Liszt die Meldung des Oberkommandos der Wehrmacht: »Die deutsche Luftwaffe griff in den Morgenstunden serbische Flugplätze und mit starken Verbänden die Festung Belgrad an und vernichtete Kasernen sowie militärische und kriegswichtige Anlagen. Italienische Kampffliegerverbände griffen gleichzeitig kriegswichtige Ziele in Südjugoslawien an.«[49] Am darauffolgenden Tag teilte das Oberkommando mit: »Wie bereits gemeldet, wurden die Festungsanlagen und andere kriegswichtige Ziele in Belgrad bei Tage mehrfach von starken Verbänden deutscher Kampfflugzeuge mit vernichtender Wirkung angegriffen. Insbesondere erhielten der Hauptbahnhof von Belgrad und eine Pontonbrücke über die Donau ostwärts Belgrads, ferner einige Transportzüge schwere Treffer. Zahlreiche große Brände wiesen noch in der Nacht den deutschen Kampfflugzeugen den Weg zu einem vierten Angriff auf die Festung Belgrad.«[50] Was das Oberkommando irreführend als »Festung Belgrad« bezeichnete, war nichts anderes als eine friedliche Stadt auf dem Balkan. Den deutschen Luftangriffen, vorgetragen mit 611 Maschinen, die 440 Tonnen Brand- und Splitterbomben abwarfen, fielen innerhalb von zwei Tagen 2.270 Menschen zum Opfer, von 20.000 Häusern wurden 9.000 zerstört.

Ohne Ultimatum, ohne Kriegserklärung hatte das faschistische Deutschland Jugoslawien überfallen und in den Abgrund des Zweiten Weltkrieges gerissen. Und wie bereits schon 1914 wurde eines der jugoslawischen Völker, das serbische, zum Hauptfeind erklärt. Der militärische Schlag richtete sich, wie Adolf Hitler am

---

49 »Das Oberkommando der Wehrmacht gibt bekannt ...«, Band 1, Osnabrück 1982, S. 467.
50 Ebd., S. 469.

Tag des Überfalls erklärte, gegen »die gleiche serbische Verbrecherclique, die gleichen Kreaturen, die ... durch das Attentat von Sarajewo die Welt in ein namensloses Unglück gestürzt haben«.[51]

Mit den Bombenangriffen auf Belgrad, auf mehrere Militärflugplätze und Küstenorte sowie den Vorstößen der 12. deutschen Armee aus Südwestbulgarien und der 2. Armee aus dem Raum Klagenfurt-Graz in Richtung Skopje, Zagreb, Belgrad und Sarajewo antworteten Hitlerdeutschland und sein italienischer Verbündeter auf die Unbotmäßigkeit der Jugoslawen, unter ihnen vor allem die Serben, die sich nicht bereit gezeigt hatten, ihr Land durch einen Vasallenvertrag in den im September 1940 zwischen Deutschland, Italien und Japan unterzeichneten Pakt einbinden zu lassen. Ein derartiger Vertrag über den Beitritt Jugoslawiens zum Dreimächtepakt war am 25. März 1941 nach einem Besuch des jugoslawischen Prinzregenten Pavle Karadjordjević bei Hitler auf dem Berghof bei Berchtesgaden von Ministerpräsident Cvetković und Außenminister Cinkar-Marković im Wiener Belvedere, dem Sommerschloß des Prinzen Eugen, unterzeichnet worden.

Folgt man der in der Bundesrepublik üblichen Geschichtsschreibung, dann kam es – gewissermaßen aus heiterem Himmel – zwei Tage nach der Unterzeichnungszeremonie zu einem Putsch serbischer Generale, der zum Sturz des Prinzregenten und seiner Regierung und wenige Tage danach zum deutschen Angriff auf Jugoslawien führte. Dabei werden geschichtliche Abläufe so verkürzt und entstellt, das letztlich die Opfer des faschistischen Überfalls als Dummköpfe erscheinen, die sich ohne Sinn und Zweck geopfert haben. Selbst ein so versierter Jugoslawienkenner wie Wolfgang Libal schrieb 1991, in einer Zeit, in der historische Erinnerung an deutsche Schuld auf dem Balkan nötiger denn je gewesen wäre, in seinem Buch »Das Ende Jugoslawiens«: »Selten in der Geschichte dürfte ein Militärputsch für das eigene Land so verheerende Folgen gehabt haben, wie der in Belgrad am 27. März 1941. Jugoslawien wurde nicht nur in einen Krieg gestürzt, aus dem es sich möglicherweise hätte heraushalten oder an dem es zumindest unter wesentlich ›günstigereren‹ Umständen hätte teilnehmen können. Das Land wurde von den Besatzungs-

---

51 Völkischer Beobachter, 7.4.1941.

mächten aufgeteilt, was einen blutigen Bürger- und Religionskrieg zur Folge hatte, in dem sich Jahrhunderte alte Haßgefühle austobten.«[52]

Nein, es waren nicht nur einige Offiziere, die sich dem Anschluß Jugoslawiens an die Achsenmächte widersetzten! Als Hitler nach dem Beitritt Bulgariens zum Dreimächtepakt Belgrad unter Druck setzte und die Geheimverhandlungen mit Ministerpräsident, Außenminister und Prinzregent begannen, setzte in Jugoslawien ein breit gefächerter Widerstand ein. Die von Josip Broz Tito geführte Kommunistische Partei rief die jugoslawischen Völker zur Aufruhr auf und warnte vor dem Landesverrat, den die bürgerliche Regierung vorbereite. Bereits in der ersten Märzhälfte 1941 veröffentlichte sie einen Aufruf unter dem Titel »Gegen eine Kapitulation – für einen Pakt über gegenseitige Hilfe mit der Sowjetunion«. Darin wandte sie sich an alle Schichten der Bevölkerung, an alle Soldaten und Offiziere mit dem Appell, die verräterische Regierung zu stürzen und die Unabhängigkeit des Landes in letzter Stunde zu retten. Die Völker dürften nicht zulassen, daß sie zum Instrument für eine gegenseitige Abrechnung »zweier imperialistischer Räuber« – Deutschland und Großbritannien – und Jugoslawien zum »Sprungbrett« für den Überfall auf die UdSSR würden.[53]

Auf Initiative der in der Illegalität wirkenden Kommunisten begannen am 24. März in Kragujevac Massendemonstrationen, die nach der Unterzeichnung des Anschlußvertrages Ausmaße einer allgemeinen Volksbewegung annahmen. Unter den Losungen »Bolje rat nego pakt« (»Lieber Krieg als den Pakt«) und »Bolje grob nego rob« (»Lieber im Grab als Sklave zu sein«) forderten sie die Auflösung des Vertrages. Erst in dieser Situation kam es zum Putsch, in dem eine Gruppe patriotischer und probritischer Offiziere die Regierung Cvetković stürzte und eine Regierung unter dem bisherigen Befehlshaber der Luftwaffe Dušan Simović inthronisierte.

Bestrebt, die alarmierte Bevölkerung zu beruhigen, Hitler zu besänftigen und dem bedrohten Land Verbündete zu gewinnen,

---

52 Wolfgang Libal: Das Ende Jugoslawiens, Wien/Zürich 1993, S. 42.
53 Istorija Saveza Komunista Jugoslavije, Belgrad 1985, S. 172 f.

vollführte die Regierung Simović einen mehrfachen Spagat. Sie verkündete eine Amnestie für politische Häftlinge und die Auflösung von militärischen Zwangslagern. Hitler bekundete sie ihre Loyalität, versicherte, daß der Vertrag über den Beitritt Jugoslawiens zum Dreimächtepakt in Kraft bleibe und verzögerte die allgemeine Mobilmachung, die sie erst am 3. April in einem Geheimerlaß verfügte. Mit Großbritannien führte sie Geheimverhandlungen, um militärische Unterstützung in Form von Waffenlieferungen und Truppenkontigenten zu erhalten. Mit der Sowjetunion verhandelte sie über einen Freundschafts- und Nichtangriffspakt, der in der Nacht des 5. April unterzeichnet wurde.

Doch alles Lavieren blieb vergeblich. Hitler hatte bereits unmittelbar nach dem Eintreffen der Nachrichten über den Regierungswechsel in Belgrad den Stab über Jugoslawien gebrochen und entschieden, das Königreich von der politischen Landkarte zu tilgen. Noch am 27. März erteilte er auf einer Beratung mit führenden Militärs und Politikern die entsprechenden Befehle. Der Protokollant hielt fest: »Führer ist entschlossen, ohne mögliche Loyalitätserklärung der neuen Regierung abzuwarten, alle Vorbereitungen zu treffen, um Jugoslawien militärisch und als Staatsgebilde zu zerschlagen. Außenpolitisch werden keine Anfragen oder Ultimaten gestellt werden. Zusicherungen der jug. Regierung, denen für die Zukunft doch nicht zu trauen ist, werden zur Kenntnis genommen. Angriff wird beginnen, sobald die hierfür geeigneten Mittel und Truppen bereitstehen ...

Politisch ist es besonders wichtig, daß der Schlag gegen Jugoslawien mit unerbittlicher Härte geführt wird und die militärische Zerschlagung in einem Blitzunternehmen durchgeführt wird. Hierdurch dürfte die Türkei in genügendem Maße abgeschreckt werden und der spätere Feldzug gegen Griechenland in günstigem Sinne beeinflußt werden. Es ist damit zu rechnen, daß bei unserem Angriff sich die Kroaten auf unsere Seite stellen werden. Eine entspr. politische Behandlung (spätere Autonomie) wird ihnen sichergestellt werden. Der Krieg gegen Jugoslawien dürfte in Italien, Ungarn und Bulgarien sehr populär sein, da für diese Staaten territoriale Erwerbungen in Aussicht zu stellen sind, für Italien die Adriaküste, Ungarn Banat, Bulgarien Mazedonien.

Dieser Plan setzt voraus, daß wir alle Vorbereitungen zeitlich beschleunigt treffen und so starke Kräfte ansetzen, daß der jug. Zusammenbruch in kürzester Frist erfolgt.

In diesem Zusammenhang muß der Beginn der Barbarossaunternehmung (der Angriff auf die UdSSR – R. H.) bis zu 4 Wochen verschoben werden.«[54]

Der Überfall auf Jugoslawien wurde zielstrebig, mit bewährter deutscher Präzision vorbereitet; nichts blieb unberücksichtigt, vor allem nicht die Propaganda. Aufschluß darüber geben zahlreiche Befehle und Richtlinien, die nach Kriegsende dem Internationalen Militärgerichtshof in Nürnberg vorlagen. Unter ihnen verdienen die am 28. März erlassenen »Richtlinien für die Behandlung der Fragen der Propaganda gegen Jugoslawien« besondere Aufmerksamkeit. In Anknüpfung an bekannte Traditionslinien deutscher Balkanpolitik wurde darin festgelegt: »a.) Gegner Deutschlands ist ausschließlich die serbische Regierung ..., die ... den Kampf gegen Deutschland entfesselt hat. b.) Da die Serben gegenüber den nichtserbischen Volksgruppen Jugoslawiens, vor allem gegenüber den Kroaten und Mazedoniern, stets eine rücksichtslose Diktatur ausübten, ist ihnen gegenüber zum Ausdruck zu bringen, daß die deutsche Wehrmacht zu den Kroaten, Bosniern und Mazedoniern nicht als Feind ins Land kommt. Sie will sie vielmehr davor bewahren, von den serbischen Chauvinisten ... hingeschlachtet zu werden ...«[55]

Jedermann weiß, daß es dem chauvinistischen Deutschland nicht um die »serbischen Chauvinisten« ging oder gar um den Schutz der anderen jugoslawischen Völker. Aber es handelte sich auch keineswegs allein darum, in der sich im Frühjahr 1941 herausgebildeten strategischen Gesamtlage einen potentiellen militärischen Gegner Deutschlands auszuschalten, gewissermaßen der eisernen Logik des Krieges zu folgen – wie es noch heute von einigen bundesdeutschen Historikern suggeriert wird. Ziel der Aggression war nicht zeitweilige strategische Geländegewinne, sondern die Eroberung von dauerhaften »Lebensräumen«. Die

---

54 Heinz Bergschicker: Deutsche Chronik 1933-1945, Berlin 1982, S. 317.
55 Der Prozeß gegen die Hauptkriegsverbrecher vor dem Internationalen Militärgerichtshof, Band XXVIII, Nürnberg 1948, S. 16 f.

Pläne dazu waren nicht erst 1941 und auch nicht 1933 entwickelt worden. Sie entstanden wesentlich früher. Formuliert allerdings wurden sie in der Regel in jener wenig militärischen, sachlich-nüchternen Sprache, der sich die Vertreter der deutschen Monopole seit jeher befleißigen. Beim Vorsitzenden des Südosteuropa-Ausschusses der IG Farben klang das z. B. 1940 in einem Rückblick auf die deutsche Politik während der Weltwirtschaftskrise folgendermaßen: »Deutschland und die Länder des Südostens bilden zusammen einen Lebensraum, der ... allen beteiligten Ländern eine weitgehende wirtschaftliche Ergänzungsmöglichkeit gibt und der bei einer verständnisvollen Bereitschaft aller Länder zusammenzuarbeiten, in der Lage ist, die notwendigen Bedürfnisse gegenseitig und weitgehendst zu decken. Wer die Verhältnisse der Länder des Südostens kennt und die besondere Verflechtung der deutschen Wirtschaft mit diesen Ländern, weiß, daß es sich bei dem Begriff Lebensraum nicht um einen Raum handeln kann, in dem Deutschland siedeln oder leben will, sondern mit dem Deutschland zusammenleben und Wirtschaft treiben will, mit dem es sich also praktisch gesprochen gegenseitig ergänzen will. Deutschland ist für die Entwicklung der Länder des Südostens von ebenso entscheidender Bedeutung, wie diese Länder für die Deckung des deutschen Bedarfs von Wichtigkeit sind –, die Länder des Südostens gehören ebenso zum Lebensraum Deutschlands wie Deutschland zum Lebensraum dieser Länder gehört.«[56]

Im Jahre dieser zivilen Rückschau, 1940, als das Militärische bereits dominant geworden war, wurde der »Lebensraum« deutlicher definiert, auch im Jahrbuch »Sozialstrategien der Deutschen Arbeitsfront«. Hier hieß es kurz und bündig: »Ein kleines Volk vermag sein Dasein auf die Dauer nur dann zu erhalten, wenn es sich dem Schutz eines großen Volkes, mit dem es den gleichen Raum teilt, anvertraut.«[57]

Ehe Jugoslawien zum deutschen »Lebensraum« werden konnte, mußte es in Stücke gehauen werden. Nach dem Blitzkrieg und -sieg wurde es in 10 Okkupationszonen zerschlagen. Die ab

---

56 Zitiert nach Meurer/Vollmer/Hochberger: Die Intervention der BRD in den jugoslawischen Bürgerkrieg, S. 6 f.
57 Sozialstrategien der Deutschen Arbeitsfront, Jahrbuch, 1940/1, Band I, S. 451.

dem 6. April 1941 in Jugoslawien eindringenden rund 50 deutschen, italienischen und ungarischen Divisionen stießen, von Ausnahmen abgesehen, nur auf geringen Widerstand. Hitler hatte sie in einem Tagesbefehl aufgefordert, so zu kämpfen wie die Divisionen des Ersten Weltkrieges auf diesem Boden. Im Gegensatz zur Armee des serbischen Königreichs von 1914 war die des jugoslawischen nicht in der Lage, den Vormarsch des Aggressors auch nur zeitweilig aufzuhalten. Sie zerfiel weniger unter den Schlägen der Invasoren als vielmehr durch fehlenden einheitlichen Willen zur Verteidigung. Die Katastrophe des Königreichs Jugoslawien war die direkte Folge der Schwäche und Blutarmut seines staatlichen Systems, der Politik der nationalen Ungleichheit und Unterdrückung, die die serbische Großbourgeoisie mit der Monarchie an der Spitze über Jahrzehnte betrieben und mit der sie die gemeinsamen Interessen und Hoffnungen der Serben und Kroaten, der Slowenen und Mazedonier verraten hatte.

Nun, im April 1941, verrieten sie das Land ein weiteres Mal. Die Regierung des Generals Simović beauftragte 9 Tage nach Beginn des Überfalls das Oberkommando, um einen Waffenstillstand nachzusuchen, und floh selbst mit dem 17jährigen König Peter und dessem engsten Gefolge auf dem Luftweg in Richtung Naher Osten und später nach London. Die zuvor bevollmächtigten Vertreter des Oberkommandos unterschrieben im Stab der 2. deutschen Armee in Belgrad die bedingungslose Kapitulation der jugoslawischen Streitkräfte. Die Invasoren nahmen 337.864 Unteroffiziere und Soldaten sowie 6.298 Offiziere gefangen.[58]

Als die Regierungsmitglieder, der König und seine Hofschranzen in aller Eile ihre Koffer packten und Hitlers 5. Kolonnen, Nationalisten und Separatisten aller Couleur, slowenische Bans und kroatische Ustaschas, albanische Irredentisten, mazedonische Faschisten und viele Volksdeutsche, die Wehrmacht als »Befreier« feierten, schrieb Tito im schon besetzten Zagreb nach einer Sitzung des ZK der KP Jugoslawien einen Appell an die jugoslawischen Völker, in dem er zum Widerstand gegen den Aggressor aufrief: »Verliert auch dann den Mut nicht, wenn Ihr in diesem

---

58 Siehe Vlado Strugar: Der jugoslawische Volksbefreiungskrieg 1941 bis 1945, Berlin 1969, S. 14 ff.

Kampf zeitweilig unterliegt, denn aus diesem blutigen imperialistischen Schlachten wird eine neue Welt hervorgehen ... Geschaffen werden wird auf einer wahren Unabhängigkeit aller Völker Jugoslawiens eine freie brüderliche Gemeinschaft.«[59]

Doch davon waren die jugoslawischen Völker im Frühjahr 1941 weiter denn je entfernt. Der Befehl Hitlers, »Jugoslawien ... als Staatsgebilde zu zerschlagen«, wurde erfüllt. Auf der Grundlage eines Vertrages zwischen den Achsenmächten Deutschland und Italien wurde das Land in eine deutsche und in eine italienische Interessensphäre geteilt. Im Rahmen dieser grundsätzlichen Teilung wurde Slowenien annektiert und seine Territorien Deutschland und Italien zugeschlagen. Kroatien wurde in zwei Besatzungszonen aufgespalten und zugleich zum »Unabhängigen Staat Kroatien« erklärt, in dessen Bestand Bosnien und die Herzegowina aufgenommen wurden. Serbien wurde unmittelbar unter deutsches Besatzungsregime gestellt und auf das Territorium reduziert, das es vor dem ersten Balkankrieg gegen die Türkei im Jahre 1912 eingenommen hatte. Kosovo und Metohien wurden dem italienischem Albanien hinzugefügt. Ein Teil Mazedoniens wurde der bulgarischen und die Vojvodina der ungarischen Verwaltung unterstellt. Die dalmatinische Küste wurde Italien übereignet.

Die territoriale Zerschlagung Jugoslawiens, die Einsetzung von Statthaltern und Quislingen aller Nationalitäten schürten die vorhandenen nationalen Gegensätze und entfachten in vielen Landesteilen einen blutigen Bürgerkrieg, an dessen Feuer sich die ausländischen Okkupanten wärmten. In zahlreichen Gebieten wurde ein Prozeß der nationalen Vertreibung – heute würde man ihn als ethnische Säuberung bezeichnen – in Gang gesetzt, dessen Opfer vor allem Serben, Slowenen und Mazedonier waren, die zu Hunderttausenden von Haus und Hof gejagt wurden.

Die Tatsache, daß Serbien radikal verkleinert und unter direktes deutsches Okkupationsregime gestellt wurde, war alles andere als ein Zufall. Hitler betrachtete Serbien nicht zu Unrecht als Hauptpfeiler eines einheitlichen jugoslawischen Staates, die deutsche Wehrmachtsführung hatte die aus ihrer Sicht bitteren Erfah-

---

59   Istorija Saveza Komunista Jugoslavije, Belgrad 1985, S. 175.

rungen aus den Kämpfen mit den Serben im Ersten Weltkrieg nicht vergessen. Der Führer und seine Generale wußten um die militärstrategische und politisch-symbolische Bedeutung der jugoslawischen Hauptstadt am Zusammenfluß von Donau und Save. Wer Belgrad besaß, beherrschte Jugoslawien und damit den größten Teil des Balkans. Die deutsche Rüstungsindustrie, noch immer im Aufschwung befindlich, benötigte einen unmittelbaren, von starker deutscher Hand gesicherten Zugang zu den bedeutenden Erzvorkommen in Serbien. So wurde auch das an Blei- und Zinkerzen reiche Gebiet um Trepča, das zu Kosovo und Metohien gehörte, nicht dem italienisch beherrschten Albanien einverleibt, sondern dem deutschen Okkupationsgebiet hinzugefügt. Ein deutscher Wirtschaftsstab betrieb systematisch die Ausplünderung des Landes, das Feld-, Kreis- und Ortskommandaturen unterstellt wurde. Der Besatzungsmacht im eroberten »Lebensraum« wurde eine »kommissarische Regierung« zur Seite gestellt, der einige ehemalige hohe Beamte des Königreiches Jugoslawien angehörten und die von General Milan Nedić, einem früheren Kriegsminister, geleitet wurde.

In keinem anderen Teil Jugoslawiens übte die deutsche Wehrmacht den brutalen Terror gegen die Zivilbevölkerung so unverhüllt und unmittelbar selbst aus wie in der serbischen Besatzungszone. Während sie sich in anderen Landesteilen dazu vielerorts auch einheimischer Verräter, Chauvinisten und Faschisten bediente, führte sie in Serbien Folterungen und Massenhinrichtungen mit eigener Hand durch. Strikt und skrupellos erfüllte sie den Auftrag Hitlers, »mit unerbittlicher Härte« vorzugehen. Geplant und in die Tat umgesetzt wurden die Aktionen u. a. vom General der Wehrmacht Franz Böhme, dem ehemaligen österreichischen Generalstabschef, der bereits im Ersten Weltkrieg gegen die Serben zu Felde gezogen war. Nach dem Anschluß Österreichs an Hitlerdeutschland war Böhme auf Wunsch des Führers von seinem Stabschefposten zurück- und der Wehrmacht beigetreten. Am 16. September 1941 – nach erfolgreicher Teilnahme am Polenfeldzug – wurde er zum Bevollmächtigten Kommandierenden General in Serbien ernannt.

In einem seiner ersten Befehle erinnerte er die ihm unterstehenden Besatzungstruppen an den Einsatz der deutschen Armee im Ersten Weltkrieg und wies sie an: »Ihr seid Rächer dieser Toten. Es muß ein abschreckendes Beispiel für ganz Serbien geschaffen werden, das die gesamte Bevölkerung auf das Schwerste treffen muß.«[60]

Wenige Wochen danach wurde eines dieser Beispiele geschaffen – in Kragujevac. Aus schwer nachvollziehbaren Gründen ist der Name der etwa 150 km südöstlich von Belgrad gelegenen Industriestadt in West- und in Ostdeutschland noch immer ziemlich unbekannt. Dabei gehört sie in eine Reihe mit solchen Orten wie Lidice und Oradour-sur-Glane, die für alle Zeit für die von Deutschen begangenen Kriegsverbrechen stehen und unauslöschlich in das Gedächtnis der von Hitlerdeutschland überfallenen Völker eingebrannt sind. In Kragujevac allerdings wurde die kriegsverbrecherische Tat nicht von der SS und der Gestapo, sondern von der Wehrmacht begangen.

Wenige Stunden nach dem Beginn des deutschen Überfalls auf die Sowjetunion hatte das ZK der KP Jugoslawien zur »letzten und entscheidenden Schlacht« und zur unmittelbaren Vorbereitung des Befreiungskampfes aufgerufen. Fünf Tage später war der »Hauptstab der Partisanenabteilungen der Volksbefreiung Jugoslawiens« unter dem »Obersten Befehlshaber« Josip Broz Tito gebildet worden und am 4. Juli 1941 hatte die KP-Führung auf einer Sitzung im okkupierten Belgrad beschlossen, den bewaffneten Aufstand gegen die deutschen Besatzungstruppen und ihre Helfershelfer zu beginnen. Im Frühherbst hatte der Volksaufstand bereits weite Teile Serbiens erfaßt, die Partisanenabteilungen zählten rund 14.000 Kämpfer, die zahlreiche Dörfer und Städte kontrollierten.

Zunehmende Schwierigkeiten bereiteten den Besatzern auch die Tschetnik-Abteilungen um Oberst Draža Mihajlović, in denen sich Überreste der geschlagenen königlichen Armee und Angehörige bürgerlich-konservativer Kreise zusammengeschlossen hatten. (Das Wort »Tschetnik« stammt vom serbischen »četa« – Schar, Truppe, Kompanie – ab. Als »Tschetniks« wurden seit der Jahrhundertwende die serbischen Patrioten und Freischärler be-

---

60 Zitiert nach Hans Canjé: »Der blutige Herbst 1941 in Serbien«, in: Neues Deutschland, 28./29.9.1996.

zeichnet, die vor und während der Balkankriege gegen die türkische Fremdherrschaft kämpften). Beginnend in den Bergen der Šumadija südlich von Belgrad, organisierten die Tschetniks den Widerstand serbischer nationaler Kräfte. Obwohl Mihajlović, der im Januar 1942 von der Exilregierung in London zum Verteidigungsminister und Befehlshaber der »Heimatstreitkräfte« ernannt wurde, wiederholte Vorschläge Titos zum gemeinsamen Vorgehen gegen die deutsche Besatzungsarmee ablehnte und später offen die von den Kommunisten geführten Volksbefreiungskräfte bekämpfte – sein Antikommunismus machte ihn letztlich zum Kollaborateur – trugen die von ihm geleiteten Einheiten im Herbst 1941 wesentlich dazu bei, daß die Hitlerwehrmacht in Jugoslawien in ernste Bedrängnis geriet und eilig Verstärkungen – drei Divisionen aus Griechenland, Frankreich und von der Ostfront – heranführen mußte.

Adolf Hitler, außer sich vor Wut über den wachsenden Widerstand in den besetzten Gebieten, vor allem in Jugoslawien, beauftragte den Chef des Oberkommandos der Wehrmacht, Wilhelm Keitel, erforderliche Maßnahmen zu ergreifen. Am 16. September 1941 ordnete Keitel an, daß in den besetzten Gebieten für jeden getöteten deutschen Soldaten 50 bis 100 und für jeden verwundeten 50 Geiseln aus der Zivilbevölkerung zu nehmen und zu erschießen sind. Im berüchtigten Geiselmord-Befehl Keitels hieß es wörtlich:

»1.) Seit Beginn des Feldzuges gegen Sowjetrußland sind in den von Deutschland besetzten Gebieten allenthalben kommunistische Aufstandsbewegungen ausgebrochen. Die Formen des Vorgehens steigern sich von propagandistischen Maßnahmen und Anschlägen gegen einzelne Wehrmachtangehörige bis zu offenem Aufruhr und verbreitetem Bandenkrieg ...

2.) Die bisherigen Maßnahmen, um dieser allgemeinen kommunistischen Aufstandsbewegung zu beggenen, haben sich als unzureichend erwiesen.

Der Führer hat nunmehr angeordnet, daß überall mit den schärfsten Mitteln einzugreifen ist, um die Bewegung in kürzester Zeit niederzuschlagen. Nur auf diese Weise, die in der Geschichte der Machterweiterung immer mit Erfolg angewandt worden ist, kann die Ruhe wieder hergestellt werden.

3.) Hierbei ist nach folgenden Richtlinien zu verfahren:

a) Bei jedem Vorfall der Auflehnung gegen die deutsche Besatzungsmacht, gleichgültig wie die Umstände im einzelnen liegen mögen, muß auf kommunistische Ursprünge geschlossen werden.

b) Um die Umtriebe im Keime zu ersticken, sind beim ersten Anlaß unverzüglich die schärfsten Mittel anzuwenden, um die Autorität der Besatzungsmacht durchzusetzen und einem weiteren Umsichgreifen vorzubeugen. Dabei ist zu bedenken, daß ein Menschenleben in den betroffenen Ländern vielfach nichts gilt und eine abschreckende Wirkung nur durch ungewöhnliche Härte erreicht werden kann. Als Sühne für ein deutsches Soldatenleben muß in diesen Fällen im allgemeinen die Todesstrafe für 50-100 Kommunisten als angemessen gelten. Die Art der Vollstreckung muß die abschreckende Wirkung noch erhöhen.«[61]

Der General in Berlin befahl, und nun folgten ihm seine Kommandanten in Serbien. Als das 3. Batallion des 749. Infanterieregimentes Mitte Oktober 1941 im Kampf mit den Serben, die nach deutschen Angaben 87 Gefallene zu beklagen hatten, den Verlust von 9 Toten und 26 Verwundeten hinnehmen mußte, befahl der Regimentskommandeur, diese nach dem Keitel-Schlüssel zu sühnen. So geschah es denn: In Kragujevac wurden rund 10.000 männliche Personen aus der Stadt und einigen umliegenden Dörfern zusammengetrieben und in Scheunen und Baracken gepfercht. Die Erschießungen erfolgten am 21. Oktober von 7.00 Uhr morgens bis 2.00 Uhr nachmittags. Insgesamt wurden 7.000 Menschen erschossen, gruppenweise, mit schweren Maschinengewehren aus Nahdistanz. Das Alter der Ermordeten lag zwischen 14 und 80 Jahren. Zu ihnen gehörten 10 Priester, 300 Schüler und 20 Lehrer. Unter den letzteren befand sich auch der amtierende Direktor des Knaben-Gymnasiums Lazar Pantelić, der noch in letzter Minute um Gnade für seine Schüler bat. Als diese verweigert wurde, stellte er sich freiwillig mit ihnen dem Erschießungskommando. Die Erschossenen wurden in 33 Massengräbern »wie Holzscheite übereinandergelegt«. Später fand man an einem na-

---

61 Heinz Bergschicker: Deutsche Chronik 1933-1945, S. 413.

hegelegenen Bach die Leichen von 15 Acht- bis Zehnjährigen, 5 Serben- und 10 Romakindern.[62]

Noch viele Jahre nach dem Krieg war es Deutschen verboten, Kragujevac zu betreten. Später konnten auch sie, wenn sie denn wollten, den Ort des Massakers aufsuchen, die Gedenkstätte, das Museum mit den unzähligen Fotos der Erschossenen und ihrer letzten Habe: Ausweise, Brillen, Schlüssel, Schulhefte. Lesen konnten sie unter anderem den Bericht des deutschen Ortskommandanten, des Majors der Wehrmacht König, der vom 18. bis 21. Oktober 1941 seinen Vorgesetzten militärisch knapp, wenn auch unvollständig meldete:

»18. X. 1941 ... Auf Befehl der Division müssen 9 Gefallene und 26 Verwundete des III. Bataillons des 749. Regimentes gerächt werden. Davon ausgehend, werden in der Zeit vom 19. X. 1941 bis zum 21. X. 1941 die Verhaftung und Erschießung der entsprechenden Anzahl von Männern erfolgen.

19. X. 1941 Das I. Bataillon des 724. Inf.-Regimentes mit der 3. Kompanie und 50 Angehörigen des technischen Bataillons führt eine Aktion in Grosnica durch, 245 Männer werden erschossen und das Dorf wird niedergebrannt. Munition wird an verschiedenen Orten gefunden, sogar auf dem Kirchturm. Das III. Bataillon des 749. Inf.-Regimentes erschoß 182 Männer in Meckovac.

20. X. 1941 werden in Kragujevac 3.200 Männer im Alter von 16 bis 50 Jahren verhaftet. Am Abend werden hinter dem Sammellager die Kommunisten und Juden erschossen, die am 18. X. verhaftet wurden sowie die 53 Verurteilten aus dem Ortsgefängnis in Kragujevac.

21. X. 1941 erfolgen um 7.00 morgens Sammeln und Erschießen der Verhafteten.

Damit ist die Aktion beendet. Insgesamt wurden 2.300 Serben verschiedenen Alters und Berufs erschossen. An den folgenden Tagen ist bei der Bevölkerung aus verständlichen Gründen eine sehr große Erregung festzustellen. Entsprechende Sicherungsmaßnahmen wurden eingeleitet.«[63]

---

62 Siehe Zbornik dokumenata i materiala o oktobarskom pokolju 1941 godine u Kragujevacu, Kragujevac 1953.
63 Ebd., S. 69.

Das Gemetzel von Kragujevac war nicht die einzige entsetzliche Tat, begangen von Deutschen an Serben. Es war nur ein Punkt, wenn auch ein besonders schrecklicher, auf der Blutspur, die die Wehrmacht im Herbst 1941 in Serbien zog: Am 30. September wurden in Šabac 1.000 Serben erschossen, Anfang Oktober in den umliegenden Dörfern des Mačva-Gebietes – 1.226, Mitte Oktober im Dorf Draginec und in seiner Umgebung – über 2.000, in der Stadt Kraljevo – 5.700. Nach unvollständigen Angaben erschossen die deutschen Besatzer in dieser Zeit über 44.000 Männer, Frauen und Kinder.[64] Zehntausende wurden in Konzentrationslager gebracht, darunter 25.000 in ein wehrmachtseigenes KZ, das der Kommandierende General in Serbien, Franz Böhme, unter freiem Himmel in Šabac errichten ließ.

Zu den ersten ermordeten Geiseln gehörten 36 Einwohner der nahe Belgrad gelegenen Industriestadt Pančevo. Nach dem Tod von zwei SS-Männern am 17. April 1941 hatte der dortige Wehrmachtsstandortkommandant Oberst von Bandelow 18 auf dem Friedhof erhängen und weitere 18 an der Friedhofsmauer erschießen lassen. Die Leichen wurden zur Abschreckung drei Tage lang ausgestellt. Im gleichen Ort wurden Anfang November 600 serbische Juden und Roma umgebracht. Der zuständige Oberleutnant der Wehrmacht Hans-Dieter Walther rapportierte die Untat mit folgenden Worten: »1. 11. 1941. Bericht über die Erschießung von Juden und Zigeunern ... Der Platz, an dem die Erschießung vollzogen wurde, ist sehr günstig. Er liegt nördlich von Pančevo, unmittelbar an der Straße Pančevo – Jabuka, an der sich eine Böschung befindet, die so hoch ist, daß ein Mann nur mit Mühe hinaufkann ... Ein Entkommen der Gefangenen ist daher mit wenig Mannschaften zu verhindern. Ebenfalls günstig ist der Sandboden dort, der das Graben der Gruben erleichtert und somit auch die Arbeitszeit verkürzt ... Das Ausheben der Gruben nimmt den größten Teil der Zeit in Anspruch, während das Erschießen selbst sehr schnell geht (100 Mann 40 Minuten). Gepäckstücke und Wertsachen werden vorher eingesammelt und in meinem LKW mitgenommen, um sie dann der NSV zu übergeben. Das Erschießen der Juden ist einfacher als das der Zigeuner. Man muß

---

64   Istorija Saveza Komunista Jugoslavije, Belgrad 1985, S. 190.

zugeben, daß die Juden sehr gefaßt in den Tod gehen – sie stehen sehr ruhig, während die Zigeuner heulen, schreien und sich dauernd bewegen, wenn sie schon auf dem Erschießungsplatz stehen. Einige sprangen sogar vor der Salve in die Grube und versuchten sich totzustellen ...«[65]

Der Bericht wurde in den 50er Jahren mehrfach veröffentlicht, doch der Berichterstatter wurde 1959 als Berufssoldat von der Bundeswehr wieder eingestellt und zum Bataillonskommandeur ernannt. Ein von der Staatsanwaltschaft Konstanz 1961 eingeleitetes Ermittlungsverfahren wurde in aller Stille eingestellt. Der ehemalige Wehrmachts-Oberleutnant, inzwischen zum Bundeswehr-Major avanciert, konnte bei der Ausbildung seiner »Bürger in Uniform« weiter aus seinen in Serbien gesammelten Kriegserfahrungen schöpfen. Für einen Einsatz in den bundesdeutschen Einheiten der IFOR oder SFOR im zerbrochenen Jugoslawien wäre er jedoch zu alt gewesen. Der Inhalt seines Berichtes gehört zu jenen »historischen Gründen«, mit denen Bundeskanzler Kohl und Verteidigungsminister Rühe früher einmal einen Einsatz der Bundeswehr in Jugoslawien ablehnten. Wie diese Gründe tatsächlich aussahen, haben sie nicht ein einziges Mal auch nur andeutungsweise gesagt, was in ihren Augen eine läßliche Sünde ist, denn heute gibt es bekanntlich keinen Grund mehr, auch keinen abstrakt »historischen« für deutsche militärische Zurückhaltung auf dem Balkan.

In Kroatien und später in Bosnien-Herzegowina griffen die deutschen und italienischen Eroberer zu anderen Mitteln der Absicherung ihrer Herrschaft. Sie bedienten sich vorrangig der Ustascha-Kollaborateure. Die 1929 gegründete Aufständische Kroatische Revolutionäre Organisation (Ustaša Hrvatska Revolucionarna Organizacija) strebte nach der Schaffung eines großen kroatischen Staates unter der Einbeziehung von Bosnien-Herzegowina und betrachtete den Terrorismus als »heilige Pflicht« gegenüber dem Vaterland. Ihr Führer (poglavnik), der Zagreber Rechtsanwalt und zeitweilige Abgeordnete im Belgrader Parlament, Ante Pavelić, verherrlichte Mussolini und Hitler. Zu Beginn der

---

65 Zitiert nach Eberhard Rondholz: »›Führerbefehl‹ – wir folgen«, in: Konkret 9/1996.

30er Jahre hatte er mit einer größeren Gruppe seiner Anhänger Zuflucht in Italien gefunden, von wo aus er 1934 die Ermordung des jugoslawischen Königs Alexander und des französischen Außenministers Barthou in Marseille organisierte. Nach dem faschistischen Überfall auf Jugoslawien rief sein Stellvertreter, Slavko Kvaternik, ein ehemaliger k. u. k. Oberst, den »Unabhängigen Staat Kroatien« (Nezavisna Država Hrvatska) aus, an dessen Spitze fünf Tage später der nach Zagreb zurückgeeilte Pavelić trat. Im Schatten deutscher Panzer und Geschütze begann das dunkelste Kapitel in der Geschichte Kroatiens.

Mit dem Ziel der Schaffung eines »ethnisch reinen« Kroatiens wurden Juden und Roma sowie die gesamte serbische Bevölkerung – zwei Millionen gegenüber 3,4 Millionen Kroaten – aller bürgerlichen Rechte beraubt. Per Dekret wurde die kyrillische Schrift der Serben verboten, die Errichtung von Arbeits- und Konzentrationslagern für »unerwünschte und gefährliche Personen«, von denen das Lager in Jasenovac zu grauenhafter Berühmtheit gelangte, verfügt, das jüdische Vermögen beschlagnahmt und die Nürnberger Rassengesetze übernommen. Die Verfolgungen hatten von Anfang an schreckliche Ausmaße – Juden und Roma wurden vernichtet, die Serben zu Hunderttausenden verfolgt, vertrieben und erschlagen. Serbische Ortschaften wurden zerstört, Anhänger des serbisch-orthodoxen Glaubens gewaltsam und massenweise katholisch getauft.

Die Zahl der Opfer unter den Serben, Juden und Roma ist bis zum heutigen Tag umstritten. Der Tito-Biograph Vladimir Dedijer spricht von 800.000 Ermordeten, serbische Geschichtsbücher – von 600.000, in kirchlichen Quellen ist von 350.000 die Rede. Das Ustascha-Regime nutzte historisch überkommene nationale Gegensätze und war bemüht, möglichst viele Kroaten und bosnische Moslems in die Pogrome einzubeziehen, wodurch nationaler Haß, Rachegelüste und Bruderkrieg genährt wurden.

Um die Greueltaten der Ustaschas ranken sich bis heute mannigfaltige, die Wahrheit bis zur Unkenntlichkeit entstellende Legenden. Zu ihnen zählt auch der in vielen bundesdeutschen Abhandlungen verbreitete Mythos, sie seien so schrecklich gewesen, daß sich selbst Hitlerfaschisten mit Abscheu abgewandt hätten.

Zweifelsohne gibt es dafür einige Belege, die gern und häufig angeführt werden. Mit Vorliebe wird dabei aus einem Lagebericht des Chefs der deutschen Sicherheitspolizei Turner vom 17. Februar 1942 zitiert. Dieser hatte den »Reichsführer SS« Heinrich Himmler wie folgt unterrichtet: »Als wichtigste Ursache für das Aufflammen der Bandentätigkeit müssen die Greueltaten bezeichnet werden, die von den Ustascha-Verbänden im kroatischen Raum gegenüber den Prawoslawen (= Serben) verübt wurden. Die Ustascha-Verbände haben ihre Greueltaten nicht nur an männlichen und wehrfähigen Prawoslawen, sondern insbesondere auch an wehrlosen Greisen, Frauen und Kindern in der bestialischsten Weise begangen. Die von den Kroaten niedergemetzelten und mit den sadistischsten Methoden zu Tode gequälten Prawoslawen müssen schätzungsweise auf 300.000 Menschen beziffert werden. Auf Grund dieser Greueltaten sind zahllose Prawoslawen über die Grenze nach Restserbien geflüchtet und haben durch ihre Berichte die serbische Bevölkerung in höchste Erregung versetzt. Die von den Kroaten eingeleitete zwangsweise Bekehrung der prawoslawischen Bevölkerung zum Katholizismus und der damit verbundene Terror, indem bei Nichtübertritt eine rücksichtslose Evakuierung der Prawoslawen angekündigt und durchgeführt wird, trägt ebenfalls im starken Umfang zur Verschärfung der Lage bei ...«[66]

Doch diese und einige andere »empörte« Berichte Deutscher können die Tatsache nicht aus der Welt schaffen, daß der »Unabhängige Staat Kroatien« ein vom Hitlerregime durch und durch abhängiges Gebilde war, dessen Ideologie, Struktur und Vorgehen von der deutschen Reichshauptstadt bestimmt wurden. Wenn sich die Schreibtischtäter in Berlin und ihre Exekutoren vor Ort über die Ustaschas erregten, dann vor allem darüber, daß diese ihre Mordtaten in aller Öffentlichkeit verübten und ungewollt zum Anwachsen der antifaschistischen Widerstandsbewegung beitrugen.

Der »Unabhängige Staat Kroatien« war noch keinen Tag alt, und der Poglavnik Pavelić noch nicht aus dem italienischen Exil zurückgekehrt, da telegrafierte der Sonderbeauftragte des Reichs-

---

66 Akten zur Deutschen Auswärtigen Politik, Serie E, Band I, S. 515 f.

außenministers in Zagreb, Edmund Veesenmeyer, über sein Verhältnis zum amtierenden Staatschef: »Ich bin seit der Regierungsübernahme durch Kvaternik stets an seiner Seite und stehe ihm unauffällig helfend zur Seite.«[67] Und als Pavelić in Zagreb einzog, erklärte er: »Ich weiß, daß die Freiheit Kroatiens ausschließlich der Kraft des Führers, des Reiches und Europas zu verdanken ist.«[68]

Der Vasallenstaat war in den Plänen Hitlers ein wichtiges Instrument zur Abrechnung mit der »serbischen Verbrecherclique«. Einen Tag nach der ersten Bombardierung Belgrads schrieb sein Propagandaminister Joseph Goebbels eine »Propagandadirektive« in sein Tagebuch, die noch heute aktuell zu sein scheint: »Den Kroaten schmeicheln, den Haß gegen die Serben schüren.«[69] Als Pavelić zwei Monate später, am 9. Juni, dem Führer in Berlin über sein Vorgehen gegen die Serben Bericht erstattete, notierte der Protokollant Hitlers Zustimmung und Ausführungen: »Im übrigen müsse, wenn der kroatische Staat ganz solide sein solle, 50 Jahre lang eine national intolerante Politik betrieben werden, weil aus einer übergroßen Toleranz in diesen Dingen lediglich Schaden entstünde.«[70] Der Poglavnik verstand die Aufforderung des Führers zur »nationalen Intoleranz« gegenüber Nichtkroaten und eineinhalb Jahre darauf konnte er dem Vertreter des Reichsaußenminister Veesemeyer berichten: »Zur Gründungszeit des Staates hatten wir etwa 30 Prozent Serben, nun haben wir durch die Verdrängung und Massakrierung nur noch 12 bis 15 Prozent. Die in diesem Zusammenhang erfolgten Exzesse haben irgendwie doch für den kroatischen Staat positive Auswirkungen gehabt.«[71] Niemand kann ernsthaft daran zweifeln, daß es nur eines kleinen Winkes aus Berlin bedurft hätte, um die »Exzesse« in Kroatien zu stoppen. Doch aus dem Führerhauptquartier kamen eben andere Signale.

---

67 Akten zur Deutschen Auswärtigen Politik, Serie D, Band XII, S. 429.
68 Zitiert nach Dokumentation »Szenen deutsch-kroatischer Freundschaft«, in: taz, 14.9.1991.
69 Zitiert nach Hansjakob Stehle: »Gottesstaat im Teufelskreis«, in: Die Zeit, 27.3.1992, S. 41.
70 Akten zur Deutschen Auswärtigen Politik, Serie D, Band XII, S. 814 f.
71 Zitiert nach Andreas Spannbauer: »Ustascha-Faschismus«, in: Junge Welt, 2.2.1993.

Neben den Faschisten in Berlin und Rom fanden sich noch andere, die das Ustascha-Regime inspirierten, für eigene Zwecke nutzten und ihre Hände schützend darüber hielten: einflußreiche Kreise des Vatikans und des Klerus in Kroatien selbst. Auch dieser Umstand wird in den meisten bundesdeutschen Schriften über Jugoslawien entweder völlig verschwiegen oder zumindest beschönigt. Wenn vom damaligen Zagreber Erzbischof Stepinac, der wegen seiner Zusammenarbeit mit den Deutschen und den Ustaschas im Nachkriegsjugoslawien zu 18 Jahren Haft verurteilt wurde, die Rede ist, dann wird in der Regel darauf verwiesen, daß er Pavelić tatsächlich mehrfach um Milde gegenüber Serben und Juden bat und das Lager Jasenovac »einen Schandfleck« für den Ustaschastaat nannte. Nur in seltenen Ausnahmefällen wird dagegen berichtet, daß der Bischof kurz nach dem faschistischen Blitzkrieg und -sieg über Jugoslawien und der Errichtung des Ustascha-Staates anordnete, in allen Kirchen den Hymnus »Te Deum laudamus« »Dich, Gott, loben wir«, anzustimmen.

Was danach von einem Teil der Gottlobenden den zwei Millionen serbisch-orthodoxen Schwestern und Brüdern angetan wurde, war alles andere als gottgefällig. Diener des Herrn, Priester und Mönche, beteiligten sich aktiv an der Verfolgung der Serben, Juden und Roma. Während die einen die orthodoxen Abweichler vom Weg des rechten Glaubens massenweise zu katholischen Zwangstaufen trieben, beteiligten sich andere, so auch »Bruder Teufel«, der Franziskaner Pater Miroslav Filipović-Majstrović, als Kommandant des KZ Jasenovac, am Massenmord. Sie folgten dem Ruf von Mate Mugos, eines von Erzbischof Stepinac eingesetzten Priesters: »Bis jetzt haben wir dem katholischen Glauben nur mit dem Gebetbuch und dem Kreuz gedient. Die Zeit ist gekommen, dies mit Gewehr und Pistole zu tun.«[72] Und in der katholischen Wochenzeitung »Nedelja« wurde triumphierend verkündet: »Christus und die Ustaschas, Christus und die Kroaten marschieren gemeinsam durch die Geschichte.«[73]

---

72 Novi list, Zagreb, 24.7.1941.
73 Zitiert nach Eberhard Rondholz: »Deutsche Erblasten im jugoslawischen Bürgerkrieg«, in: Blätter für deutsche und internationale Politik, 7/1992, S. 833 f.

So marschierten sie denn, nicht Christus, sondern ein Teil des kroatischen Klerus und die Ustaschas, tatsächlich Hand in Hand, was selbst den schon erwähnten Chef der deutschen Sicherheitspolizei Turner in seinen Bericht an Himmler hinzufügen ließ: »Zu bemerken ist hierbei, daß letztlich die katholische Kirche durch ihre Bekehrungsmaßnahmen und ihren Bekehrungszwang die Ustaschagreuel forciert hat, indem sie auch bei der Durchführung ihrer Bekehrungsmaßnahmen sich der Ustascha bedient hat«[74], und umgekehrt, muß man hinzufügen.

Als Erzbischof Stepinac im Mai 1943 in Rom das Oberhaupt der katholischen Kirche besuchte, bemühte er sich redlich, seine wiederholte kritische Distanz zum Pavelić-Regime ins rechte Licht zu rücken und zu betonen, daß »wir auch in Zukunft unsere Pflicht im Sinne der christlichen Feindesliebe tun« werden. Das hinderte ihn jedoch nicht daran zu erläutern, daß der Ustascha-Staat »auch viel Gutes« getan habe. Die von ihm angeführten Beweise sprachen für sich: Die Zahl der Abtreibungen, die »vor allem von jüdischen Ärzten inspiriert wurden«, sei von jährlich rund 60.000 auf 20.000 gesunken, der Staat kämpfe gegen den Kommunismus und habe das Fluchen verboten, er fördere den Religionsunterricht, Priesterseminare, den Kirchenbau und habe die Gehälter der Priester erhöht.[75]

Der Papst, Pius XII., muß das mit Wohlwollen aufgenommen haben, denn schließlich hatte er Pavelić bereits am 18. Mai 1941 im Vatikan empfangen und dessen Versicherung vernommen, »daß das kroatische Volk seine ganze Haltung und Gesetzgebung vom Katholizismus inspirieren lassen möchte ...«[76] Als dann dem Heiligen Vater in den darauffolgenden Wochen immer häufiger Klagen über das unmenschliche Vorgehen der Ustaschas und eines Teiles des Klerus vorgetragen wurden, unternahm er nichts, um ihrem Wüten Einhalt zu gebieten. Erst nachdem der Belgrader Erzbischof Ujčić den Heiligen Stuhl äußerst dringend ersuchte, »eine angesehene Persönlichkeit« nach Zagreb zu entsenden, »um

---

74 Akten zur Deutschen Auswärtigen Politik, Serie E, Band I, S. 515 f.
75 Remembering for the Future, Working Papers and Addenda, Band I, Oxford 1989, S. 276 f.
76 Zitiert nach Hansjakob Stehle: »Gottesstaat im Teufelskreis«, in: Die Zeit, 27.3.1992.

der kroatischen Regierung Besonnenheit, Mäßigung, Gerechtigkeit und Nächstenliebe zu empfehlen«[77], reagierte er. Er entsandte den ob seiner Naivität und Gutwilligkeit bekannten Pater Giuseppe Ramiro Marcone als »Apostolischen Visitator« in die kroatische Hauptstadt, der fortan Empfänge und andere Staatsfeierlichkeiten auf der Zagreber Burg schmückte, die die Ustascha-Oberen ausrichteten. Der »Visitator« selbst richtete wenig aus. Er war des Lobes voll über den freundlichen Empfang, der ihm seitens der Ustaschas bereitet wurde, seine langen Berichte führten in Rom zu keinen von der Geschichte vermerkten Reaktionen. Selbst dann nicht, als er am 17. Juli 1942 – ein knappes halbes Jahr nach der Wannseekonferenz – dem Vatikan das bis dahin Unvorstellbare berichtete: »In den letzten Monaten haben sich die kroatischen Behörden, wenn sie um Nachrichten über Juden gebeten wurden, in unerklärliches Schweigen gehüllt ... Polizeichef Dr. Eugen Kvaternik, bei dem ich mich über die Grausamkeit gegen Juden jeden Alters und Standes beklagt habe, ließ mich folgendes wissen: Die deutsche Regierung hat angeordnet, daß alle Juden innerhalb von 6 Monaten nach Deutschland transportiert werden müssen, wo – wie mir der gleiche Kvaternik sagte – in letzter Zeit zwei Millionen Juden getötet wurden. Es scheint, daß dasselbe Schicksal die kroatischen Juden erwartet ... Ich bemühe mich ständig, etwas für ihre Rettung zu tun. Der Polizeichef verzögert auf meine Anregung hin soweit wie möglich die Befehlsausführung. Er wäre froh, wenn der Heilige Stuhl sich für den Widerruf des Befehls einsetzen könnte.«[78]

Im kroatischen Volk, das zu Beginn der Ustascha-Herrschaft zu einem nicht geringen Teil annahm, der alte Traum von einem unabhängigen kroatischen Staat gehe in Erfüllung, stießen die Diktatur und die Greueltaten des Pavelić-Regimes nach kurzer Zeit auf Entsetzen, Ablehnung und zunehmenden Widerstand. Bereits am 4. Juli 1941, am Tag, an dem die Führung der KP in Belgrad den Beginn des bewaffneten Kampfes beschloß, nahmen Partisanengruppen in der Umgebung von Zagreb und Karlovac ihre Aktionen auf. Koordiniert von einer Operativen Parteileitung

---

77 Ebd.
78 Ebd.

und später vom Hauptstab der Partisanenabteilungen der Volksbefreiung Kroatiens, unterbrachen sie wichtige Eisenbahnverbindungen und griffen deutsche, italienische und Ustascha-Garnisonen in der Banija, im südöstlichen Teil der Lika, in Dalmatien sowie zwischen Save und Drau an und befreiten Zug um Zug Mittel-Kroatien, das eine Brücke zu dem freien Gebiet Westbosniens mit dem Zentrum in der Stadt Drvar bildete. Damit war einer der ersten Schritte zur Wiedervereinigung Jugoslawiens vollzogen.

Im »Unabhängigen Staat Kroatien«, im dazugeschlagenen Bosnien-Herzegowina und in ganz Jugoslawien ging die Politik des Schürens alter nationaler Gegensätze durch die Okkupanten letztlich nicht auf. Zwar forderten die blutigen ethnischen Konflikte und der mörderische Bruderkrieg – Titos Volksbefreiungsarmee gegen serbische Tschetniks, kroatische Ustaschas und die slowenische »Weiße Garde«; Tschetniks gegen die Ustaschas, kommunistische Partisanen und bosnisch-moslemische SS-Einheiten; Pavelić-Truppen gegen alle nichtkroatischen Jugoslawen – schwere Opfer und verschafften den Besatzungstruppen militärische Vorteile, doch ihre Greueltaten und die ihrer Helfershelfer sowie der erbitterte Widerstand der Jugoslawen in allen Landesteilen führten Schritt für Schritt zu einer Stärkung der von Tito geführten Befreiungsstreitmacht. Von Anfang an hatte die KP Jugoslawien die nationale und soziale Befreiung der jugoslawischen Völker zum obersten Ziel im Zweiten Weltkrieg erklärt. Unbeirrt von allen Rückschlägen, von allen durch den Bruderkrieg geschlagenen Wunden, war sie für die Gleichberechtigung der Nationen und Nationalitäten, für den gemeinsamen Kampf gegen die Okkupanten und ihre Kollaborateure eingetreten. Das war das Geheimnis ihres Sieges über die ausländischen Eroberer und inneren Widersacher, über das noch heute so manche rätseln.

Vier lange schwere Jahre dauerte der Befreiungskrieg. Er führte über die Schaffung eines befreiten Territoriums von der Morava bis an die südliche Adria und die Bosna mit dem Zentrum in Užice im Herbst 1941, den Rückzug aus der so gebildeten und hart bedrängten »Užicer Republik« in das strategisch wichtige Gebiet des Sandschaks im Dezember 1941, den Marsch über den vereisten Berg Igman im Januar 1942, die Bildung des Antifaschistischen Rates der Nationalen Befreiung Jugoslawiens (AVNOJ) im bosnischen Bihać am 26. November 1942, die verlust-, aber siegreichen Schlachten an der Neretva im März und Sutjeska im Juni 1943, die Umwandlung des AVNOJ zum obersten gesetzgebenden Organ am 29. November 1943 in Jajce und die Bildung einer provisorischen Regierung unter Tito, den Aufbau des Obersten Stabes im westbosnischen Drvar und dessen fluchtartige Verlagerung auf die Adria-Insel Vis im Sommer 1944 bis hin zur Befreiung Zagrebs am 8. Mai 1945 durch die 1. und 2. jugoslawische Volksbefreiungsarmee. Belgrad war bereits am 20. Oktober 1944 gemeinsam von jugoslawischen und sowjetischen Truppen befreit worden.

Ende 1941 umfaßten die Partisaneneinheiten, die zur jugoslawischen Volksbefreiungsarmee zusammenwuchsen, in Kroatien – 7.000 bewaffnete Kämpfer, in Slowenien – 2.000, in Serbien – 14.000, in Montenegro – 30.000, in Bosnien-Herzegowina – 20.000. Dreieinhalb Jahre später, im Mai 1945, zählte die jugoslawische Armee rund 800.000 Soldaten und Offiziere: 4 Armeen, 57 Infanterie- und 2 Fliegerdivisionen, 203 Infanterie-, 31 Artillerie-, 5 Pionier- und 2 Panzerbrigaden, eine Kavalleriebrigade und 17 Partisanenabteilungen. Als letzte dieser Einheiten stellten die 3. Armee und die 14. Infanteriedivision am 15. Mai 1945 ihren Kampf ein, als sie die Überreste der faschistischen Balkanarmee und übriggebliebene Quislingformationen, die noch eine Woche nach der bedingungslosen Kapitulation Hitlerdeutschlands nach Österreich durchbrechen wollten, im Raum Zagreb – Maribor – Dravograd – Zidani Most gefangen nahmen.

Das Oberkommando der Wehrmacht gab dazu keine Meldungen mehr heraus. Letztmalig hatte es Jugoslawien am 6. Mai 1945 mit der Nachricht »Unsere Absatzbewegungen in Kroatien verlaufen unter Nachdrängen starker Tito-Kräfte planmäßig«[79] und am 8. Mai mit der Mitteilung »In Kroatien haben unsere Truppen die Linie Coprivnica – Slunj nach Westen überschritten«[80] erwähnt. Tags darauf meldete es sich zum letzten Mal: »Seit Mit-

---

79 »Das Oberkommando der Wehrmacht gibt bekannt ...«, Band 3, S. 567.
80 Ebd., S. 568.

ternacht schweigen nun an allen Fronten die Waffen. Auf Befehl des Großadmirals hat die Wehrmacht den aussichtslos gewordenen Kampf eingestellt. Damit ist das fast sechsjährige heldenhafte Ringen zu Ende. Es hat uns große Siege aber auch schwere Niederlagen gebracht. Die deutsche Wehrmacht ist am Ende einer gewaltigen Übermacht ehrenvoll unterlegen. Der deutsche Soldat hat, getreu seinem Eid, im höchsten Einsatz für sein Volk für immer Unvergeßliches geleistet ... Den Leistungen und Opfern der deutschen Soldaten zu Lande, zu Wasser und in der Luft wird auch der Gegner Achtung nicht versagen. Jeder Soldat kann deshalb die Waffe aufrecht und stolz aus der Hand legen und in den schwersten Stunden unserer Geschichte tapfer und zuversichtlich an die Arbeit gehen für das ewige Leben unseres Volkes.«[81]

Die Antihitlerkoalition hatte gesiegt, das Dritte Reich war untergegangen wie es entstanden war – mit Schwulst und Lügen, in Schmach und Schande. Die Völker atmeten auf, die Sieger jubelten. Auch in Belgrad und Zagreb, in Ljubljana und Sarajewo fanden Siegesparaden und -feiern statt. Nach einer kurzen Übergangsperiode sowie allgemeinen und demokratischen Wahlen zur Gesetzgebenden Skupština wurde am 29. November 1945 die Föderative Volksrepublik Jugoslawien, die spätere SFRJ, proklamiert. Zum zweiten Mal war in der Geschichte eine Niederlage des imperialistischen Deutschlands mit dem Entstehen eines einheitlichen jugoslawischen Staates verbunden. Die Deutschen haben Jugoslawien, einem Land, das sie nie bedrohte und dessen Menschen ihnen zuvor stets mit großer Achtung und Gastfreundschaft begegneten, wahrhaft »Unvergeßliches« zugefügt:

Im Krieg sind rund 305.000 Angehörige der jugoslawischen Armee und der Volksbefreiungskräfte gefallen, 425.000 wurden verwundet. Noch größer waren die Opfer unter der Zivilbevölkerung. Rund 1.400.000 Jugoslawen verloren durch den Terror der Okkupanten und ihrer einheimischen Helfer ihr Leben, die meisten von ihnen in verschiedenen Lagern. Allein auf dem Boden Jugoslawiens gab es über 70 Konzentrationslager. Einige von ihnen wurden aufgrund von Beschlüssen der Okkupations- und Quislingbehörden unmittelbar nach der Besetzung des Landes er-

---

81 Ebd., S. 569.

richtet und bestanden bis zum Kriegsende, andere fungierten als zeitweilige Sammellager für Geisel und Vertriebene, die später zur »Sühne« erschossen, in Vernichtungslager oder zur Zwangsarbeit abkommandiert wurden. Zehntausende von Jugoslawen wurden in Konzentrationslagern außerhalb der jugoslawischen Grenzen interniert. Die abschließende Übersicht wies 69 derartige Lager auf, darunter Auschwitz, Mauthausen, Dachau, Neuengamme, Buchenwald, Treblinka, Bergen-Belsen, Ravensbrück. Von den hier untergebrachten 90.000 Jugoslawen überlebte nur ein Drittel.

Mit über 1.700.000 Gefallenen, Erschossenen und Erschlagenen, 11 Prozent der Gesamtbevölkerung, gehörte Jugoslawien neben der Sowjetunion und Polen, zu den Ländern, die im Zweiten Weltkrieg die meisten Toten zu beklagen hatten.

Etwa 170.000 Soldaten und Offiziere der ehemaligen königlichen Armee Jugoslawiens, in der Mehrheit Serben, Montenegriner und Slowenen, die im Aprilkrieg in die Hände der faschistischen Eindringlinge gerieten, litten in deutschen Kriegsgefangenenlagern. Zur Zwangsarbeit in Deutschland und in kriegswichtigen Betrieben in Jugoslawien wurden 270.000 Personen verschleppt. Rund 530.000 Bewohner Jugoslawiens wurden zur Flucht gezwungen bzw. zwangsweise umgesiedelt. In Jugoslawien gab es so gut wie keine Ortschaft, die nicht von Kriegshandlungen bzw. dem Wüten der Okkupanten betroffen war. Die in Kriegen üblichen Grenzen zwischen Front und Hinterland, zwischen Soldaten und Zivilisten existierten faktisch nicht. Die gesamte Bevölkerung von Kleinstkindern bis zu Greisen litt unter den Schrecken des Krieges, den die deutschen Faschisten über das Land gebracht hatten.

Jugoslawien erlitt gewaltige materielle Schäden und Zerstörungen. Schwer beschädigt oder völlig zerstört wurden 822.237 Gebäude, 3,3 Millionen Einwohner verloren das Dach über dem Kopf, ihr ganzes Hab und Gut. Vernichtet wurden 56 Prozent des landwirtschaftlichen Inventars, 2,5 Millionen Stück Großvieh, 24 Prozent der Weinberge. Zwei Fünftel aller Industrieanlagen wurden zerstört bzw. beschädigt, vernichtet wurden 57 Prozent der Eisenbahngleise, 80 Prozent der Lokomotiven, 90 Prozent der Waggons, 50 Prozent der Schiffe sowie eine Vielzahl von großen und kleinen Brücken. Viele Kulturdenkmale aus tausendjähriger wechselvoller Geschichte wurden zu Schutt und Scherben.[82]

Nicht von der Statistik erfaßt werden konnten die tiefen Wunden, die die von Hitlerdeutschland geschürten ethnischen Konflikte gerissen hatten. Ohne die deutschen Faschisten hätte es keinen Ustaschastaat gegeben, ohne diesen nicht die grauenvollen Serbenverfolgungen in Kroatien sowie in Bosnien-Herzegowina und die darauffolgenden serbischen Racheakte. Das Trauma des von den Deutschen ausgelösten Bruderkrieges war eine schwere Hypothek für das weitere Zusammenleben der Völker in Jugoslawien.

Angesichts dieser schweren Schuld und der 1,7 Millionen im Zweiten Weltkrieg umgekommenen Jugoslawen wäre das vereinigte Deutschland wie kein anderer Staat der Erde zu größter Zurückhaltung, respektvoller Behutsamkeit bei der Bewertung der inneren Entwicklung dieses Landes verpflichtet gewesen. Doch die Bundesrepublik handelte anders, großdeutsch: anmaßend, herrschsüchtig und verantwortungslos. Als sich in der SFRJ 1990/91 eine außerordentlich komplizierte innenpolitische Situation herausbildete und der Bürgerkrieg drohte, setzte sie in der Jugoslawienpolitik die Traditionslinie Kaiser- und Hitlerdeutschlands fort und sich an die Spitze der ausländischen Einmischung. Diese hat den innerjugoslawischen Konflikt angefacht und später das Blutvergießen verlängert. Doch nicht daran ist die jugoslawische Föderation zerbrochen. Zerstört wurde sie durch eigenen Streit, Haß und Hader, durch ihre eigenen Widersprüche.

---

82 Siehe Istorija Saveza Komunista Jugoslavije, S. 289 ff.

KAPITEL 4
Der Absturz

Als Josip Broz Tito am 8. Mai 1980 in Belgrad zu Grabe getragen wurde, säumten mehr als zwei Millionen Jugoslawen den langen Weg vom Gebäude des Parlaments, der Skupština, zur letzten Ruhestätte im Garten seiner Residenz im Villenviertel Dedinje. Viele von ihnen, Frauen und Männer, Alte und Junge, Belgrader und aus allen Landesteilen Gekommene, schämten sich ihrer Tränen nicht, als der Sarg an ihnen vorüber zog. Aufrichtige Trauer prägte ihre Gesichter und auch die bange Frage: »Was wird nun aus Jugoslawien?« Nicht anders war es wenige Tage zuvor gewesen, als der »Blaue Expreß« den Leichnam vom slowenischen Ljubljana, wo Tito im Alter von fast 88 Jahren in der Militärklinik nach langer Krankheit verstorben war, über das kroatische Zagreb ins serbische Belgrad, die Hauptstadt der Föderation, überführte. Hunderttausende säumten die 600 km lange Strecke. Schier endlos waren die Menschenschlangen vor der Skupština, wo der tote Präsident, der langjährige Vorsitzende des Bundes der Kommunisten Jugoslawiens, der legendäre Partisanenführer, Oberkommandierende und Marschall aufgebahrt war.

Die Welt kondolierte. Politiker aus 121 Staaten verneigten sich vor der Bahre in der Säulenhalle des Parlamentes. Vier Monarchen, 31 Staatspräsidenten, 20 Regierungschefs und 47 Außenminister standen auf der Tribüne, als der Sarg am Grab von der Lafette gehoben wurde – unter ihnen der sowjetische Partei- und Staatschef Leonid Breshnew, US-Vizepräsident Walter Mondale, Indiens Premier Indira Gandhi und der chinesische Parteivorsitzende Hua Guofeng. Nebeneinander in der ersten Reihe standen der DDR-Staatsratsvorsitzende Erich Honecker und der bundesdeutsche Präsident Karl Carstens. Bundeskanzler Helmut Schmidt hatte seinen Platz eine Stufe dahinter, nicht weit von ihm waren der SPD-Vorsitzende Willy Brandt und die beiden deutschen Außenminister Oskar Fischer und Hans-Dietrich Genscher plaziert.

Wie die meisten der Abgesandten des Auslands nutzten auch die deutschen die Trauerfeierlichkeiten zu einem intensiven politischen Meinungsaustausch, der nach jüngsten NATO-Aufrüstungsbeschlüssen und dem sowjetischen Einmarsch in Afghanistan notwendiger denn je war. Die gemeinsame Unterbringung der internationalen Gäste im grün-gläsernen, durchsichtig erscheinenden Luxushotel »Inter-Continental« bot hervorragende Möglichkeiten für interne Spitzenbegegnungen, die zu Hunderten organisiert wurden. Honecker und Schmidt trafen sich allerdings unweit der letzten Ruhestätte Titos, in der Residenz des bundesdeutschen Botschafters. Nach dem Treffen erklärte der Bundeskanzler, der das DDR-Staatsoberhaupt herzlich verabschiedet hatte, daß das Gespräch »freundlich« gewesen sei, »wie nicht anders zu erwarten«. Vereinbart habe man, das »Netz der Zusammenarbeit« zwischen der Bundesrepublik und der DDR »weiter auszubauen und zu verdichten«.[83]

Nebenbei sei angemerkt: Zwei Jahrzehnte früher wäre ein solches deutsch-deutsches Spitzentreffen und dazu noch in Belgrad völlig unvorstellbar gewesen. Im Oktober 1957 hatte die Bundesrepublik Deutschland die Beziehungen zu Jugoslawien abgebrochen, da sich das Land der Hallstein-Doktrin nicht gebeugt und diplomatische Beziehungen zur DDR hergestellt hatte. Tito, der die Existenz der DDR als ein Glück für die Völker Europas betrachtete, widerstand dem erpresserischen Druck der Bonner Diplomatie und Wirtschaft und trug damit maßgeblich zur späteren weltweiten völkerrechtlichen Anerkennung der DDR bei. Das Treffen Honecker/Schmidt am Rande seiner Beisetzung fand ein starkes internationales Echo, ihre gleichberechtigte Begegnung in Belgrad war die normalste Sache der Welt.

Nur der »Spiegel«-Korrespondent sah darin eine »verkehrte Welt«. Auch »Paradoxes« glaubte er, das allerdings nicht ganz zu Unrecht, zu erkennen: »Galt es jahrelang als Dogma aller Kreml-Astrologen, daß beim Tod Titos die Russen in Jugoslawien einmarschieren könnten und die Gefahren für den Weltfrieden dramatisch zunähmen, so markieren nun die Treffen an Titos Grab

---

83 dpa, 8.5.1980.

eher den Weg zurück zur Entspannung.«[84] Dieser Weg sollte lang und dornenreich werden und zu Ergebnissen führen, die im Mai 1980 niemand in der internationalen Gästeschar erwartete. Doch bei allen Meinungsverschiedenheiten, unterschiedlichen Bestrebungen und Hoffnungen war sich die Trauergemeinde in der Würdigung des Lebenswerkes des Dahingeschiedenen einig. Die sowjetische Partei- und Staatsführung stellte fest: »Der Tod Titos ist ein schwerer Verlust für die Völker Jugoslawiens, deren bewährter politischer Führer er lange Jahre hindurch war ... Der Weltöffentlichkeit ist er als Verteidiger des Friedens, der Entspannung und der friedlichen Koexistenz sowie als einer der Gründer der Bewegung der Blockfreiheit bekannt.« US-Präsident Jimmy Carter schrieb: »Die Position von Staatspräsident Tito in der Geschichte unseres Zeitalters ist ein für allemal gesichert.« Bundeskanzler Schmidt erklärte, Titos historisches Werk werde weit über seinen Tod hinaus wirksam bleiben; dank seines staatsmännischen Wirkens sei Jugoslawien heute ein geeintes, zu großen Leistungen fähiges Land.

Die Würdigungen galten Tito und gleichermaßen der Sozialistischen Föderativen Republik Jugoslawien, die sich in den Nachkriegsjahrzehnten von einem überaus rückständigen Balkanland zu einem Industrie-Agrarstaat entwickelt und international hohes Ansehen erworben hatte.

Jugoslawien war ein anerkannt führendes Mitglied der Bewegung der Nichtpaktgebundenheit, zu deren Begründern es zählte und auf deren erst im September 1979 stattgefundener Gipfelkonferenz in Havanna der jugoslawische Präsident durch die Verteidigung der sogenannten originären Prinzipien der Bewegung, gemeint war vor allem »der gleiche Abstand von den Blöcken«, noch einmal einen persönlichen Sieg davongetragen hatte. In der UNO, der Gruppe der 77 und in der KSZE gehörte die SFRJ zu den einflußreichen Ländern. Als aktives Mitglied der Gruppe der neutralen und nichtpaktgebundenen Länder, 1977 war Belgrad Gastgeber des ersten KSZE-Folgetreffens gewesen, trug es maßgeblich zur Fortsetzung des europäischen Entspannungsprozesses bei.

---

84 Der Spiegel, Nr. 20/1980, S. 19.

Auch innenpolitisch blickte das Land auf eine insgesamt erfolgreiche Entwicklung zurück. Die Industrieproduktion hatte sich mehr als verzehnfacht, die Städte und viele Dörfer hatten ihr Gesicht gewandelt. Die jugoslawischen Völker, Serben, Kroaten, Slowenen, Moslems und Mazedonier, lebten in einer beachtlichen nationalen Eintracht. Die Zahl der »Mischehen« war außerordentlich hoch, bereits mehr als eine Million bekannte sich in Volkszählungen als »Jugoslawen«. Nationale Gleichberechtigung war ein Grundprinzip der Verfassung. Hoch entwickelt war der gesamtjugoslawische Patriotismus.

Mit seiner Politik der Selbstverwaltung hatte Jugoslawien nach dem Bruch mit Stalin einen eigenständigen Weg sozialistischer Entwicklung eingeschlagen. Ihr Kern bestand in dem Versuch, sozialistisches Eigentum nicht zu staatsmonopolistischem Besitz in den Händen einer engen Führungsgruppe pervertieren zu lassen und damit Grundlagen für demokratische Verhältnisse in der Gesellschaft zu schaffen.

Ob seiner Sozialismuskonzeption wurde Jugoslawien vom Westen gelobt, vom Osten kritisiert, umworben wurde es von beiden. Das ganze Land, von den Alpen bis zum Ohridsee, von der Adria bis zur Morawa, sang »Es lebe Jugoslawien« und schwor noch zu Lebzeiten Titos, »von seinem Weg nicht abzuweichen«.

Heute ist davon nur die Erinnerung geblieben, davon Zeugnis ablegend, daß nichts, kein Land, keine politische und soziale Ordnung, so fest gebaut ist, daß es nicht in kurzer Zeit im Chaos versinken kann. Jugoslawien liefert dafür ein beredtes, schlimmes Beispiel.

Die Sozialistische Föderative Republik Jugoslawien ist zerstört, Jugoslawien ist zerbrochen. Slowenien, Kroatien und Mazedonien sind selbständige Staaten. Bosnien-Herzegowina, ebenfalls verselbständigt, gilt als einheitlicher Staat und besteht aus einer weitgehend fiktiven moslemisch-kroatischen Föderation und einer Republika Srpska mit eigenen Staatsangehörigkeiten, eigenen Armeen und allen Rechten, eigene Verträge mit Staaten und internationalen Organisationen abzuschließen. Serbien und Montenegro, die nach dem Ersten Weltkrieg ihre eigene Staatlichkeit in das jugoslawische Königreich eingebracht hatten, sind im gemeinsamen Staatenbund, der jetzt den Namen »Bundesrepublik Jugoslawien« trägt, verblieben. Die früheren jugoslawischen Teilrepubliken haben untereinander diplomatische Beziehungen aufgenommen und Botschafter ausgetauscht. In weiten Teilen der untergegangenen SFRJ, die ihre Unabhängigkeit als ein heiliges, unantastbares Gut betrachtete, sind ausländische Streitkräfte – darunter 34.000 Soldaten der multinationalen »Stabilisierungstruppen« (SFOR) unter dem Kommando der NATO in Bosnien – und internationale Polizeieinheiten stationiert.

Tito-Jugoslawien war in den Kämpfen des Zweiten Weltkrieg entstanden, in einem von allen Seiten erbarmungslos geführten innerjugoslawischen Krieg ging es unter. Der Verlauf des Bürgerkrieges ist den Zeitgenossen, die Tag für Tag mit detaillierten Berichten, Schreckensnachrichten und -bildern informiert wurden, trotz der einseitigen Berichterstattung vieler Medien in seinen Hauptphasen bekannt. An dieser Stelle sollen sie, mit allen Risiken, die eine knappe Darstellung einer fast fünfjährigen Kriegskatastrophe beinhaltet, in groben Zügen in Erinnerung gebracht werden.

Die ersten kriegerischen Auseinandersetzungen fanden im Juni 1991 in SLOWENIEN statt, als diese jugoslawische Teilrepublik und Kroatien ihre Unabhängigkeit erklärten, die slowenische Führung die geltende Bundesverfassung außer Kraft setzte und entschied, die Kontrolle an den jugoslawischen Grenzen zu Österreich und Italien in eigene Regie zu übernehmen. Die von einem Kroaten geleitete Föderationsregierung in Belgrad reagierte umgehend und entsandte Einheiten der Bundesarmee zur Wiederherstellung der jugoslawischen Hoheitsrechte an der Grenze. Die daraufhin ausbrechenden bewaffneten Auseinandersetzungen mit Kräften der slowenischen Territorialverteidigung wurden nach wenigen Tagen durch Vermittlung der KSZE und der EG beendet. Die Bundesarmee zog sich aus Slowenien zurück. Die erste Phase des Krieges, später »Operettenkrieg« genannt, war beendet.

In KROATIEN währte der Bürgerkrieg länger und forderte einen unvergleichlich höheren Blutzoll. In dieser Teilrepublik lebten 600.000 Serben, die etwa 13 Prozent der Bevölkerung ausmachten. Als die aus den Parlamentswahlen vom April 1990 als Siegerin hervorgegangene Kroatische Demokratische Gemeinschaft unter Führung von Franjo Tudjman den Weg zur Abspaltung von Jugoslawien einschlug und die Rechte der in Kroatien lebenden Serben rigoros einschränkte, lehnten es diese in einem Referendum einmütig ab, in ihrer Heimat zur nationalen Minderheit zu werden, nachdem sie in den zurückliegenden Jahrzehnten in jeder Hinsicht zu den gleichberechtigten staatstragenden Völkern Jugoslawiens gehört hatten.

Während in Zagreb die staatliche Unabhängigkeit vorbereitet und verkündet wurde, proklamierten die Serben die Unabhängige Republik Krajina mit dem Zentrum in Knin, der sich später die Serbische Autonome Republik in Slawonien anschloß. Intoleranz, Nationalismus und Gewalt auf beiden Seiten eskalierte, bewaffnete Konflikte wurden zum blutigen Krieg. Die Bundesarmee, die ursprünglich die Aufgabe hatte, die blutigen Auseinandersetzungen zwischen den bewaffneten kroatischen und serbischen Kräften zu verhindern und die Zivilbevölkerung unabhängig von ihrer nationalen Zugehörigkeit zu schützen, geriet in eine Zerreißprobe und in den Kriegsstrudel. Nachdem die Regierung in Zagreb die auf kroatischem Territorium liegenden Kasernen blockieren ließ, wurde die Armee Schritt für Schritt zur Kriegspartei auf Seite der Serben. Waffenstillstandsvereinbarungen wurden gebrochen, nicht selten schon ehe sie öffentlich verkündet worden waren.

Im Januar 1992 schließlich entsandte die UNO sogenannte friedenserhaltende Truppen (UNPROFOR) in die Republik Krajina, die die Feuereinstellung überwachen und eine politische Lösung befördern sollten. Nach mehreren fehlgeschlagenen Versuchen einer gewaltsamen Wiedereingliederung der serbischen Gebiete eroberte die durch illegale Waffenlieferungen gestärkte kroatische Armee im August 1995 in einem Blitzfeldzug die Krajina, die große Mehrheit der serbischen Bevölkerung flüchtete. Die Wiedereingliederung der serbischen Gebiete Slawoniens in die Republik Kroatien erfolgte auf vertraglicher Grundlage.

Nach BOSNIEN-HERZEGOWINA wurde die Kriegsfackel durch die EU-Staaten getragen. Als diese unter dem Druck Bonns Slowenien und Kroatien und damit den Zerfall der multinationalen

Föderation anerkannten, war auch das Schicksal des von Moslems, Serben und Kroaten bewohnten »Jugoslawien im kleinen« besiegelt. In einem von der EU geforderten Referendum stimmten Moslems und Kroaten mit großer Mehrheit für die Unabhängigkeit der Republik. Die Serben, die 33 Prozent der Bevölkerung bildeten, votierten nahezu einmütig für das Verbleiben in der Föderation, ihre gewählten Abgeordneten verließen das Republiksparlament und riefen in Pale einen eigenen Staat, die Republika Srpska, aus.

In den ausbrechenden heftigen und grausamen Kämpfen versuchten beide Parteien sich möglichst viele Territorien, Wirtschaftspotentiale und strategische Positionen zu sichern. Die Kämpfe forderten große Opfer unter der Zivilbevölkerung, die zu Hunderttausenden ermordet oder vertrieben wurde. Ihre Leiden wuchsen noch, als die Kroaten in der Herzegowina die unabhängige Republik »Herzeg Bosna« mit Mostar als Hauptstadt ausriefen und diese de facto an Kroatien anschlossen. In Grausamkeit und Zerstörungswut standen die moslemisch-kroatischen Kämpfe den vorangegangenen kriegerischen Auseinandersetzungen in nichts nach. Sie wurden erst Anfang 1994 eingestellt, als die USA Kroaten und Moslems zur Bildung einer Föderation und zum gemeinsamen Kampf gegen die bosnischen Serben zwangen.

Zur gleichen Zeit verschärften sich die Beziehungen zwischen Restjugoslawien, der im April 1992 gebildeten Bundesrepublik Jugoslawien, und der serbischen Republik in Bosnien. Nachdem das jugoslawische Staatspräsidium bereits im Mai 1992 den Oberbefehl über die Einheiten der Bundesarmee in Bosnien-Herzegowina niedergelegt und alle nicht aus dieser Republik stammenden Armeeangehörigen zurückgezogen hatte, brach Belgrad im August 1994 die politischen und wirtschaftlichen Beziehungen mit Pale, dem Zentrum der bosnischen Serben, ab und sperrte die jugoslawische Grenze für alle Transporte, mit Ausnahme humanitärer Güter, in Richtung der Republika Srpska. Zuvor hatte die Bundesrepublik Jugoslawien, die immer stärker unter den gegen sie verhängten Sanktionen litt, vergeblich an die bosnischen Serben appelliert, einen Friedensplan der internationalen Bosnien-Kontaktgruppe zu akzeptieren, der die Umwandlung von Bosnien-Herzegowina in eine Union zwischen der moslemisch-kroatischen Föderation und der Serbischen Republik bei einer territorialen Aufteilung im Verhältnis von 51 zu 49 vorsah. Mit der Begründung, daß der Plan den territorialen Zusammenhalt der serbischen Gebiete zerstöre, hatte Pale den Plan zurückgewiesen.

Eine Wende im Kriegsgeschehen, in dem sich die bosnischen Serben lange Zeit als militärisch überlegen erwiesen, erfolgte jedoch erst, als sich die NATO offen auf die Seite der moslemisch-kroatischen Föderation stellte und zur Partei im Bürgerkrieg wurde. Massive NATO-Luftangriffe auf serbische Stellungen und Ortschaften veränderten das Kräfteverhältnis zuungunsten der Serben und zwangen auch sie an den Verhandlungstisch. Auf dem amerikanischen Luftwaffenstützpunkt in Dayton diktierten die USA die Friedensbedingungen. Der blutige Krieg wurde endlich unterbrochen, ob er beendet wurde, wird die Zukunft zeigen.

Der Austritt MAZEDONIENS aus der jugoslawischen Föderation verlief friedlich. Der im Januar 1991 gewählte Staatspräsident Kiro Gligorov, erfahrener und langjähriger hoher Partei- und Staatsfunktionär der SFRJ, hatte sich, unterstützt von der Mehrheit der Bevölkerung, für eine Umwandlung der jugoslawischen Föderation in eine »Gemeinschaft souveräner jugoslawischer Republiken« eingesetzt. Als diese aufgrund der Haltung der anderen Republiken nicht zustande kam, entschied sich das Land für die volle staatliche Unabhängigkeit. Da Gligorov eine Politik des nationalen Ausgleiches betrieb, die die Serben – ihr Anteil an der Gesamtbevölkerung lag bei nur 2,2 Prozent – nicht mit solchen Problemen wie in Kroatien oder Bosnien-Herzegowina konfrontierte, kam es zu keinem Bürgerkrieg. Schon im Februar 1992 vereinbarten Gligorov und der Stabschef der jugoslawischen Armee Adžić den Abzug der Streikräfte der Föderation aus Mazedonien. Ein Jahr danach wurde die Republik unter dem provisorischen Namen »Ehemalige Jugoslawische Republik Mazedonien« in die UNO aufgenommen. Auf Verlangen des NATO-Partners Griechenland weigerten sich die Bundesrepublik und die anderen EG-Staaten, die unter Bonner Druck Slowenien und Kroatien nicht schnell genug anerkennen konnten, noch längere Zeit danach, Mazedonien die völkerrechtliche Anerkennung auszusprechen, obwohl es, abgesehen vom bereits anerkannten Slowenien, die einzige ehemalige jugoslawische Teilrepublik war, die den von der EG aufgestellten Anerkennungskriterien gerecht wurde.

Als in Jugoslawien 1990/91 die Spannungen wuchsen, wetteiferten die Nationalisten in allen Teilrepubliken mit ihren Parolen von nationaler Würde und Gleichberechtigung, vom Recht auf Freiheit und Selbstbestimmung, von einem Leben in Sicherheit und Wohlstand, frei von der Benachteiligung durch andere. 5 Jahre später mußte Bilanz gezogen werden.

Der Krieg forderte etwa 200.000 Tote – eine exakte Zahl wird nie zu ermitteln sein – und Hunderttausende Verletzte, darunter viele, die für den Rest ihres Lebens zu Krüppeln wurden, Millionen Flüchtlinge und Vertriebene. Weite Teile des einzigartig schönen Landes wurden verwüstet, der Wirtschaft, in Jahrzehnten mühevoller Aufbauarbeit geschaffen, wurde ein immenser Schaden zugefügt. Auch die materiellen Schäden, in Kroatien und vor allem in Bosnien-Herzegowina durch Kriegseinwirkungen, in Serbien und Montenegro durch die Sanktionen, in Slowenien und Mazedonien durch die Zerstörung aller traditionellen Wirtschaftsverbindungen hervorgerufen, werden niemals exakt zu beziffern sein. Gegenwärtig schwanken die Schätzungen zwischen 50 und 200 Milliarden US-Dollar.

Abgesehen von einigen Kriegsgewinnlern und Spekulanten, kann niemand im früheren Jugoslawien sagen, der Kampf habe sich gelohnt. Im Verlaufe des Krieges wurden viele Siege erstritten und Niederlagen erlitten, nach dem Krieg gibt es keine Sieger, nur Verlierer.

Als Tito in Anwesenheit der Mächtigen dieser Welt zu Grabe getragen wurde, befand sich das von ihm begründete und maßgeblich geprägte zweite Jugoslawien scheinbar auf dem Gipfel seiner Entwicklung. Viele sahen seine Zukunft im dunkeln liegen, fürchteten gar um sie, doch der Abgrund, der sich auftat, war nicht zu sehen. Zwar war die abschüssige Bahn bereits zu erkennen, aber niemand, weder die einheimischen Politiker und Gesellschaftswissenschaftler noch die ausländischen Jugoslawien-Beobachter, die öffentlich agierenden Diplomaten, die zu Hunderten in Belgrad residierenden oder angereisten Geheimagenten aus

Ost und West, die unzähligen Balkanologen und Zukunftsforscher, hätten sich im Mai 1980 das zehn Jahre später einsetzende Chaos, das Kriegsinferno, die Tragödie der jugoslawischen Völker auch nur annähernd vorstellen können.

Wie konnte ein solcher Absturz eines ganzen Landes möglich werden, was sind die Gründe für den Zerfall der jugoslawischen Föderation?

Diese Frage wird auch heute noch unterschiedlich, ja kontrovers, zuweilen auch seltsam beantwortet. Werfen wir, ohne auch hier einen Anspruch auf Vollständigkeit zu erheben, einen Blick auf die Vielfalt der Antworten.

Im August 1991, offiziell trat die Bundesrepublik noch für den Weiterbestand der jugoslawischen Föderation ein, gab die Landeszentrale für politische Bildung Baden-Württemberg eine Schrift über Jugoslawien heraus. Sie trug den Titel »Jugoslawien in der Zerreißprobe«, und ihr »Schriftleiter«, so nennt er sich tatsächlich, Prof. Dr. Hans-Georg Wehling, wußte bereits, daß das Land diese Probe nicht bestehen konnte. Die Ursache sah er in den dem Vielvölkerstaat innewohnenden Gegensätzen. Letztere wurden von zahlreichen wissenschaftlichen Autoritäten in teils profunden Analysen dargelegt. Prof. Dr. Adolf Karger von der Universität Tübingen faßte sie so zusammen: »Die regionalen Unterschiede in der naturräumlichen Ausstattung, ethnischen Zusammensetzung, im historischen, vorwiegend sozio-kulturellen Erbe, im Tempo der sozialen und wirtschaftlichen Entwicklung und damit im Niveau der sozio-ökonomischen Entwicklung und des individuellen Wohlstandes, kurz, die regionale Vielfalt ist das Hauptcharakteristikum Jugoslawiens.«[85] An anderer Stelle schätzte der Professor ein:»Die Meinungsverschiedenheiten zwischen ›Norden‹ und ›Süden‹, konkret gegenwärtig zwischen den Bundesrepubliken Slowenien und Kroatien auf der einen und Serbien auf der anderen Seite, sind grundsätzlicher Art. Sie waren schon vor der südslawischen Staatsgründung angelegt, vergifteten die politische Atmosphäre der Zwischenkriegszeit und waren

---

85 Adolf Karger:»Jugoslawien. Ein wirtschafts- und sozialgeographischer Überblick«, in: Jugoslawien in der Zerreißprobe, Hrsg. Landeszentrale für politische Bildung Baden-Württemberg, Stuttgart, August 1991, S. 151.

durch die jugoslawische Spielart von Sozialismus nur überdeckt worden.«[86] Aus diesen und anderen Einschätzungen zog der Schriftleiter den einfachen Schluß: »Ein Land mit solchen Gegensätzen kann nicht dauerhaft als Einheitsstaat existieren.«[87] Mit anderen Worten, die Gegensätze waren es, die den Zerfall bewirkten.

Während der Tübinger Professor die nord-südlichen Meinungsverschiedenheiten vor der südslawischen Staatsgründung angelegt sah, schob der Essener Politologe Prof. Dr. Othmar Nikola Haberl in der Zeitschrift »Constructiv extra« ihren Ursprung weiter in die Vergangenheit. Und zwar beträchtlich, indem er schrieb: »Erster und wirklich bis weit in das 3. und 4. Jahrhundert nach Christi Geburt zurückreichender Grund für die gegenwärtigen kriegerischen Auseinandersetzungen ist in der rein verwaltungstechnischen Aufteilung des Römischen Reiches in Ost- und West-Rom zu sehen. Und damit auch in die unterschiedliche Christianisierung: römisch-katholisch oder orthodox. Diese unterschiedliche ›Christianisierung‹ aber barg zu dem Zeitpunkt, als von Rom oder von Byzanz aus christianisiert wurde, in sich noch keine politische Teilung. Vielmehr hat die erst um die Jahrtausendwende erfolgte Spaltung der bis dahin einheitlichen Christenheit zu dieser jetzt auch politisch bedeutsamen Teilung beigetragen.«[88]

Für den Mitherausgeber der »Frankfurter Allgemeinen Zeitung« Johann Georg Reißmüller, lag die Sache von Anfang an wesentlich einfacher. Nach seiner abgrundtiefen Überzeugung waren die Ursache allen Übels in Jugoslawien die Kommunisten und die Serben: »Die verfallende jugoslawische Staatsmacht ist seit Jahren ein Verbund aus den führenden Politikern der Republik Serbien, wie Milošević oder Jović, und den maßgeblichen Generalen der ›jugoslawischen Volksarmee‹. Alle sind serbischer Nationalität, großserbisch orientiert und Kommunisten ... Der serbische militär-bolschewistische Komplex führt seit dem Frühjahr 1990, als die Republiken Slowenien und Kroatien sich vom

---

86 Ebd., S. 161.
87 Ebd., S. 149.
88 Othmar Nikola Haberl: »Zäsuren, Grenzen, Konflikte ohne Ende. Historisch-politischer Hintergrund des Bürgerkrieges in Jugoslawien/Sechs Thesen«, in: DAMID-Informationsdienst, Berlin, August 1992, S. 15.

Kommunismus abwandten und sich der großserbischen Herrschaft zu entziehen suchten, einen verbissenen Kampf um die Erhaltung Jugoslawiens als eine Art Eigentum. Dabei bedient er sich vor allem physischer Gewalt und der Drohung mit ihr ... Einmal trieben die Belgrader Politiker, dann wieder die Belgrader Generale die Erpressungspolitik mit einem neuen Stoß voran ... Die mißhandelten Völker in dem, was bisher Jugoslawien war, sind in der Hand serbischer Herren, von denen manche Uniform, andere Zivil tragen.«[89] Kein Wunder also, daß die mißhandelten Slowenen und Kroaten diesem Staat den Rücken kehrten.

Im Vergleich zu den Tiraden Reißmüllers sind die Anstrengungen von Ronald Grossarth Maticek, dem Geheimnis des Zerfalls Jugoslawiens auf die Spur zu kommen, ehrenwert, auch wenn ihre Ergebnisse etwas merkwürdig anmuten. Der Heidelberger Psychologe erarbeitete im Auftrag der Vereinten Nationen eine Studie, für die er mehrere Monate lang jeweils 370 Serben und Kroaten befragte – das Ergebnis war für 65,00 DM über das Institut für Präventive Medizin, Politische, Wirtschafts- und Gesundheitspsychologie in Heidelberg zu erhalten – und dabei auf »das Phänomen des – nach dem langjährigen jugoslawischen Staatschef Josip Broz Tito benannten – ›Tito-Komplexes‹ und seine maßgebliche Rolle bei der Zerschlagung des Landes« stieß. Grossarth Maticek fand u. a. heraus, daß der Zerfall Jugoslawiens begann, kaum daß der Marschall beerdigt war, um festzustellen: »Der ›Tito-Komplex‹ hat allerdings noch eine tiefere Dimension. Wie Individuen haben auch Völker ihre eigene Psyche. Die Jugoslawen sind aufgrund ihrer Familienstruktur gefangen in ihrer Idealisierung des aggressiven Vaters. Während jugoslawische Töchter bescheiden im Hintergrund bleiben müssen und dem Mann gegenüber treu und ergeben sein sollen, werden die Söhne bedingungslos von ihrer Mutter geliebt.

Das Resultat sind verwöhnte, narzistische Männer, die schon auf die leiseste Kränkung mit Aggressivität reagieren. Der einzige Ausweg aus der Mutterfixierung ist Identifikation mit dem Vater, der jedoch selbst ein schwaches Muttersöhnchen ist und zur Kompensation auf die Rolle des starken Patriarchen zurückgreift.

---

89 Frankfurter Allgemeine Zeitung, 4.7.1991.

Dieses Muster kann man von der Familie auf die jugoslawische Gesellschaft übertragen: Tito wurde – gerade wegen seines despotischen Verhaltens – für viele Jugoslawen zum starken Ersatzvater. Die schwächlichen Söhne erfuhren kraft Identifikation mit dem erfolgreichen Kämpfer und Staatslenker Selbstbestätigung. Es kam zu einer enormen emotionalen Bindung an Tito. Nach seinem Tod füllten die nationalistischen Bewegungen das Vakuum aus, das der Übervater hinterlassen hatte.

Doch der Nationalismus ist nichts weiteres als ein Rückfall in die Mutterfixierung. Nachdem der Patriarch gestürzt ist, tritt die Nation als geliebte, reine, heilige Mutter an seine Stelle. Die anderen ›Mütter‹, also die anderen Nationen, werden dagegen als ›dreckig‹ und abstoßend dargestellt. Das wiederum verletzt die Eigenliebe der anderen Muttersöhnchen zutiefst – und erzeugt höchste Kampfbereitschaft.«[90]

Doch verlassen wir lieber die Psychologen und kehren zurück zu den Historikern, Politologen und Publizisten. Einer von ihnen, der langjährige Auslandskorrespondent der »Neuen Zürcher Zeitung« Christian Kind, legte 1994 das Buch »Krieg auf dem Balkan. Der jugoslawische Bruderstreit: Geschichte, Hintergründe, Motive« vor. Er sieht wesentliche Ursachen für den Zerfall Jugoslawiens in den in der zweiten Hälfte der 80er Jahre eingetretenen internationalen Veränderungen und schreibt u. a.: »Als Michail Gorbatschows Versuch, den Sozialismus zu reformieren, mit dem Zusammenbruch der Sowjetunion endete, war die Welt auf die Folgen nicht vorbereitet. Jahrzehntelang hatten alle diplomatischen Bemühungen der Entschärfung der Gegensätze zwischen den beiden Weltlagern und der Aufrechterhaltung des nuklearen Gleichgewichts gegolten. Doch nun war im Gebiet östlich des ehemaligen Eisernen Vorhangs eine Welt mittlerer und kleinerer Staaten entstanden, die alle den Anspruch auf Unabhängigkeit und Verfolgung eigener Interessen erhoben, und nach Jahrzehnten erzwungenen Stillhaltens drängten alte Rivalitäten wieder an die Oberfläche.«[91]

---

90 Zitiert nach »Jugoslawien stirbt – warum?«, in: DAMID-Informationsdienst, Berlin, August 1992, S. 18.
91 Christian Kind: Krieg auf dem Balkan. Der jugoslawische Bruderstreit: Geschichte, Hintergründe, Motive, Paderborn 1994, S. 11.

Wenig später stellt er präzisierend fest: »Der Zerfall Jugoslawiens war schon vor dem Ende der Sowjetunion durch den Verzicht Gorbatschows auf militärische Unterstützung der schwankenden kommunistischen Regime des östlichen Mitteleuropas ausgelöst worden, der auch den Staat Titos seines äußeren Halts beraubte. Das Muster war jedoch ein anderes. Das Auseinanderbrechen des jugoslawischen Bundesstaats, der einst nach dem selben Rezept wie jener Stalins geschaffen worden war, ist nicht von der größten Teilrepublik herbeigeführt, sondern von den zwei abtrünnig gewordenen Bundesgliedern Slowenien und Kroatien gegen Serbien und die seit langem geschwächte Bundeszentralgewalt erzwungen worden.«[92]

Christian Kind steht mit dieser Einschätzung nicht allein, auch wenn die meisten der Autoren der zahllosen Jugoslawienmonographien die entscheidenden Zerfallsursachen in innerjugoslawischen Widersprüchen und Konflikten sehen. Gewissermaßen zwischen beiden Richtungen bewegt sich Catherine Samary, Dozentin an der Pariser Universität, mit ihrem 1992 erschienenen Buch »Krieg in Jugoslawien. Vom titoistischen Sonderweg zum nationalen Exzeß«, in dem mehrere Autoren zu Wort kommen, unter ihnen Gabriele Herbert. Diese sieht zwischen Krieg und Zerfall einerseits und Zerstörung sozialistischer Strukturen eine ursächliche Verbindung. Einer ihrer Ausgangspunkte ist, daß »Jugoslawien sich in allen wichtigen ökonomischen und gesellschaftlichen Zügen von den anderen sogenannten sozialistischen Ländern grundlegend unterschied.« Zur Illustration führt sie an, »daß
– die Meinungsfreiheit erheblich größer war als in anderen osteuropäischen Ländern,
– es eine fast unbeschränkte Reisefreiheit gab,
– der Lebensstandard und die Entwicklung der Technik in den meisten Teilen Jugoslawiens unvergleichlich viel höher waren als in den Ländern, die an den entsprechenden jugoslawischen Regionen angrenzten (und deshalb am ehesten vergleichbar sind),
– demokratische Wahlen und Privatisierungsformen schon seit langem vorbereitet wurden und existierten,

---

92 Ebd., S. 13.

– eine – wie immer gut oder schlecht funktionierende – Arbeiterselbstverwaltung existierte.«[93] Aus diesen jugoslawischen Besonderheiten leitete sie ihre »These« ab, »daß die Zerstörung sozialistischer Strukturen, die in den anderen Ländern Osteuropas durch Ideologie und Medien alleine möglich war, in Jugoslawien den Krieg brauchte und daß dies der wichtigste Kriegsgrund ist«.[94] Allerdings bleibt die Entscheidung darüber, ob sie damit auf das Aus- oder das Inland zielte, dem Leser überlassen.

Eine völlig andere These vertrat der Leipziger Professor Dr. Ernstgert Kalbe, Mitbegründer des Nationalkomitees der DDR für Balkanistik und Mitglied der Internationalen Vereinigung für Südosteuropa-Studien bei der UNESCO. Der exzellente Balkankenner, im vereinigten Deutschland »abgewickelt«, unterstrich in einer im Auftrag des Rosa-Luxemburg-Vereins Sachsen 1993 herausgegebenen Studie, daß beim Zerfall Jugoslawiens »1941 wie 1991 – innere wie äußere, aktuelle wie historische Faktoren eine gravierende Rolle (spielen)«.[95] Wörtlich schreibt er: »Meine These lautet also: In Osteuropa generell wie in Südosteuropa speziell, darunter auch und gerade in Jugoslawien, geht bis in die Gegenwart ein Nachvollzug von Nationwerdung vor sich, der unter feudalen Großreichen verspätet begann, unter den zeitlich knappen bürgerlichen Existenzbedingungen nicht ausreifte, unter realsozialistischer, nachholender Teilmodernisierung wohl beschleunigt, aber nicht abgeschlossen wurde, sich folglich bis in die Gegenwart fortsetzt ... Bei aller nötigen Abgrenzung von nationalistischem Haß und nationalistischer Feindschaft zwischen den Völkern scheint mir jedoch unrichtig, jegliche nationalen Konflikte und jegliche nationale Identitätssuche a priori als atavistische Wiederbelebung eines überholten Nationalismus zu definieren; sie können auch Ausdruck eines Nachvollzugs von Nationwerdung sein ...«[96]

---

93 Catherine Samary: Krieg in Jugoslawien. Vom titoistischen Sonderweg zum nationalistischen Exzeß, Köln 1992, S. 125.
94 Ebd., S. 128.
95 Ernstgert Kalbe: Aktuelles und Historisches zum jugoslawischen Konflikt, Leipzig 1993, S. 5.
96 Ebd., S. 28 f.

Mit dieser Wertung, auf die allein er sich allerdings nicht beschränkt, kam der Leipziger Wissenschaftler der Auffassung von Prof. Waldemar Hummer, Vorstand des Institutes für Völkerrecht und internationale Beziehungen an der Universität Innsbruck, und seines Assistenten Peter Hilpold nahe, für die sich die »Jugoslawienkrise als ethnischer Konflikt« darstellt. In einem eben so überschriebenen, 1992 verfaßten Beitrag für das »Europa-Archiv« sahen sie die Ursachen des Zusammenbruches der Föderation und des Bürgerkrieges vor allem in den ungelösten Problemen der nationalen Minderheiten und formulierten wörtlich: »Da der ethnische Konflikt die Hauptursache der Jugoslawienkrise darstellt und alle anderen tatsächlichen – Wirtschaftskrise, regionale Entwicklungsunterschiede zwischen Nord und Süd, hohe Steuerbelastung Kroatiens und Sloweniens, ungehinderter Zugriff der Serben auf die Notenpresse – oder auch nur bloß behaupteten Einflußfaktoren – CIA-Plan zur Destabilisierung des kommunistischen Jugoslawiens, territoriale Ansprüche Österreichs, etc. – nur die Ablaufgeschwindigkeit des Prozesses beeinflußten, ist eine Untersuchung dieses Minderheitenkonflikts in seinen verschiedenen Dimensionen erforderlich...«[97]

Im Unterschied zu den beiden österreichischen Autoren plädierte Marie-Janine Calic im September 1993 in einem Beitrag für die Beilage »Aus Politik und Zeitgeschichte« zur Wochenzeitung »Das Parlament« für ein komplexeres Herangehen. »Kurz gesagt«, so stellte sie fest, »kulminierten Ende der achtziger Jahre handfeste ökonomische und machtpolitische Interessenkonflikte, die unter den Vorzeichen einer veränderten weltpolitischen Situation und einer sich rasch verschärfenden Wirtschaftskrise immer häufiger entlang ethnischer Linien artikuliert und in nationale Kategorien umgedeutet wurden. Die Nationalitäten- und Minderheitenproblematik, auf die sich anfänglich alle Schlichtungsversuche konzentrierten, bildete mithin nur einen schmalen Strang in einem dichten Konfliktbündel.«[98]

---

97 Waldemar Hummer/Peter Hilpold: »Die Jugoslawien-Krise als ethnischer Konflikt«, in: Europa-Archiv, 4/1992, S. 88.
98 Marie-Janine Calic: »Jugoslawien am Wendepunkt«, in: Aus Politik und Zeitgeschichte, Beilage zur Wochenzeitung Das Parlament, 10.9.1993, S. 13.

Der Streit darüber, wie schmal oder breit der »Nationalitäten- und Minderheitenstrang« war und worin letztlich die Hauptursachen für den Untergang der SFRJ bestanden, wird noch lange geführt werden. Auch hier wird es keine absolute, allein selig machende Wahrheit geben. Unbestritten sollte lediglich sein, daß es sich tatsächlich um ein Bündel von Konflikten, um viele Faktoren handelte, die zum tragischen Ende des zweiten Jugoslawiens führten:

Erstens, kein anderes Land in Europa wies in seiner nationalen Zusammensetzung eine solche Heterogenität auf wie die im Feuer des Bürgerkrieges untergegangene Sozialistische Föderative Republik Jugoslawien. Von den 1987 in ihr lebenden 23 355 000 Einwohnern waren 8,1 Millionen Serben, 4,4 Millionen Kroaten, 2 Millionen Moslems, 1,7 Millionen Slowenen, 1,7 Millionen Albaner, 1,3 Millionen Mazedonier, 0,6 Millionen Montenegriner, 0,4 Millionen Ungarn. 1,25 Millionen Bürger bekannten sich ihrer nationalen Zugehörigkeit nach als Jugoslawen. Große Gruppen von Slowaken, Bulgaren, Rumänen, Tschechen, Italienern, Ukrainern, Sinti und Roma, Deutschen u.a. ergänzten die auf unserem Kontigent wahrlich einzigartige nationale Vielfalt. Hinzu kommt, daß die auf jugoslawischem Boden lebenden Völker über viele Jahrhunderte äußerst verschiedenen Kulturkreisen angehörten. Die trennenden Grenzen zwischen Rom und Byzanz, römisch-katholischem und orthodoxem Glauben, danach zwischen Österreich und der Türkei, Christentum und Islam prägten ihr nationales Wesen.

Ungeachtet der historisch-kulturellen Trennlinie lebten die Angehörigen der unterschiedlichen Nationen in vielen Landesteilen nicht in kompakten, in sich abgeschlossenen, sondern in national gemischten, eng miteinander verflochtenen Siedlungsgebieten. In Bosnien-Herzegowina waren die Ansiedlungen der Moslems, Serben und Kroaten so miteinander verwoben, daß lange Zeit von einem »Leopardenfell« gesprochen wurde. Selbst entlang der bosnisch-kroatischen Grenze, im Hinterland der Adria, in der Vojvodina und im Banat, wo die Habsburger ab Ende des 16. Jahrhunderts vor den Türken zurückweichende Serben als freie Wehrbauern ansiedelten, gab es bis in die jüngste Vergangenheit keine rein serbischen Gebiete. Die nationale Zusammensetzung war von Ort zu Ort unterschiedlich, aber auch hier lebten wie in vielen anderen Landesteilen Serben, Moslems, Kroaten, Ungarn und viele andere Tür an Tür.

In der nationalen Vielfalt, der Mannigfaltigkeit der Kulturen, Sprachen, Religionen, Sitten und Bräuche lag und liegt zum Teil noch immer ein unvergleichlicher Reichtum, aber auch ein mit anderen Ländern schwer vergleichbares Konfliktpotential. Letzteres wurde nach Ausbruch des Bürgerkrieges von Besserwissern und Rechthabern jeglicher Art, die die blutigen Ereignisse in ihre vertraute Schwarz-Weiß-Schemata pressen wollten, wissentlich übersehen oder zumindest unterschätzt. Im Verlauf der Geschichte war dieser nationale Sprengstoff wiederholt explodiert, gezündet von in- und ausländischen Machthabern.

Aus leidvoller Vergangenheit zogen progressive Kräfte, vor allem die sozialistisch und kommunistisch orientierten, den Schluß, daß nur eine Beendigung des nationalen Zwistes, wahre nationale Gleichberechtigung dem Land und seinen Menschen eine friedliche Perspektive sichern können. Der Weg dahin war steinig und kurvenreich. Auch innerhalb der später siegreichen kommunistischen Bewegung Jugoslawiens herrschten über einen langen Zeitraum in der nationalen Frage irrige Auffassungen vor. Noch auf dem Gründungsparteitag (1919) und auf dem 2. Parteitag ein Jahr später dominierte der Standpunkt, daß die Serben, Kroaten und Slowenen ein Volk seien. Zwangsläufig fanden die nationalen Probleme, mit denen sich die Nationen und Nationalitäten im 1918 entstandenen Jugoslawien konfrontiert sahen, im damaligen Parteiprogramm keinen Niederschlag. Erst nach der Weltwirtschaftskrise von 1929 und angesichts der heraufziehenden Gefahren seitens des deutschen und italienischen Faschismus erkannte die KPJ, daß die Zukunft Jugoslawiens und die Existenz seiner Völker nur durch deren gemeinsamen Kampf unter Anerkennung und Schutz der nationalen Individualität gesichert werden konnten. Aber erst Jahre später, 1940, auf der 5. Länderkonferenz, wurde der Kurs auf nationale Gleichberechtigung zu einem programmatischen Grundprinzip, dem sich die Partei, der spätere Bund der Kommunisten Jugoslawiens, verpflichtet fühlte.

Diese Orientierung war es, die es ihr ermöglichte, unter allen Völkern den Widerstand gegen die faschistischen Aggressoren und die einheimischen Kollaborateure zu organisieren. Sie war es, die den föderativen Aufbau Jugoslawiens für Jahrzehnte bestimmte.

Nationale Gleichberechtigung wurde in der SFRJ nicht nur zum Verfassungsprinzip, sondern in vielen gesellschaftlichen Bereichen gelebte und erlebbare Realität. Erstmals nach Jahrhunderten nationaler Konflikte lebten die Völker auf jugoslawischem Boden im friedlichen Miteinander, die tiefen in der Vergangenheit geschlagenen Wunden begannen zu vernarben. Eine der Hauptlosungen des BdKJ war die von der »Brüderlichkeit und Einheit« der jugoslawischen Völker. Tito, der die nationale Komponente unterschätzte und annahm, eines Tages würden sich alle Bewohner des Landes zu »Jugoslawen« erklären, appellierte unablässig, diese »Brüderlichkeit und Einheit« »wie den eigenen Augapfel zu hüten«. Nationalistisches Gedankengut wurde verboten, Versuche einzelner Führungsgruppen in den Republiken, es wieder zu beleben, wurden rigoros unterbunden. Ein strenger nationaler Schlüssel für die Besetzung der Staats- und Parteifunktionen auf allen Ebenen, einschließlich in der Armee, Miliz, Geheimdienst und in der Diplomatie, sorgte dafür, daß das Prinzip der nationalen Gleichberechtigung nicht nur in Bildung, Kultur und Sprache, sondern auch im politischen Leben allgemeine Anerkennung fand.

In den 60er und 70er Jahren schien es, als habe gerade der von Moskau und dem Kominformbüro des rechten Revisionismus bezichtigte BdKJ die von Lenin in der nationalen Frage vertretenen theoretischen Positionen konsequenter als jede andere Partei mit Leben erfüllt: »Damit verschiedene Nationen frei und friedlich nebeneinander leben oder (wenn das für sie vorteilhafter ist) auseinandergehen und verschiedene Staaten bilden können, bedarf es eines vollständigen Demokratismus, wie er von der Arbeiterklasse vertreten wird. Keinerlei Privilegien für irgendeine Nation, für irgendeine Sprache! Nicht die geringste Beschränkung, nicht die geringste Ungerechtigkeit gegenüber einer nationalen Minderheit! – das sind die Prinzipien der proletarischen Demokratie.«[99]

---

99 W. I. Lenin: Die Arbeiterklasse und die nationale Frage, in: Werke, Bd. 19, S. 75.

Für den objektiven Betrachter der jugoslawischen Entwicklung, zumal für den, der viele Jahre in Jugoslawien verbracht hat, steht es außer Zweifel, daß der BdKJ demokratische Lösungen in der nationalen Frage anstrebte. Nicht ohne Ergebnisse, wie heute auch im früheren Jugoslawien wieder zunehmend anerkannt wird, aber letztlich konnten sie leider nicht dauerhaft gesichert werden.

Zweitens, trotz großer Ansstrengungen ist es nicht gelungen, die aus der Geschichte überkommenen beträchtlichen Entwicklungsunterschiede zu überwinden. Die Kluft zwischen den relativ hochentwickelten Republiken Slowenien und Kroatien sowie der Vojvodina einerseits und den unterentwickelten Republiken Montenegro, Mazedonien und Bosnien-Herzegowina sowie Kosovo andererseits – das sogenannte engere Serbien (Republik ohne autonome Gebiete) nahm eine mittlere Position ein – vertiefte sich von Jahr zu Jahr.

Bosnien-Herzegowina, eines der späteren Zentren des Bürgerkrieges, widerspiegelte diese verhängnisvolle Entwicklung besonders deutlich: Während der Anteil dieser Republik am jugoslawischen Bruttosozialprodukt 1953 noch 14,4 Prozent betrug, sank er bis 1987 auf 12,8 Prozent, der der Investitionen von 20,1 auf 14,2 Prozent; zugleich wuchs der Anteil an der Zahl der Arbeitslosen von 8,9 auf 22,7 Prozent. Dabei hatte die Republik ebenso wie Kosovo, Montenegro und Mazedonien seit 1961 durch einen Lastenausgleich eine umfangreiche Entwicklungshilfe erhalten, die von den höher entwickelten Teilen Jugoslawiens getragen wurde. Alle Seiten profitierten davon, die einen durch zusätzliche Investitions- und Finanzmittel, die anderen durch preiswerte Rohstoffe, Elektroenergie, Halbfabrikate und sichere Absatzmärkte. Allein Kosovo, das zurückgebliebenste Gebiet Jugoslawiens, in dem es 1945 keinerlei nennenswerte Industrie, keinen einzigen Kilometer Asphaltstraße gab und in dem nur 2,6 Prozent aller Haushalte mit elektrischem Strom versorgt wurden, erhielt von 1961 bis 1990 insgesamt 18 Milliarden Dollar Investitionshilfe; ausländische Kredite, gewährte Steuer- und Zollerleichterungen und Mittel der Föderation für Bildung, Kultur und Gesundheitswesen nicht mitgerechnet. Dessenungeachtet verringerte sich der Abstand zu den entwickelteren Landesteilen nicht.

Im Gegenteil, er wuchs, scheinbar unaufhaltsam. Während 1989 der Anteil Sloweniens am jugoslawischen Bruttosozialprodukt 16,9 Prozent betrug, lag der Kosovos bei etwa der gleichen Bevölkerungszahl bei 2 Prozent.

Die Jugoslawen im Norden und im Süden waren nach der Verfassung politisch gleichberechtigt, ökonomisch und sozial waren sie ungleich. Aber auf die Dauer ist nationale Gleichberechtigung ohne ökonomische und soziale Gleichberechtigung undenkbar. Die sich vertiefenden Entwicklungsunterschiede waren der Humus, auf dem das Gefühl allgemeiner nationaler Benachteiligung prächtig gedieh. Am Schluß glaubten alle, in der Föderation die Benachteiligten zu sein: die Albaner und Montenegriner, die Mazedonier und die Bewohner von Bosnien-Herzegowina, weil sie der Norden nur ungenügend unterstützte, die Slowenen und die Kroaten, weil sie im Süden ein ›Faß ohne Boden‹ sahen.

Schließlich bestätigte sich auch in Jugoslawien, daß Partikularismus und Nationalismus dann besonders aufleben und gedeihen, wenn sich ökonomische und soziale Probleme zuspitzen. Die jahrzehntelang äußerlich erfolgreiche Entwicklung des Landes konnte zwar kaschieren, aber nicht verhindern, daß auch die von Kardelj theoretisch begründete und vom BdKJ praktizierte Politik der sozialistischen Selbstverwaltung viele herangereifte gesellschaftliche Widersprüche nicht zu lösen vermochte und schließlich scheiterte. Die Übergabe des gesellschaftlichen Eigentums an allen wesentlichen Produktionsmitteln in der Industrie in die Verfügungsgewalt der jeweiligen Produzenten hatte die Bildung eines staatsmonopolistischen Eigentums in den Händen weniger politischer Führer verhindert. Sie hatte damit wesentliche Grundlagen für eine größere Demokratie in Staat und Gesellschaft geschaffen und einer Entfremdung der Produzenten vom Volkseigentum, die für die anderen realsozialistischen Länder so charakteristisch war, entgegengewirkt.

Da jedoch das gesellschaftliche Eigentum unter den Bedingungen der Selbstverwaltung nur ungenügend in gesamtgesellschaftliche Planungs- und Regulierungsmechanismen eingebunden war, trug es starke Züge des Gruppeneigentums, die sich im

Laufe der Jahre noch verstärkten. Die Auswirkungen auf die Wirtschaft und die gesamte Gesellschaft traten immer deutlicher zu Tage. Volkswirtschaftliche Disproportionen, Unterentwicklung der Grundstoffindustrie und Überkapazitäten im Konsumgüterbereich, Fehlinvestitionen großen Ausmaßes, soziale Ungerechtigkeiten und Differenzierungen, Abkapselung einzelner Wirtschaftsregionen und sich vertiefende Desintegrationsprozesse wurden zu einer ständig schwereren Bürde.

In den 80er Jahren schließlich geriet das Land in eine wirtschaftliche Dauerkrise. Während sich das Gesellschaftsprodukt zwischen 1948 und 1980 versiebenfacht hatte, wuchs es zwischen 1980 und 1986 nur noch um 0,6 Prozent im Jahr; 1985 war das Realeinkommen gegenüber 1979 um fast 30 Prozent gesunken. Die Arbeitsproduktivität stagnierte.

Auch die sozialistische Selbstverwaltung hatte es – trotz ihrer unbestreitbaren Vorzüge in punkto Demokratie und Mitbestimmung gegenüber dem administrativ-zentralistischen Sozialismus – nicht vermocht, im Vergleich zur kapitalistischen Profit- und Marktwirtschaft eine höhere Effektivität der gesellschaftlichen Arbeit zu sichern bzw. ein völlig anderes System von Bedürfnissen und zukunftsbedachter Produktion zu schaffen. Das wurde zur entscheidenden Ursache für das Scheitern auch des jugoslawischen Sozialismusmodells mit allen negativen Folgen für den Versuch, auf dauerhaften Grundlagen »eine freie brüderliche Gemeinschaft ... aller Völker Jugoslawiens« zu schaffen.

Drittens, trotz fortlaufender Bemühungen, periodisch wiederkehrender Verfassungsdiskussionen und darauf folgender Neufassungen oder Ergänzungen des Grundgesetzes gelang es nicht, das gleichberechtigte Zusammenleben der jugoslawischen Völker in einem Bundesstaat verfassungsmäßig so abzusichern, daß die Gesamtinteressen der Föderation und die Einzelinteressen ihrer Glieder zuverlässig und auf lange Sicht ausbalanciert werden konnten. 1974 glaubte man, den großen Wurf gemacht zu haben. Die damals angenommene Verfassung erweiterte die Vollmachten und Rechte der Republiken in einem bisher nicht dagewesenen Maße. Lediglich die Außen- und Sicherheitspolitik, die Rechtsordnung und die Rahmenbedingungen der Wirtschafts- und Sozialpolitik blieben in der Zuständigkeit der Föderation. Tito pries auf dem X. BdKJ-Parteitag im Mai 1974 die neue Verfassung: »Historische Bedeutung hat die Herstellung neuer Beziehungen in der Föderation, die eine Weiterentwicklung und Bereicherung der Gleichberechtigung zwischen den Vökern und Völkerschaften und den Republiken und Gebieten ausdrücken. Das ist auch eine Grundlage für die weitere Stärkung der Brüderlichkeit und Einheit, der sozialistischen Solidarität, für die Festigung unserer Vielvölkergemeinschaft.«[100]

Ein bedauerlicher, folgenschwerer Irrtum. Die jugoslawische Vielvölkergemeinschaft wurde nicht gefestigt, wie Tito meinte, sondern geschwächt. Gestärkt wurde nicht die Solidarität, sondern der Egoismus der Republiken und Gebiete. Fortan mußte vor allen wichtigen Entscheidungen zwischen den sechs Republiken und zwei Gebieten ein Konsens herbeigeführt werden, jedweder Beschluß der Föderation konnte durch das Veto einer einzelnen Republik oder auch eines Gebietes blockiert werden.

Kein Staat der Erde hätte unter solchen Bedingungen handlungsfähig bleiben können; Jugoslawien schon gar nicht. Die Bundeskompetenzen wurden ausgehöhlt, der gemeinsame jugoslawische Markt geschwächt und der Desintegration der Weg bereitet. Parallel dazu vollzog sich eine immer größere Verselbständigung der Republiksparteiorganisationen gegenüber der alleinherrschenden Gesamtpartei, dem Bund der Kommunisten Jugoslawiens, der über eine lange Zeit hinweg die entscheidende Klammer der Föderation gewesen war. Die Krone war diesem selbstzerstörerischen Prozeß mit der sogenannten Tito-Initiative aufgesetzt worden. Um seine Macht zu erhalten, hatte sich der Marschall zum Präsidenten auf Lebenszeit wählen lassen; um Machtkämpfe nach seinem Ableben zu verhindern, war ein kollektives Staatspräsidium gebildet worden, dessen Vorsitz jährlich zwischen den Vertretern der einzelnen Republiken und autonomen Gebiete wechselte. Auch hier verkehrte sich die gute Absicht in ihr Gegenteil. Der ständige personelle Wechsel an der Spitze des Staates wie auch der Partei verhinderte die Ausprägung von anerkannten Führungspersönlichkeiten, die sich in allen Republi-

---

100 J. B. Tito: Ausgewählte Reden, Berlin 1976, S. 279.

ken hätten Gehör verschaffen und auf demokratischem Wege einheitliche, verbindliche Entscheidungen herbeiführen können. Als Tito starb, begannen die Kämpfe um Einfluß und um den zukünftigen politischen Kurs, erst verhaltener als ursprünglich befürchtet, dann – in der zweiten Hälfte der 80er Jahre – um so heftiger. Zuletzt vertraten viele Führungspersönlichkeiten nur noch die Interessen ihrer jeweiligen Nationen bzw. Republiken. Desintegrationsprozesse und Machtkämpfe ergänzten einander, sie beschleunigten den Untergang Jugoslawiens.

Viertens, gescheitert ist der jugoslawische Versuch, die Geschichte gewissermaßen zu überlisten und den Nationalismus per Dekret auszumerzen. So wahr es ist, daß das gesellschaftliche Sein das Bewußtsein bestimmt, so zutreffend ist es auch, daß diese Bedingtheit nicht automatisch und zeitgleich wirkt und verschiedene Formen gesellschaftlicher Ideologie eine eigene Entwicklung nehmen können. Gerade solche ideologischen Kategorien wie Nationalbewußtsein und -gefühl, darunter eben auch nationaler Egoismus und nationale Beschränktheit, führen ein relativ starkes Eigenleben und weisen ein hohes Maß an Dauerhaftigkeit auf, was sich, wie gut bekannt, bei weitem nicht nur in Jugoslawien zeigt.

Der BdKJ und besonders Tito hatten sich der Illusion hingegeben, daß man unter die nationalen Auseinandersetzungen der Vergangenheit ein für allemal einen Schlußstrich ziehen könnte. Öffentliche Bekundungen von Nationalismus, bis hin zum Singen nationalistischer Lieder, wurden streng bestraft, eine offene und öffentliche Aufarbeitung der leidvollen Geschichte der nationalen Beziehungen erfolgte nicht. Tito selbst hatte sich wiederholt mit Nachdruck dagegen ausgesprochen, daß die blutigen nationalen Konflikte im Zweiten Weltkrieg und in den Nachkriegsmonaten, vor allem zwischen Serben und Kroaten, untersucht, ja, in Erinnerung gerufen wurden. 1972 kleidete er diese Position in die Worte: »Aber negativ ist es auch, ständig in die Vergangenheit zurückzukehren. Wir müssen in die Zukunft blicken ... Die Geschichte wurde oft verfälscht, aber wir müssen das beleben, was wirklich positiv ist ... sowohl in der Kultur als auch in der Geschichte unserer Völker. Auf diesen Grundlagen muß auch die

Zusammenarbeit zwischen unseren Völkern entwickelt werden: Mit dem Blick nach vorn und nicht zurück.«[101]

Doch der Gang der Ereignisse in Jugoslawien beweist: Man kann den Blick noch so sehr nur nach vorn richten, die Vergangenheit reicht allemal in die Gegenwart, sie holt sie ein, wenn Geschichte nicht oder nur oberflächlich aufgearbeitet wird. Nationalismus ist eben per Dekret nicht zu beseitigen. Seine Wurzeln reichen weit in die Geschichte. Die von ihm geschlagenen Wunden sind tief. Wenn sich die gesellschaftlichen Widersprüche zuspitzen, wenn die ökonomische und soziale Krise unbeherrschbar wird, dann brechen sie wieder auf und können ein ganzes Land zu Tode bringen. Die jugoslawische Tragödie ist dafür ein anschauliches Beispiel.

Fünftens, zehn Jahre nach dem Ableben Titos, 1990, läutete auch in Jugoslawien die Sterbeglocke für die alleinherrschende kommunistische Partei. Mehrparteienwahlen zu den Republiksparlamenten wurden angesetzt. In ihnen ging es schon nicht mehr allein um persönliche Machtansprüche, sondern um die Gestaltung des zukünftigen politischen und sozial-ökonomischen Systems.

Wie die meisten der anderen Wahlmatadoren hatte auch Franjo Tudjman, Vorsitzender der Kroatischen Demokratischen Gemeinschaft, im Wahlkampf daran keinen Zweifel gelassen: »Es ist nicht genug, das kommunistische System zu stürzen und die Marktwirtschaft einzuführen. Wir müssen den Traum des kroatischen Volkes von Freiheit und Souveränität verwirklichen ... Ebenso wie die baltischen Völker treten auch die Kroaten aus der kommunistischen Sklaverei heraus ... Einfach gesagt: Wir wollen einen demokratischen, zivilen, gleichberechtigten europäischen Staat.«[102] Die Wahlen brachten Tudjmann einen 42-Prozent-Sieg, der ihm dank des Mehrheitswahlsystems 62 Prozent der Sitze im kroatischem Parlament sicherte. Das »kommunistische System« wurde gestürzt, der Weg zur Rückkehr zu kapitalistischen Gesellschaftsverhältnissen war frei. Ähnlich verliefen die Wahlen in anderen Republiken. In Slowenien, hier war noch früher gewählt

---

101 Ebd., S. 97.
102 Zitiert nach Archiv der Gegenwart, 1990, S. 34495.

worden, hieß der Wahlsieger DEMOS (Demokratische Union Sloweniens), in Mazedonien – Innere Mazedonische Revolutionäre Organisation und in Bosnien-Herzegowina – Moslemische Vereinigung für Demokratische Aktion, geführt von Alija Izetbegović. Der Bund der Kommunisten konnte nur in Montenegro und in Serbien – hier hatte er sich bereits in Sozialistische Partei Serbiens umbenannt – die Mehrheit der Parlamentssitze erringen, und das auch nur dank des Mehrheitswahlsystems.

Nun waren zu den scharfen nationalen Gegensätzen zwischen Teilrepubliken nicht minder tiefe politische hinzugekommen. Der Zerfallsprozeß Jugoslawiens trat in seine Endphase. Die für 1991 vorgesehenen Wahlen zum gemeinsamen Bundesparlament fanden schon nicht mehr statt.

Jugoslawien war von innen heraus zerbrochen. Doch äußere Prozesse, Kräfte, Faktoren wirkten mit, zumindest beschleunigten sie den Untergang der Föderation. Setzen wir also die Numerierung fort, wohl wissend, daß gewollte Systematisierung zu ungewollter Vereinfachung führen kann.

Sechstens, obwohl Jugoslawien seine schwer erkämpfte Souveränität und Unabhängigkeit mehr als andere realsozialistische Staaten als »ein heiliges Gut« betrachtete, konnte es sich dem Würgegriff internationaler Banken und später des Internationalen Währungsfonds nicht entziehen. Im Gegenteil, je komplizierter die innere Lage wurde, desto fester wurde der Griff.

Als die KP Jugoslawiens im Juni 1948 auf Geheiß Stalins aus dem Informationsbüro der kommunistischen und Arbeiterparteien ausgeschlossen und über Jugoslawien seitens der Sowjetunion und ihrer osteuropäischen Verbündeten eine Wirtschaftsblockade verhängt wurde, wandte sich das Balkanland notgedrungen dem Westen zu. Ersten »Soforthilfen« und Wirtschaftsabkommen folgten Kredite der USA, Großbritanniens, Frankreichs und der Weltbank. Jugoslawien geriet in die Schuldenfalle, aus der es bis zu seinem Untergang nicht mehr entkommen sollte.

1960 betrug die Auslandsverschuldung rund 530 Millionen, 1975 6,5 Milliarden, im Sommer 1991 – 16,5 Milliarden US-Dollar. Die Exportkraft Jugoslawiens reichte zu keinem Zeitpunkt aus, den Schuldenberg abzubauen. 1985 erzielte das Land einen

Export von 7,25 Milliarden US-Dollar, der zu leistende Schuldendienst aber, Rückzahlung und Zinsen, betrug über 6 Milliarden US-Dollar. Jugoslawien wandelte jahrelang am Rande des finanziellen Bankrotts. Als »Helfer in der Not« erwies sich der Internationale Währungsfonds. Er unterstützte Umschuldungsbemühungen und gewährte sogenannte Stand-by-Kredite, mit deren Hilfe die jährliche Schuldendienstbelastung gesenkt wurde. Der Preis dafür war hoch, die Folgen waren fatal: Jugoslawien mußte sich dem Diktat des Währungsfonds beugen, die Hauptlinien seiner Sozial- und Wirtschaftspolitik wurden immer weniger in Belgrad und immer mehr in Washington, dem Sitz des Währungsfonds, bestimmt. Rigorose Exportorientierung und Rationalisierungsmaßnahmen, strenge Rentabilitätskriterien und Dinarabwertungen führten zu einem Anwachsen der Arbeitslosigkeit, galoppierender Inflation und einem Sinken der Reallöhne. Statt das Land ökonomisch zu stabilisieren, wurde es politisch destabilisiert. Der Nationalismus erhielt zusätzlichen Auftrieb. Bereits 1987 wurde im »Handbuch zur Schuldenkrise von Argentinien bis Zaire« festgestellt: »Die künftig vielleicht größte von der Verschuldungskrise ausgehende Gefahr für den jugoslawischen Staat dürfte aber in den sich schon im Laufe der siebziger Jahre verschärfenden traditionellen nationalen Rivalitäten und Separierungsbestrebungen liegen, die an Intensität gewonnen haben, wobei die überkommenen ethnischen, religiösen und soziokulturellen Differenzen zunehmend durch gesellschaftspolitische Orientierungsunterschiede verstärkt werden.«[103]

Während die westlichen Industriestaaten vorgaben, dem in der Schuldenfalle zappelnden Jugoslawien zu helfen, erschwerten sie seinen Exportgütern durch protektionistische Maßnahmen den Zugang zu ihren Märkten, dem wichtigsten Weg, um die so dringend benötigten Devisen zu erwirtschaften. Bis zuletzt, und das mit einem Doppelspiel, dessen politische Zielsetzung heute, nach der eiligen Anerkennung der aus der jugoslawischen Föderation ausscheidenden Republiken Slowenien und Kroatien, klarer als zu seiner Zeit zu erkennen ist. Als Jugoslawien 1989/90, z. B. wäh-

---

103 Die Armut der Nationen. Handbuch zur Schuldenkrise von Argentinien bis Zaire, Berlin 1987, S. 191.

rend eines Besuches des Vorsitzenden des jugoslawischen Staatspräsidiums, des Slowenen Drnovšek, beim Europarat, den Wunsch nach einer baldigen Kandidatur für eine Vollmitgliedschaft in der EG vorbrachte, stieß es auf eine recht unterschiedliche Reaktion. In einem Interview für die Belgrader »Borba« stellte die Generalsekretärin des Europarates, Catherine Lalumière, schroff und kategorisch fest: »Jugoslawien muß begreifen, daß es nicht gleichzeitig danach streben kann, sich der europäischen Integration anzuschließen, wenn es zur selben Zeit das Hauptbeispiel für ein Land ist, das zum Spielzeug in den Händen separatistischer und zentrifugaler Kräfte wird. Das sind zwei miteinander unvereinbare Tendenzen.«[104] Den Leiter der Europa-Abteilung der EG für die Mittelmeerländer, Eberhard Rein, schienen die zentrifugalen Kräfte in Jugoslawien weniger zu scheren. Dem ebenfalls in Belgrad erscheinenden Nachrichtenmagazin »NIN« hatte er bereits ein halbes Jahr zuvor zwei Vorbedingungen für eine EG-Kandidatur genannt: solide Marktwirtschaft und echte politische Demokratie.[105] Beides forderte er ein, in Kenntnis des Umstandes, daß die »separatistischen und zentrifugalen Kräfte« dazu andere Vorstellungen als die für den Erhalt des Bundesstaates eintretenden hatten. Die EG war nicht bereit, Jugoslawien eine Perspektive zu bieten, mit der die innenpolitischen Konflikte hätten gemildert werden können. Statt dessen wurden sie vertieft und der Nationalismus genährt. So zögerlich sich die Europäische Gemeinschaft gegenüber einer EG-Kandidatur Jugoslawiens verhielt, so entschieden und schnell sprach sie mit der vorschnellen Anerkennung sich separierender Republiken unter bundesdeutschem Druck das Todesurteil über das föderative Land.

Siebentens schließlich und keinesfalls zuletzt war der Zusammenbruch der Sozialistischen Föderativen Republik Jugoslawien Bestandteil des Niedergangs des Sozialismus in Ost-, Mittel- und Südosteuropa. Ihre inneren Fehlentwicklungen trugen zum Scheitern des europäischen Sozialismusversuches bei, ihr Schicksal wurde besiegelt, als dieser Versuch scheiterte.

---

104 Borba, 12./13.5.1990.
105 NIN, 10.12.1989.

Der gesellschaftliche Umbruch in den ehemals realsozialistischen Staaten – die voranschreitende Auflösung der Sowjetunion, die Restauration des Kapitalismus in den osteuropäischen Ländern, der Fall der Mauer in Berlin und der Untergang der DDR sowie die Liquidierung des Warschauer Vertrages und des RGW – hatten tiefgehende Rückwirkungen auf die politische, sicherheitspolitische und ökonomische Lage Jugoslawiens. Zwar gehörte das Land weder dem Warschauer Vertrag noch dem RGW an, doch ökonomisch und außenpolitisch war es eng mit ihren Mitgliedsstaaten verknüpft. Ihr Zusammenbruch beschleunigte die Krise in der jugoslawischen Föderation. Die um ihr Überleben ringende SFRJ verlor ihre bedeutendsten ökonomischen und wichtige außen- und sicherheitspolitische Kooperationspartner.

Nachträglich bestätigte sich, daß die Existenz und Politik der Sowjetunion objektiv, auch wenn das jugoslawischerseits niemals öffentlich eingestanden wurde, eine der Hauptgarantien für den Bestand des einheitlichen Jugoslawiens waren. Sie war – und die Metamorphose der Haltung der europäischen Staaten zur Jugoslawienkrise zeigte es anschaulich – durch nichts zu ersetzen. Als sie weggebrochen war, mußte auch die jugoslawische Militärführung die sicherheitspolitische Lage des Landes neu bewerten. Wie sie sich ihr darstellte, zeigen Thesen, die der Befehlshaber des XIII. Armeekorps, General Marijan Čat, am 13. November 1990 auf einer vom Verteidigungsminister einberufenen Kommandeurstagung darlegte. Er zeichnete ein wahrhaft düsteres Bild:

»Nicht ohne Kampf:

1. Die jugoslawische Volksarmee trägt eine historische Verantwortung für den Fortbestand der SFRJ.

2. Die Weltlage: aktueller Zerfall des Sozialismus.

3. Gorbatschow arbeitet im Interesse der USA und des Kapitalismus.

4. Deutschland beherrscht Europa.

5. Österreich hat direkte Ansprüche an die SFRJ und nimmt gegenüber Jugoslawien eine feindselige Haltung ein.

6. Ungarn ist kein zuverlässiger Nachbar und ist dabei, in die NATO einzutreten.

7. Italien benimmt sich gegenüber Jugoslawien paternalistisch.

8. Bulgarien erhebt territoriale Ansprüche gegenüber Jugoslawien. Das gleiche gilt für Albanien.
9. Der Zerfall der Armeen des Warschauer Paktes ist nicht in unserem Interesse.
10. Jugoslawien wird gegenwärtig von innen durch die NATO bedroht.
11. Tudjman erklärte, er werde Hilfe auch von außen erbitten.
12. Eine Aufteilung Jugoslawiens kann es nicht ohne Kampf geben.«[106]

Bei historischen Betrachtungen ist es immer gefährlich zum Konjunktiv und Konditional zu greifen. »Was wäre gewesen, wenn ...?« Trotzdem hier und auch noch später: Sind der Untergang Jugoslawiens, die grobe ausländische Einmischung, die Katastrophe des Bürgerkrieges vorstellbar, wenn die Sowjetunion, der Warschauer Vertrag, die internationale Kräftebalance intakt geblieben wären?

Die veränderte weltpolitische Lage veränderte auch die Haltung des Westens gegenüber Jugoslawien. Lange Zeit war der Vielvölkerstaat aufgrund seiner Sonderstellung unter den realsozialistischen Staaten, seines Einflusses in der Bewegung der Nichtpaktgebundenheit umworben worden. Unter den Bedingungen des Kalten und des jeder Zeit möglichen heißen Krieges wurde dem Land mit seiner 750 km langen Grenze zu den Warschauer Vertragsstaaten Bulgarien, Rumänien und Ungarn, mit seiner Brückenfunktion zwischen den NATO-Staaten Italien und Griechenland eine außerordentliche geostrategische Bedeutung beigemessen. Nicht zufällig hatte John Hackett die Beschreibung des »Dritten Weltkrieges« mit einem militärischen Konflikt in Jugoslawien begonnen. In seiner Vorstellung sah das so aus: »Unausweichlich war der Weltkrieg geworden, seit die Sowjetunion am 27. Juli in Jugoslawien eingefallen war, was den ersten direkten Zusammenstoß zwischen sowjetischen und US-Truppen auf dem Schlachtfeld überhaupt zur Folge gehabt hatte. Moskau hatte lange nach einer günstigen Gelegenheit gesucht, Jugoslawien nach dem Tode Titos wieder in den Warschauer Pakt zu inte-

---

106 Zitiert nach Cornelia Domaschke/Birgit Schliewenz: Spaltet der Balkan Europa?, S. 226.

grieren, und darauf gehofft, daß die Schwäche (des Bundesstaates – R. H.) nach dem Abgang seines Schöpfers sehr bald eine geeignete Lücke schaffen würde, die eine Intervention ermöglichte. Als die Risse in Jugoslawien breiter wurden, insbesondere die zwischen den Slowenen und der Bundesregierung in Belgrad ... befanden sich ... sowjetische Einheiten im Einsatz gegen US-Truppen, die aus Italien gekommen waren.«[107]

Zu Beginn der 90er Jahre hatten sich die Verhältnisse grundlegend verändert. Welchen Wert hatte die jugoslawische Föderation als Sperriegel gegenüber dem Warschauer Vertrag, da es diesen nicht mehr gab? Welchen Sinn machte die Sonderstellung Jugoslawiens unter den sozialistischen Ländern Europas, wenn diese in den Schoß des Kapitalismus zurückkehrten und die Sowjetunion ihr Leben aushauchte? Welchen Nutzen brachte die jugoslawische Blockfreiheit, wenn die Blockkonfrontation zu Ende war?

Der Stellenwert Jugoslawiens in der internationalen Poltik war gefallen, geblieben war ein Gebiet, in dem die Überreste kommunistischer Herrschaft zu beseitigen waren und das staatlich neu zu ordnen war, in dem die Karten neu gemischt und die Einflußsphären neu abgesteckt werden mußten. Sieben Faktoren, die zum Zerfall des zweiten Jugoslawiens beitrugen, wurden genannt, innere und äußere. Wie groß ihr jeweiliger Anteil am Zerstörungswerk war, darüber gehen die Meinungen stark auseinander. Der Autor selbst verzichtet auf den Versuch, ihn exakt zu bestimmen. Er überläßt das anderen, vor allem zukünftigen Historikern, aber auch diese werden genügend Stoff zum Streit finden.

Wenn es allerdings schon kontrovers zugeht, wenn die objektiven Gründe für den Untergang der SFRJ auf die Waage gelegt werden, um wieviel schwerer ist es, die subjektive Schuld am Wiederauflodern des tödlichen Nationalismus in Jugoslawien, an der Auslösung des tragischen Bruderkrieges zu messen.

Wer hat den ersten Stein geworfen, wer den zweiten und den dritten? Wer hat das Gebäude der jugoslawischen Föderation zum Einsturz gebracht und den Bürgerkrieg entfesselt? Wer war der

---

107 John Hackett: Welt in Flammen. Der Dritte Weltkrieg, München 1982, S. 16.

Angreifer und wer der Angegriffene? Wer war der Täter und wer das Opfer? Wer trägt die Schuld, wer die Mitschuld und wer die Hauptschuld an der Zerstörung Vukovars, Sarajewos, Mostars, an den Hunderttausenden Erschossenen, Erschlagenen, Verstümmelten, an den Flüchtlingsströmen und dem Elend der Vertriebenen?

Unmittelbar nach dem offenen Ausbruch des Konfliktes gingen die meinungsmachenden deutschen Tageszeitungen »Frankfurter Allgemeine Zeitung« und »Die Welt« bei der Zuweisung der Schuld weit zurück. Für sie war Jugoslawien von Anfang an eine »historische Mißgeburt«, geschaffen durch die »Pariser Vorort-Verträge«, im deutschen Sprachgebrauch: durch das Versailler Diktat. Dieses, so das Hamburger Blatt, »hat Völker und Länder in einen gemeinsamen Staat gepreßt, die in ihrer über tausendjährigen Geschichte niemals zueinander gehörten ... Jetzt allerdings zeigt sich, daß tausend Jahre Geschichte mehr wiegen als siebzig Jahre Einheitsstaat und vierzig Jahre Kommunismus.«[108] Die »Mißgeburt«, dieser »Belgrader Zwangsstaat«, wie »FAZ«-Reißmüller die SFRJ zu benennen pflegte, ging folgerichtig dann unter, als die Serben das »großserbisch-kommunistische Messer« zogen. Doch wann geschah das, wann begannen die Serben ihr zerstörerisches Werk?

Ex-Außenminister Hans-Dietrich Genscher weiß diesen Termin ziemlich exakt zu bestimmen. In seinen 1995 erschienen »Erinnerungen« nennt er unter der Überschrift »Ursprünge der Krise« zwei Entscheidungen der Republik Serbien, »die für den Zusammenhalt Jugoslawiens wie ein Sprengsatz wirkten: 1989 hob man den Autonomiestatus für die Vojvodina auf ...; 1990 geschah dasselbe für den Kosovo ... Hier wurde gewissermaßen Feuer an das friedliche Zusammenleben der jugoslawischen Völker gelegt – und damit an die Einheit des Staates.«[109]

Joschka Fischer, Chef der Bundestagsfraktion von Bündnis 90/Die Grünen, hat ebenfalls vor allem die Serben im Blick. Im Brief an seine Fraktion und Partei vom August 1995 konstatiert er: »Es soll hier überhaupt nicht unterschlagen werden, daß der die jugoslawische Föderation sprengende, kriegsauslösende Fak-

---

108 Frankfurter Allgemeine Zeitung und Die Welt, 28.6.1991.
109 Hans-Dietrich Genscher: Erinnerungen, Berlin 1995, S. 929 f.

tor der großserbische Anspruch von Slobodan Milošević und der serbischen Nomenklatura seit Mitte der 80er Jahre gewesen war. Milošević entzündete die Brandfackel des großserbischen Nationalismus mit der brutalen Unterdrückung der albanischen Autonomie im Kosovo. In den anderen Teilrepubliken wurde entsprechend nationalistisch darauf geantwortet. Hier liegt die eigentliche Kriegsursache ...«[110]

Bemerkenswert ähnlich ist die Position, die Knut Mellenthin, Autor einer Studie mit dem Titel »Der jugoslawische Bürgerkrieg und die internationale Politik«, vertritt. Auch er weiß ziemlich exakt, wer wann den ersten Stein geworfen hat: »Der Kurs auf nationalistische Konfrontation zwischen den jugoslawischen Volksgruppen begann in Serbien, genauer gesagt in maßgeblichen Teilen der kommunistischen Parteiorganisation der Republik ... In dem Moment, wo in Serbien Kräfte die Macht übernahmen, die für ihre Nation die führende Rolle im jugoslawischen Staat beanspruchten, standen die Grundlagen der Föderation – Gleichgewicht und Gleichberechtigung – auf dem Spiel.«[111] In den Augen Mellenthins war dieser Moment mit einem »›Offenen Brief‹ einer Gruppe serbischer Intellektueller« im Oktober 1986, gemeint ist offensichtlich der Entwurf eines Memorandums der Serbischen Akademie der Wissenschaften und Künste, gekommen. Keinesfalls zufällig beginnt der Autor seine »Chronologie der Konflikt- und Kriegsentwicklung« eben mit dem genannten »Offenen Brief«. Geschmückt ist die Studie mit dem Logo »PDS im Bundestag«, mit der Position der demokratischen Sozialisten hat sie wenig zu tun.[112]

Die PDS hat sich als einzige der im Bundestag vertretenen Parteien von Anfang an für eine differenzierte, ausgewogene Einschätzung der Geschehnisse in Jugoslawien eingesetzt und sich gegen einseitige Schuldzuweisungen gewandt. Wiederholt hat das

---

110 Frankfurter Rundschau, 4.8.1995.
111 Knut Mellenthin: Der jugoslawische Bürgerkrieg und die internationale Politik, Herausgeber: PDS im Bundestag, Bonn 1995, S. 3.
112 Siehe Positionen der PDS zum Konflikt in Ex-Jugoslawien, erarbeitet im Ergebnis der gemeinsamen Veranstaltung des PDS-Bundesvorstandes und der AG Friedens- und internationale Politik vom 1.3.1994, PDS-Pressedienst, 31.3.1994, S. 13.

im parlamentarischen Verein der großen Vereinfacher Zorn und Entrüstung hervorgerufen. Auch im Oktober 1992, als Gregor Gysi, Hans Modrow und die anderen der Bundestagsgruppe im Parlament einen gegen die Politik der einseitigen Parteinahme gerichteten Antrag einbrachten. Friedrich Vogel, Staatsminister a. D. und CDU-Abgeordneter aus Ennepetal, wies den Antrag mit den Worten zurück: »Ich kann das nur als dreisten Versuch ansehen, die Geschichte zu verfälschen, die tatsächlichen Verantwortlichkeiten zu verschleiern, als einen Versuch, die Schuld der kommunistischen Brüder in Serbien und Bosnien – und das ist ja an Namen wie Milošević und Karadžić festzumachen – zu vernebeln. Meine Damen und Herren, das, was wir dort erlebt haben und erleben, ist ja eine unselige Verschwisterung von Panzerkommunismus und Chauvinismus.«[113] Auch der SPD-Abgeordnete Freimut Duve fand den Antrag »unglaublich«, ja, »abscheulich« und die gleichen Verantwortlichen: »Diese Schuld haben Serben auf sich geladen ... Die serbische Armee führt einen Todeskrieg gegen Wehrlose. Zu welchem Zweck? Landraub und Vertreibung.«[114]

Der Zorn auf die Andersdenkenden brachte die eigene Denkart vorzüglich zutage. Sie waren sich – von einigen Ausnahmen abgesehen – von Anfang an einig, die Medien, die Regierungsparteien, die sozialdemokratische und die grüne Opposition: Die nationale Konfrontation vom Zaun gebrochen, den Krieg begonnen hatten die Serben und die Kommunisten. Was tut es, daß Karadžić ein gestandener Antikommunist ist? Einmal Serbe, immer Kommunist, immer schuldig – zumindest solange bis die Antikommunisten in Serbien an die Macht gelangt sein werden.

Aber so einfach sollte und kann man es sich nicht machen. »Das Problem ... ist«, wie Peter Handke nach »Eine(r) winterliche(n) Reise zu den Flüssen Donau, Save, Morawa und Drina« meinte, »verwickelter, verwickelt mit mehreren Realitätsgraden oder -stufen ...«[115] Zumindest sollte es erlaubt sein, Fragen zu

---

113 Stenografisches Protokoll der 113. Sitzung des 12. Deutschen Bundestages am 15.10.1992, S. 9637.
114 Ebd., S. 9635.
115 Peter Handke: Eine winterliche Reise zu den Flüssen Donau, Save, Morawa und Drina oder Gerechtigkeit für Serbien, Frankfurt am Main 1996, S. 30.

stellen. Nicht gleich solche »zu der Sache selbst«, die der erwähnte Jugoslawienreisende stellte: »Ist es erwiesen, daß die beiden Anschläge auf Markele, den Markt von Sarajewo, wirklich die Untat bosnischer Serben waren ...? Wie war das wirklich mit Dubrovnik? Ist die kleine wunderbare alte Stadtschüssel ... an der dalmatinischen Küste damals im Frühwinter 1991 tatsächlich gebombt und zerschossen worden? ... Wie verhält sich das wirklich mit jenem Gewalttraum von ›Großserbien‹?«[116] Handke hat sie gestellt und seine Prügel dafür bekommen.

Der Autor will die schlichte Frage stellen, ob die jugoslawische Föderation tatsächlich vor allem von den Serben zugrunde gerichtet wurde, ob ihr Zusammenbruch, wie Genscher, Fischer, Mellenthin und viele, viele andere behaupten, mit dem Memorandum der Serbischen Akademie eingeleitet wurde?

Allein schon die Frage ist riskant. In ihr verbirgt sich Zweifel. Bezweifelt man die Doktrin gewordene These vom »Hauptschuldigen« und »Hauptaggressor«, dann hat man im Auge, nicht in den Augen, denn sie blicken einäugig, derer, die nur oder vor allem die Serben sehen, sein eigenes Urteil bereits gesprochen. Beugt man sich nicht der herrschenden Auffassung, versucht man, Ursachen, Motive, Gründe differenzierter zu betrachten, Fragen zu stellen, die man (trotz mehr als einem Jahrzehnt Leben in Jugoslawien, trotz keinen Tag nachlassender schmerzender Aufmerksamkeit für die Geschehnisse in dem untergehenden Land und trotz vieler Bekannt- und Freundschaften mit Serben, Kroaten, Slowenen und Moslems gleichermaßen) selbst nicht oder nicht ausreichend beantworten kann, ist man als »Proserbe« schon entlarvt – und das ist in den 90er Jahren genauso schlimm wie in den den 60ern in der Bundesrepublik als »prosowjetisch« oder in der DDR als »proamerikanisch« gegolten zu haben. Allein der Versuch, gerecht zu sein, was auch heißt »Gerechtigkeit für Serbien« wie für alle anderen zu verlangen, wird zur proserbischen Missetat. Denn für die Selbsgerechten waren und sind die Serben und allein sie die Schuldigen.

Dabei hätten doch gerade die Deutschen allen Grund zu Behutsamkeit und Zurückhaltung. Wer dem Volk angehört, das

---

116 Ebd., S. 47 f.

Kragujevac zu verantworten hat, der muß sich mehr als andere hüten, vorschnell zu urteilen und Schuld zuzuweisen, dem steht es nicht zu, allwissend zu beurteilen, worüber sich die Betroffenen und die Historiker noch in Jahrzehnten streiten werden.

Auch die Frage, wer den ersten Stein geworfen hat, oder vielleicht präziser, wer den ersten Stein aus dem Fundament der jugoslawischen Föderation geschlagen hat, wer den zweiten, den dritten, solange bis das ganze Gebäude zusammenbrach, kann nicht eindeutig, mit letzter Bestimmtheit beantwortet werden, zu reich und widersprüchlich ist die Geschichte des zweiten Jugoslawiens, zu groß ist die Zahl der Ereignisse und Akteure. Die Auswahl fällt schwer, doch mit dem Mut zum Irrtum und zur Kürze, die zwangsläufig auch vereinfacht, sollen einige betrachtet werden.

Kroatischer Frühling

Trotz des strikten Tito-Kurses auf »Einheit und Brüderlichkeit« kam es auch in den ersten Jahrzehnten des wiedererstandenen Jugoslawiens zu politischen Auseinandersetzungen mit nationalistischem Hintergrund. Ende der 60er/Anfang der 70er Jahre beschworen sie erstmals ernste Gefahren für den Bestand der Föderation herauf. Wie meist bei nationalem Streit ging es um ökonomische Fragen, um Geld. Gestritten wurde um Preis-, Banken- und Steuersystem, Devisen- und Außenhandelsregime. Kroaten, Slowenen und Mazedonier forderten Reformen, die die Republiksrechte in diesen Bereichen erweitern sollten. Obwohl den Forderungen beträchtlich entgegengekommen wurde, verlangten Teile der kroatischen Führung, darunter die Vorsitzende der Republiksparteiorganisation, Savka Dapčević-Kučar, und das Mitglied des Belgrader Partei- und Staatspräsidiums Miko Tripalo, immer neue Verfassungsänderungen zum Abbau der Vollmachten der Föderation und der Bundesregierung in Belgrad.

Unbedacht und forsch gingen sie dabei vor und versuchten, sich die Unterstützung der nationalistischen Kreise zu sichern. Sie erklärten sich zu Verteidigern der nationalen und demokratischen

Rechte des kroatischen Volkes und attackierten die »unitaristisch-hegemonistischen« und »bürokratisch-zentralistischen« Kräfte. Auf der 10. Sitzung des ZK des Bundes der Kommunisten Kroatiens im Januar 1970 schätzten sie ein, daß die politische Hauptgefahr für die Entwicklung des Selbstverwaltungssozialismus und die Stabilität Jugoslawiens nicht vom Nationalismus und Separatismus, sondern vom wachsenden Unitarismus ausgehe. In Kroatien sei der Nationalismus zwar »aggressiver und lauter« geworden, aber nicht im Wachstum begriffen.

Eine realitätsferne, folgenreiche Fehleinschätzung, die zu einem weiteren Anwachsen des Nationalismus führte. Zu seinem Zentrum wurde die kroatische Kulturvereinigung »Matica Hrvatska«, die sich in kurzer Zeit an die Spitze einer Massenbewegung setzte. Sie gründete Zweigorganisationen in Gemeinden, öffentlichen Einrichtungen und Fabriken, gab eine große Zahl von Flugblättern, Zeitungen und Zeitschriften heraus, in denen Jugoslawien als »Gefängnis Kroatiens« dargestellt wurde. Sie beschuldigten die Föderation, die kroatische Sprache »zu verfolgen«, die kroatische Wirtschaft »auszurauben«. Ihre Ansprüche gipfelten in der Forderung, die Kroaten in einem selbständigen Staat zu den alleinigen Trägern der Souveränität zu machen. Ende November 1970 organisierten sie einen Studentenstreik in der kroatischen Hauptstadt.

Nun war der Punkt erreicht, an dem Tito nicht länger zögern konnte. Er hatte den »kroatischen Frühling«, der auch im Sommer und Herbst anhielt, mit wachsender Besorgnis verfolgt. Energisch schritt er erst nach dem Beginn des Streikes an der Zagreber Universität ein, da seine Organisatoren ihn in einen Generalstreik umwandeln wollten. Er lud die kroatische Parteiführung in das Jagdschloß Karadjordjevo ein und unterzog ihre Politik zwei Tage lang einer heftigen Kritik. Auf der sich daran anschließenden Sitzung des Präsidiums des BdKJ wurden die »konterrevolutionäre Tätigkeit« der »Matica Hrvatska« und die Zugeständnisse der kroatischen Führer an die Nationalisten und Separatisten verurteilt. Unterstrichen wurde das Recht der zentralen Parteiführung, sich in die Arbeit der Republiksführungen einzumischen. Zehn Tage später traten Savka Dapčević-Kučar und Miko Tripalo von ihren Funktionen zurück. Der »Frühling« war zu Ende, seine Helden, soeben noch bejubelt, wurden auch in Kroatien nahezu einmütig verdammt. Einige Hauptexponenten der »Matica Hrvatska« wurden zu Gefängnisstrafen verurteilt.

Die Autorität Titos hatte das Blatt gewendet. Mit starker Hand hatte er die Ordnung in Kroatien wiederhergestellt, mit dem ihm eigenen Gespür für politische Balance und Ausgleich leistete er den Kroaten kurz danach eine Art »Wiedergutmachung«. Er setzte eine Verfassung durch, die in wesentlichen Punkten kroatischen Forderungen entsprach und die Rechte der Republiken gegenüber der Föderation stärkte. Zeitgleich sorgte er aus unterschiedlichen Anlässen dafür, daß auch in anderen Republiken die Spitzenfunktionäre ausgewechselt wurden – in Serbien der Vorsitzende des ZK der Partei, Marko Nikezić, in Slowenien der Ministerpräsident Stane Kavčič und in Mazedonien das Mitglied des jugoslawischen Staats-und Parteipräsidiums Krste Crvenkovski.

Der nationale Frieden und die innerjugoslawische Balance waren wiederhergestellt. Scheinbar. Der Nationalismus selbst überlebte, er war nicht zu besiegen. Am Ende dieses geschichtlichen Abschnittes schrieb Stipe Šuvar, einer der führenden theoretischen Köpfe der Kroaten, worin die Ziele der Nationalisten bestehen – der kroatischen und der serbischen: »Eine der typischen Reaktionen des kroatischen Nationalismus ist, die größere Kultur der kroatischen Nation gegenüber anderen zu beweisen – was eine Lüge, ein Stereotyp, ein Mythos ist. Gleichfalls muß der serbische Nationalismus seit jeher Serben als heldisches, tapferes, unbeugsames Volk herausstreichen. Den kroatischen Nationalisten dient also die Kultur, den serbischen das Waffengeklirr als Kompensation. Die Kroaten verlangen seit 1971 einen separaten Nationalstaat, denn mit dessen Stärke können wir Kroaten uns dagegen schützen, daß uns die Serben infiltrieren, verschlingen, assimilieren, die Sprache wegnehmen usw. Der serbische Nationalismus will ein Großserbien, das Mazedonien, Montenegro, Bosnien-Herzegowina einschließt. Worauf der kroatische Nationalismus mit Thesen antwortet, daß die Slowenen ›Alpen-Kroaten‹, die Moslems ›Dialekt-Kroaten‹, die Serben bis zur Drina ›orthodoxe Kroaten‹, die Montenegriner ›Ost-Kroaten‹ seien. Also auch die kroatischen Nationalisten würden ihren erträumten Nationalstaat gern um einen Teil Sloweniens, ganz Bosnien-Herzegowina, Süd-Montenegro, Nord- und Mittelserbien abrunden.«[117]

Zwanzig Jahre später gerieten die Nationalisten beider Seiten aneinander, mit einer Brutalität, die sich möglicherweise auch der prophetisch veranlagte Stipe Šuvar nicht vorstellen konnte. Was wäre geschehen, wenn Tito 1970 gegen die nationalistischen Frühlingsboten nicht so energisch vorgegangen wäre? Wäre es schon damals zum Zerfall Jugoslawiens gekommen, zum Bürgerkrieg unter völlig anderen internationalen Rahmenbedingungen? Mußten die kroatischen Ereignisse zwangsläufig zur »verdammten Verfassung von 1974« führen, wie selbst ein späterer USA-Botschafter in Belgrad, David Anderson, das Grundgesetz nannte,[118] mit dem das Auseinanderdriften der jugoslawischen Teilrepubliken vorprogrammiert wurde? Das sind, wie auch nachfolgende, hypothetische Fragen, wer will darauf schon kategorische Antworten geben?

Die »Islamische Deklaration«

Im Sommer 1983 fand in Sarajewo ein Prozeß gegen eine Gruppe von moslemischen Intellektuellen statt, die des Panislamismus und Fundamentalismus beschuldigt wurden. Unter den Angeklagten befand sich Alija Izetbegović, der spätere Vorsitzende des Republikspräsidiums von Bosnien-Herzegowina. Er war im März des gleichen Jahres verhaftet worden. Hauptdokument der Anklage war die von ihm verfaßte »Islamische Deklaration«. Mit ihr, so der Staatsanwalt, habe er »zur Zerstörung Jugoslawiens aufgerufen«. Izetbegović wies die Anklage zurück und betonte, daß er in der Schrift auf Jugoslawien nicht eingegangen sei und infolgedessen auch nicht gegen jugoslawische Gesetze verstoßen habe.

---

117 Stipe Šuvar: Svi nasi nacionalismi, Valjevo 1986, S. 250.
118 Siehe Wolf Oschlies: »Ursachen des Krieges in Ex-Jugoslawien«, in: Aus Politik und Zeitgeschichte, Beilage zur Wochenzeitung Das Parlament, 10.9.1993.

Tatsächlich, in der »Islamischen Deklaration« ist nicht einmal das Wort »Jugoslawien« zu finden. Behandelt werden Probleme der gesamten islamischen Welt, die aufgerufen sei, eine neue Ordnung im Einklang mit den Geboten des Koran und den moslemischen Massen zu schaffen. Doch ungeachtet dessen war die Botschaft an die Moslems in Jugoslawien schwerlich mißzuverstehen. Einer ihrer Kernsätze lautete: »Unser Ziel ist die Islamisierung der Moslems, unser Weg heißt: glauben und kämpfen!«[119] Izetbegović vertrat die Auffassung, daß der Islam nicht nur eine Religion sei: »Die islamische Ordnung ist eine Einheit von Glauben und gesellschaftlich-politischem System. Die islamische Wiedergeburt kann nicht ohne die Religion beginnen, aber sie läßt sich auch nicht ohne die politische Revolution vollenden.« Die islamische Bewegung müsse die Macht im Staat ergreifen, sobald sie moralisch und zahlenmäßig so stark ist, daß sie die bestehende nichtislamische Macht stürzen und eine islamische Macht errichten könne, schrieb Izetbegović.

Nicht weniger deutlich wurde der Autor, als er betonte: »Die erste und wichtigste Schlußfolgerung ist die Unvereinbarkeit islamischer und nichtislamischer Systeme. Es gibt keinen Frieden und keine Koexistenz zwischen dem islamischen Glauben und nichtislamischen gesellschaftlichen und politischen Institutionen. Der Staat muß ein Ausdruck der moralischen Konzeptionen der Religion sein.«[120]

Geschrieben worden war die Denkschrift zwischen 1966 und 1970, verbreitet wurde sie lediglich im Untergrund. Aber auch so blieb sie nicht ohne Wirkung, wurde doch gerade in jener Zeit von radikalen Kräften in Sarajewo und Mostar gefordert, die Moslems als alleinige staatstragende Nation in Bosnien-Herzegowina anzuerkennen, da Serben und Kroaten bereits durch eigene Republiken repräsentiert seien. Eine derartige Forderung trug gefährlichen Zündstoff in eine multinationale Gesellschaft, in der Moslems, die wenig mehr als 40 Prozent der Bevölkerung ausmachten, gleichberechtigt mit Serben (etwa 34 Prozent) und Kroaten (etwa 18 Prozent) zusammenlebten. Lange Zeit war in

---

119 Die Welt, 9.2.1993.
120 Ebd.

Bosnien-Herzegowina der Streit darüber geführt worden, ob die vor allem in den Städten konzentrierten Moslems, die Nachfahren der unter der Türkenherrschaft zum Islam konvertierten Südslawen, eine Religionsgemeinschaft oder eine selbständige ethnische Gruppe bildeten. Für letzteres sprach, daß ihnen der Islam in Jahrhunderten andere Wertvorstellungen, davon geprägte Kultur, Sitten und Gebräuche vermittelt hatte. Anfang der 70er Jahre wurde der Streit offiziell beigelegt. Durch staatliche Verfügung erhielten die Moslems das Recht, sich zu einer Nation gleichen Namens zu bekennen. Mit diesem Schritt war Jugoslawien, bestrebt, seine führende Rolle in der Bewegung der Nichtpaktgebundenheit aufrechtzuerhalten, auch dem Wunsch einflußreicher moslemischer Staaten entgegengekommen. In Bosnien-Herzegowina bestärkte er nationalistische Kräfte in ihren Forderungen nach politischer Aufwertung und nach einer Umwandlung der Teilrepublik in einen moslemischen Staat.

Titos Nachfolger, mehrheitlich noch am Erhalt des status quo und am Fortbestand des multinationalen Jugoslawiens und seiner kleineren Variante, des multinationalen Bosniens, interessiert, verfolgten derartige Bestrebungen mit Argwohn und wachsender Sorge. Der Islamistenprozeß in Sarajewo war eine der Folgen dieser Entwicklung. Alija Izetbegović wurde nach kurzer Prozeßdauer zu 14 Jahren Gefängnis verurteilt und nach 6 Jahren vorzeitig entlassen. Kurz danach hob er die moslemische Partei der Demokratischen Aktion (SDA) aus der Taufe, als deren Führer er 1990 an die Spitze des kollektiven Staatspräsidiums von Bosnien-Herzegowina gewählt wurde. In diesem Jahr wurde die »Islamische Deklaration« erstmals von einem Verlag in Serbo-Kroatisch herausgegeben – in der »Kleinen moslemischen Bibliothek« in Sarajewo.

Was wäre geschehen, wenn Izetbegović seine Auffassungen über den Islam und die islamische Revolution bereits 1970 im religiös und national toleranten Sarajewo hätte veröffentlichen können? Was beschädigte das Zusammenleben der Angehörigen der verschiedenen Nationen in Bosnien mehr – die Verbreitung islamisch-fundamentalistischer Positionen oder ihr staatliches Verbot und der Prozeß gegen den Autor der »Islamischen Deklaration«?

Das SANU-Memorandum

Ende September 1986 veröffentlichte das Belgrader Abendblatt »Večernije Novosti« Auszüge aus dem Entwurf eines Memorandums der Serbischen Akademie der Wissenschaften und Künste (SANU – Srpska Akademija Nauke i Umetnosti) »Über aktuelle gesellschaftliche Fragen in unserem Land«. Das Papier, erarbeitet von einer Kommission der Akademie, stieß in der serbischen und jugoslawischen Öffentlichkeit auf eine stürmische, größtenteils ablehnende Reaktion. Von der serbischen Parteiführung wurde es scharf zurückgewiesen, da es »uns zurückversetzen will auf den Pfad des Hasses und der nationalen Konflikte«. Die Akademie unterstrich, daß es sich bei dem Entwurf um einen nicht bestätigten Text handle. Die weitere Arbeit daran wurde eingestellt. Eine Veröffentlichung des Gesamttextes erfolgte nicht.

Doch ungeachtet der offiziellen Ablehnung gab das SANU-Memorandum dem Nationalismus in ganz Jugoslawien einen starken Auftrieb. Die Nationalisten in Serbien fühlten sich in ihren Auffassungen bestätigt, die in den anderen Repuliken sahen in dem Text einen willkommenen Beweis für die vom großserbischen Chauvinismus ausgehenden Gefahren.

Der Memorandumsentwurf war eine seltsame Mischung von objektiver realistischer Einschätzung und subjektiven Empfindungen, von berechtigten Sorgen und unbegründeten Ängsten. Gefordert wurde, drei Fragen in den Mittelpunkt der Aufmerksamkeit zu stellen: »Viele Nöte, die das serbische Volk quälen, sind in den Umständen entstanden, die allen jugoslawischen Völkern gemeinsam sind. Jedoch bedrücken auch andere Probleme das serbische Volk. Das langfristige Zurückbleiben der Wirtschaftsentwicklung Serbiens, die nicht geregelten staatlichen und rechtlichen Beziehungen zu Jugoslawien und den Provinzen (Kosovo und Vojvodina) sowie der Völkermord in Kosovo sind auf der politischen Szene mit vereinter Kraft erschienen, die die Situation angespannt, wenn nicht sogar explosiv macht. Diese drei quälenden Fragen, die aus einer langfristigen Politik Serbien gegenüber resultieren, bedrohen in ihrer Dramatik nicht nur das serbische Volk, sondern auch die Stabilität von ganz Jugoslawien. Daher müssen sie im Mittelpunkt der Aufmerksamkeit stehen.«[121]

Einige Tatsachen waren schwerlich zu bestreiten: Ganz Jugoslawien litt unter einer schweren ökonomischen Krise. Die Republik Serbien blieb in der Pro-Kopf-Produktion und im Realeinkommen ihrer Bevölkerung hinter der Entwicklung in Slowenien und Kroatien immer weiter zurück. Die Republiken schotteten sich ökonomisch voneinander ab, der gesamtjugoslawische Markt zerfiel. Die Verfassung von 1974 hatte die zu Serbien gehörenden autonomen Gebiete Kosovo und Vojvodina mit Rechten ausgestattet, die sie der staatlichen Hoheit der Republik entzogen. Eine Massenflucht der Serben aus Kosovo verringerte ihren Anteil an der Bevölkerung des Gebietes auf unter 10 Prozent. Politische Instabilität seit den Unruhen von 1981, ökonomische Unterentwicklung und diskriminierende Bestimmungen, nach denen die Beherrschung der albanischen Sprache zur Voraussetzung für die Besetzung der meisten Arbeitsplätze erklärt worden war, waren einige der Gründe. Slowenien und Kroatien waren immer weniger bereit, ökonomische und finanzielle Hilfe für Kosovo zu leisten.

Aber berechtigten diese Tatsachen die Autoren des Entwurfs zu anderen Behauptungen? Zu solchen, wie, Serbien müsse seine »uneingeschränkte Staatsgewalt« über Kosovo herstellen, »um sich dem Völkermord ... entgegenzustellen und die Aussiedlung von Serben von ihren jahrhundertealten Wohnstätten aufzuhalten«; die ökonomische Krise sei das Ergebnis einer »konsequenten Diskriminierung Serbiens« seitens Zagrebs und Ljubljanas; Slowenien und Kroatien seien eine »dauernde Koalition« eingegangen, »im Bemühen ..., eine politische Vorherrschaft zu ermöglichen; die langjährige Zusammenarbeit zwischen Tito und Kardelj hat diese Koalition bestätigt«; »keinem Volk Jugoslawiens wird die kulturelle und geistige Identität so massiv vorenthalten wie dem serbischen Volk«?[122]

Mußte nicht jedem normal denkenden und handelnden Menschen, ganz zu schweigen von hochgebildeten Akademikern, klar sein, daß derartige Klagen, wie die über den »Völkermord« an

---
121 Zitiert nach Probleme des Friedens, Idstein 1992, S.121 ff.
122 Ebd.

den Serben und die Anschuldigungen an die Adresse Sloweniens und Kroatiens, die zu jenem Zeitpunkt auch so schon angespannten zwischennationalen Beziehungen weiter vergiften würden?

Doch ist das Dokument tatsächlich Ursprung allen jugoslawischen Übels? Rechtfertigten seine falschen Aussagen seine alsbald einsetzenden Verfälschungen, die es zuhauf gab? So wurde – um nur ein Beispiel zu nennen – die verschwommene Forderung nach »*Herstellung der vollen nationalen und kulturellen Integrität des serbischen Volkes*, unabhängig davon, in welcher Provinz oder Republik es sich befindet«[123] von Gegnern des Memorandums in anderen Republiken und außerhalb Jugoslawiens kurzer Hand zur eindeutigen Kernaussage des Memorandums gemacht, die da angeblich lautete, »daß Serbien im Falle des Auseinanderbrechens des Staates *alle jene Gebiete beanspruchen müsse, die von Serben bewohnt werden*, ungeachtet ihres jeweiligen Bevölkerungsanteils«?[124] War hier der eine Nationalismus die Amme des anderen?

Der Ausnahmezustand in Kosovo

Ende März 1989 verhängte das kollektive Staatspräsidium Jugoslawiens über Kosovo den Ausnahmezustand. Universitäten, Schulen, Theater und Kinos wurden geschlossen, Versammlungen von mehr als drei Personen auf öffentlichen Plätzen verboten. Verhängt wurde eine nächtliche Ausgangssperre.

Vier Wochen danach wurden die Gründe für diese drakonischen Maßnahmen – ein Teil von ihnen war inzwischen gelockert worden – vom Vorsitzenden des SFRJ-Präsidiums, dem Moslem und ehemaligen jugoslawischen Außenminister Raif Dizdarević, erläutert: »Das Präsidium der SFRJ hat den Ausnahmezustand in einer Situation verkündet, da das gesamte gesellschaftliche und wirtschaftliche Leben und das politische System in Kosovo praktisch gelähmt waren. Massenarbeitsniederlegungen wuchsen sich zum Generalstreik aus. Es wuchs der Druck auf jene, die nicht

---

123 Ebd., S. 124.
124 Melita H. Sunjić: Woher der Hass, Amalthea/Wien 1992, S. 72.

streikten. Es kam zu vereinzelten Fällen der gewaltsamen Unbrauchbarmachung von Wirtschaftsobjekten. Die Bergleute von Stari Trg setzten ihren Streik in der Grube fort ... Manipulationen drohten, Menschenleben zu gefährden. Die zwischennationalen Spaltungen waren an eine gefährliche Grenze geraten. Die mononationalen Demonstrationen der Albaner verstärkten die Atmosphäre des Drucks auf Serben und Montenegriner und auf ihre Sicherheit ... Es war eine Situation entstanden, in der Konflikte unter den Völkern jederzeit losbrechen konnten. Die albanischen Nationalisten schreckten offenkundig vor keinem Mittel zurück, um die Annahme der Verfassungsänderungen zu verhindern ...«[125]

Die Proteste in Kosovo, in deren Verlauf sich auch mehr als 14.000 zumeist jugendliche Albaner blutige Straßenschlachten mit der Polizei geliefert hatten, die 25 Menschenleben und zahlreiche Verletzte forderten, richteten sich gegen die Veränderung der Verfassung der Republik Serbien. Unter massivem Druck aus Belgrad hatte das Parlament von Kosovo am 23. März diesen Veränderungen mit großer Mehrheit zugestimmt. Sie beseitigten die Vollmachten der autonomen Gebiete in den Bereichen der inneren Sicherheit, der Verteidigung, des Bildungswesens, der Justiz und der Wirtschaftsplanung. Nachdem diese Veränderungen bereits für die Vojvodina in Kraft getreten waren, hatte die serbische Führung in Belgrad unter Präsident Slobodan Milošević nunmehr de facto eine der zentralen Forderungen aus dem SANU-Memorandum, die unumschränkte Staatsgewalt der Republik Serbien in den beiden zu ihr gehörenden autonomen Gebieten wiederherzustellen, durchgesetzt.

Die Verfassungsreform hatte weitgehende Auswirkungen auf die gesamte Föderation. Sie veränderte der Sache nach die SFRJ-Verfassung von 1974, die den autonomen Gebieten annähernd die gleichen Rechte wie den Republiken eingeräumt hatte. Zukünftig verfügte Serbien im 8köpfigen Staatspräsidium neben seiner eigenen auch über die Stimmen der Vertreter der Vojvodina und Kosovos. Die enormen ökonomischen und sozialen Entwicklungsprobleme Kosovos waren fortan weniger eine jugoslawische als vielmehr eine ausschließlich serbische Angelegenheit. Zwar

---

125 Politika, 21.4.1989.

hatten die nach nationalem Schlüssel zusammengesetzten höchsten Partei- und Staatsorgane Jugoslawiens der serbischen Verfassungsänderung zugestimmt, doch die Methoden, mit denen sie herbeigeführt worden waren, und die nationalistischen Töne, mit denen sie von einem Teil der Serben begleitet wurden, verschärften die innerjugoslawischen Spannungen ein weiters Mal. In einem besonderen Maße galt das für Kosovo selbst.

Das Gebiet war im Mittelalter das politische, wirtschaftliche und religiöse Zentrum Serbiens, Sitz der Nemanjidendynastie und des serbisch-orthodoxen Patriarchen. Nach der serbischen Niederlage in der Schlacht auf dem Amselfeld (Kosovo polje) und dem Vorrücken der Türken veränderte sich die ethnische Zusammensetzung seiner Bevölkerung. Viele Serben zogen nach dem Norden, vom Süden her drängten die Albaner in das riesige Tal zwischen dem Schargebirge und den Bergen des Prokletije nach, wo sie unter türkischer Herrschaft massenhaft islamisiert wurden.

Im Kampf gegen das Türkenjoch und im Streben nach Wiedererrichtung eines eigenen Staates verklärte sich bei den Serben das Bild ihres mittelalterlichen Reiches. Das Gebiet Kosovo gewann als Symbol und als »Wiege der serbischen Staatlichkeit« in ihrem Nationalgefühl einen Platz, der mit dem Jerusalems für die Israelis zu vergleichen ist. Als 1913 nach dem ersten Balkankrieg auf der Londoner Konferenz der Großmächte der größte Teil Kosovos Serbien zugesprochen wurde, wurden ca. eine Million Albaner Untertanen des serbischen Königs. Das zum gleichen Zeitpunkt geschaffene Albanien umfaßte lediglich die Hälfte des albanisch besiedelten Gebietes, über 50 Prozent aller Albaner blieben außerhalb dieses Staates. Damit waren die Grundlagen für einen dauerhaften Konflikt gelegt: Die Albaner in Kosovo streben in ihrer Mehrheit nach einem einheitlichen Nationalstaat, die Serben beharren auf ihrem historisch begründeten und völkerrechtlich abgesicherten territorialen Besitzstand.

Auch im Nachkriegsjugoslawien hielt der Konflikt, wenn auch mit unterschiedlicher Schärfe, an – weder Zwangsmaßnahmen der jugoslawischen und serbischen Behörden noch eine jahrzehntelange umfassende Förderung der Wirtschaft Kosovos und seines Bildungswesens konnten ihn lösen.

1945 hatte die junge jugoslawische Föderation in Kosovo ein besonders schweres Erbe übernommen. Die Infrastruktur war völlig unzureichend: Es gab keinen einzigen Kilometer Asphaltstraße, nur 2,6 Prozent aller Haushalte waren elektrifiziert, die wenigen vor dem Krieg vorhandenen Betriebe – der einzige Großbetrieb, das Blei- und Zinkbergwerk in Trepca, sowie einige Mühlen, Ziegeleien und Webereien – waren zu 90 Prozent zerstört. 90 Prozent der albanischen Bevölkerung waren Analphabeten, es gab keinerlei wissenschaftlichen Institute, keine Verlage.

In den Nachkriegsjahren wurden beträchtliche Anstrengungen unternommen, den ökonomischen und kulturellen Rückstand Kosvos zu überwinden. Aus einem Entwicklungsfonds, in den alle Republiken und Gebiete einzahlen mußten, erhielt Kosovo von 1961-1990 insgesamt ca. 18 Milliarden Dollar, die Mittel der Föderation für Bildung und Gesundheitswesen nicht mitgerechnet. Auf der Basis reicher Braunkohlevorkommen wurde eine moderne Energiewirtschaft geschaffen, die zwei Drittel der erzeugten Elektroenergie in die anderen Republiken lieferte. Eine verarbeitende Industrie entwickelte sich, die Buntmetallproduktion expandierte. Der Ausbau des Schulsystems, Gründung und Entwicklung von Universitäten, Hoch- und Fachschulen, eines Nationaltheaters, Filmstudios und Verlages zeugten von einem beachtlichem kulturellen Aufschwung. Der Lebenstandard und das Maß demokratischer Rechte und Freiheiten in Kosovo überstiegen die im benachbarten Albanien beträchtlich.

Doch der Rückstand zu den anderen Republiken und Gebieten Jugoslawiens konnte nicht überwunden werden. Eine verfehlte Investitionspolitik – vorrangig wurde in kapitalintensive Wirtschaftszweige mit relativ wenigen Arbeitsplätzen investiert – und ein außerordentlich hoher Zuwachs der albanischen Bevölkerung bremsten das Wachstum des Sozialproduktes pro Einwohner und erhöhten die Arbeitslosigkeit. 1980 hatte nur jeder 10. Bürger im erwerbsfähigen Alter einen Arbeitsplatz. Das unterentwickelste Gebiet Jugoslawiens leistete sich im Verhältnis zur Einwohnerzahl die größte Zahl an Studierenden. 1980 hatte Kosovo 173.000 Beschäftigte, aber 470.000 Schüler und Studenten. Folgerichtig begannen politische Unruhen in der Regel mit Demonstrationen unzufriedener und weitgehend perspektivloser Studenten. Allen Versuchen der Regierungen der Föderation, der Republik Serbien und des autonomen Gebietes, der Probleme Herr zu werden, blieb der Erfolg versagt.

Als Raif Dizdarević im April 1989 in der bereits erwähnten Erklärung die Proklamierung des Ausnahmezustandes rechtfertigte, unterstrich er, daß »das Präsidium der SFRJ gezwungen (war), *die unerwünschte, aber unvermeidliche* Entscheidung ... zu treffen«.[126] Für das höchste Staatsorgan der SFRJ stellte sich das Kosovo-Problem als ein schier auswegsloses Dilemma dar: Nachgeben gegenüber den albanischen Sezessionisten bedeutete über kurz oder lang einen Verzicht auf das Prinzip der territorialen Integrität Serbiens und Jugoslawiens; Gewalteinsatz – eine Verschärfung der zwischennationalen Spannungen in Kosovo und eine Zunahme des separatistischen Druckes.

Die SFRJ ist verschwunden und mit ihr das Staatspräsidium, das Dilemma ist geblieben. Kosovo, im Zentrum des Balkans gelegen, ist auch heute noch ein explosiver Konfliktherd, der die Sicherheit auf der gesamten Halbinsel bedroht. 1989 war der Einsatz staatlicher Gewalt in Kosovo aus Sicht der jugoslawischen Führung »unerwünscht, aber unvermeidlich«. War er es tatsächlich oder gab es einen Mittelweg zwischen »Unerwünschtem« und »Unvermeidlichem«?

Die »Baumstammrevolution«

Am 17. August 1990 brachen in der mehrheitlich von Serben bewohnten Krajina Unruhen aus. In Knin, ihrem kulturell-politischen Zentrum, stürmten Hunderte von Serben die Polizeistation und bewaffneten sich. Auch in anderen Orten wurden Waffendepots geplündert. Versuche der Regierung Kroatiens, die aufständischen Serben zu entwaffnen, scheiterten. Diese hatten alle wichtigen Zufahrten in das Gebiet mit Baumstämmen abgesperrt – die »Baumstammrevolution« leitete die Abtrennung der Krajina vom übrigen kroatischen Staatsgebiet ein.

---

126 Ebd.

Was hatte die Serben so in Rage versetzt, daß sie zu den Waffen griffen und der Regierung in Zagreb die Loyalität aufkündigten? Seit Jahrzehnten siedelten sie an der sogenannten Militärgrenze, die von Wien als Schutz vor den Türken eingerichtet worden war, in einem Gebiet, das 1882 mit Kroatien vereinigt wurde. Im jugoslawischen Königreich und in der im Zweiten Weltkrieg entstandenen jugoslawischen Föderation gehörten sie zu den gleichberechtigten staatstragenden Völkern. Nun, nach den politischen Veränderungen in Zagreb, befürchteten sie, zu einer diskriminierten nationalen Minderheit zu werden. Grundlos?

Aus den im April des gleichen Jahres stattgefundenen Parlamentswahlen in Kroatien war die von Franjo Tudjman gegründete Kroatische Demokratische Gemeinschaft, die Hrvatska Demokratska Zajednica (HDZ), als Sieger hervorgegangen. Bereits der Wahlkampf war von den zugespitzten kroatisch-serbischen Spannungen, die die Existenz der gesamten Föderation gefährdeten, geprägt gewesen. Tudjman und seine HDZ erklärten, Kroatien vor dem großserbischen Hegemonismus zu retten, die »Bevorteilung« der Serben und die Ausbeutung der Republik durch die Föderation beenden zu wollen. Massive Unterstützung erhielten sie von der katholischen Kirche und von Exilkroaten.

Nach dem HDZ-Sieg wurde der Staatsapparat von mißliebigen Personen, darunter vielen Serben, »gesäubert«. In der Krajina wurden serbische Polizisten aus dem Dienst entfernt, begonnen wurde mit der Aufstellung einer 4.000 Mann starken »rein kroatischen« Polizei. Im Zagreber Parlament wurde der Entwurf einer neuen Verfassung vorgestellt. Während bisher »die Kroaten und Serben in Kroatien« als »Staatsvolk« galten, sollten es zukünftig nur noch die Kroaten sein. Die Serben wurden zur Minderheit erklärt. Amtssprache wurde das lateinisch geschriebene Kroatisch, das kyrillisch geschriebene Serbisch sollte nur noch in den Gemeinden verwandt werden, in denen Serben die Mehrheit bilden.

Gleichzeitig wurde begonnen, die Traditionen des Volksbefreiungskrieges von 1941-1945 auszumerzen. Ehemaligen Partisanen wurden die Pensionen gestrichen. Antifaschistische und jugoslawische Symbole wurden entfernt und durch kroatische ersetzt. In Zagreb wurde der »Platz der Opfer des Faschismus«, an ihm war während des Zweiten Weltkrieges das Hauptquartier der Gestapo untergebracht, in »Platz der kroatischen Helden« umbenannt. Wiedereingeführt wurde das alte Staatswappen mit dem Schachbrettmuster, unter dem der Ustascha-Chef Ante Pavelić seine Aufmärsche veranstaltet hatte.

Symbole, administrative und polizeiliche Maßnahmen weckten bei den Serben Erinnerungen an die schrecklichen Verfolgungen während der Zeit, in der es schon einmal einen selbständigen kroatischen Staat gegeben hatte – den der Ustascha-Faschisten. Während in Zagreb die Untaten der Ustaschas beschönigt wurden, lebten als Reaktion darauf in Knin serbische Tschetnik-Traditionen wieder auf. Alter nationaler Haß brach auf beiden Seiten wieder auf und entlud sich in gewaltsamen Konfrontationen.

Wenige Wochen nach dem Ausbruch des Aufstandes in Knin hielten die Serben in Kroatien, ihre Zahl betrug etwa 600.000, das waren 13 Prozent der Gesamtbevölkerung, ein Referendum über eine Autonomie ab. Die überwältigende Mehrheit stimmte dafür und am 1. Oktober 1990 wurde die Unabhängigkeit der von Serben bewohnten Landesteile Kroatiens verkündet. Der Aufstand wuchs in den Bürgerkrieg hinüber.

Die Kroaten hatten sich in freier Entscheidung aufgemacht, die jugoslawische Föderation zu verlassen und in die staatliche Unabhängigkeit zu gehen. Die Serben wollten ihnen auf diesen Weg nicht folgen, sie waren nicht bereit, die Föderation zu verlassen und zu einer nationalen Minderheit in einem neuen Staat zu werden. Das unantastbare Recht des kroatischen Volkes auf nationale Selbstbestimmung stieß auf das gleiche Recht der Angehörigen des serbischen Volkes. Der Konflikt wurde unvermeidbar.

Gab es keine Möglichkeit, ihn friedlich beizulegen? Wer trug die Schuld an seiner Eskalation – die »Politik der vollendeten Tatsachen« der HDZ und Tudjmans oder die Unduldsamkeit der Serben, die sofort zur äußersten Form des Widerstandes, zur bewaffneten Gewalt schritten?

Also noch einmal, wer hat den ersten Stein geworfen und die Lawine letztlich ins Rollen gebracht?

Der Autor wiederholt: Er weiß es nicht. Daran würde sich auch nichts ändern, wenn er andere Ereignisse aus der 45jährigen wechselvollen Geschichte des Zusammenlebens der Völker im zweiten Jugoslawien näher betrachtet hätte. Und es gibt nicht wenige, die er nicht einmal ansatzweise beleuchtet hat – darunter den VIII. BdKJ-Parteitag im Dezember 1964, auf dem erstmals nach dem Krieg die Lage in den zwischennationalen Beziehungen ausführlich debattiert wurde und der theoretische Kopf der Partei, Edvard Kardelj, die vielseitig auslegbare These aufstellte, daß die »nationale ökonomische Selbständigkeit eine spezifische Form der Selbstverwaltung der Werktätigen« sei; die Ablösung des Vizepräsidenten der Republik und Chefs des Staatssicherheitsdienstes, Aleksandar Ranković, im August 1966, dem u. a. »Diskriminierung und Gesetzlosigkeit vor allem gegenüber der albanischen Nationalität« vorgeworfen worden war; die irredentistischen Demonstrationen am 27. November 1968, am Vorabend des »Tages der albanischen Flagge«, dem Staatsfeiertag der Volksrepublik Albanien, im Priština, auf denen eine »Republik Kosovo« und deren Loslösung von Serbien und Jugoslawien gefordert worden war; die »Straßenaffäre« im Sommer 1969, als ein Teil der politischen Führung in Ljubljana die Föderationsregierung beschuldigte, Slowenien bei der Verteilung von internationalen Krediten für den Straßenbau zu benachteiligen, und weitgehende Veränderungen in den Beziehungen in der Föderation forderte, und – um einen letzten, dafür aber großen Sprung über einige Jahrzehnte zu wagen – den aufgrund unüberbrückbarer Gegensätze im Januar 1990 erfolgten Auszug der slowenischen und kroatischen Delegierten aus dem XIV. Parteitag des BdKJ, der damit zum letzten in der Geschichte dieser Partei wurde und zum folgenreichsten Riß im jugoslawischen Staatsgefüge führte.

Der Absturz Jugoslawiens hat viele Ursachen, auslösende Faktoren. Wie sie im Wechselspiel von Personen und politischen Kräften, von gesetzmäßigen Entwicklungen und zufälligen Ereignissen, von politischem Kalkül und erzwungenen Handlungen, von beklagenswerten Fehlern und unverzeihlichen Versäumnissen zum Untergang des Vielvölkerstaates führten, wird trotz so mancher jetziger, von keinerlei Zweifeln angekränkelten Besserwisserei und apodiktischen Urteilen Gegenstand weiterer Untersuchungen und kontroverser Debatten bleiben. Umstritten wird auch weiterhin die Rolle ausländischer Faktoren beim Zerfall Jugoslawiens sein, unbestreibar ist jedoch die Mitschuld der Bundesrepublik Deutschland an seinem grauenhaften Verlauf.

KAPITEL 5
Deutsches Schuldkonto

Im letzten Jahrzehnt dieses Jahrhunderts gab es bisher kein anderes außenpolitisches Thema, das Europa über einen langen Zeitraum so bewegt und erregt hat, wie der grauenhafte jugoslawische Bruderzwist. Allerdings war das Ausland nicht nur Zeuge und Beobachter der Tragödie, sondern Mitwirkender, was für den Bürgerkrieg nicht ohne Folgen blieb. Zur Rolle des Auslandes gibt es auch außerhalb Jugoslawiens und seiner sturzgeborenen Nachfolgestaaten nicht wenige kritische und selbskritische Stimmen.

Das offizielle Bonn und die Mehrzahl der deutschen Jugoslawienkorrespondenten, diese, nach Handke, »Rotten der Fernfuchtler, welche ihren Schreiberberuf mit dem eines Richters oder gar mit der Rolle eines Demagogen verwechseln und ... von ihrem Auslandshochsitz aus auf ihre Weise genauso arge Kriegshunde sind wie jene im Kampfgebiet«[127], dagegen waschen ihre Hände in Unschuld.

Von Hans-Dietrich Genscher weiß man, daß er sich noch zu Amtszeiten als Außenminister auf dem Höhepunkt seiner Einmischungspolitik wiederholt als Freund aller jugoslawischen Völker, dem jegliche einseitige Parteinahme fernliege, darstellte. Sein Protegé und Nachfolger Klaus Kinkel eiferte ihm auch darin nach. Noch während der NATO-Raketenangriffe auf das Gebiet der bosnischen Serben im Spätsommer 1995 widersprach er in einem Brief an den Belgrader Oppositionsführer Vuk Drašković dem Vorwurf, Deutschland ergreife im jugoslawischen Bürgerkrieg »einseitig Partei«, auf das Heftigste und behauptete im Widerspruch zu allen Tatsachen: »Deutschland betreibt keine antiserbische Politik.«[128] Auch als er sich wenige Wochen danach am

---
127 Peter Handke: Gerechtigkeit für Serbien, Frankfurt am Main 1996, S. 122 f.
128 Frankfurter Rundschau, 13.9.1995.

Rand der UN-Vollversammlung in New York mit dem Außenminister der jugoslawischen Bundesrepublik Milutinović traf, wiederholte er diese Behauptung und beteuerte, die deutsche Bundesrepublik sei »ein ehrlicher Makler« im Jugoslawien-Konflikt.[129]

Nicht anders verhielten sich die Moderatoren in den ARD-Tagesthemen und und im ZDF-Heute-Journal, Ulrich Wickert und Alexander Niemetz, als sie im November 1992 von der in Deutschland lebenden serbischen Publizistin Mira Beham um eine Stellungnahme zu dem Vorwurf, deutsche Medien würden eine antiserbische Kampagne betreiben, gebeten wurden. Niemetz wies, wie stets kurz und knapp, »eine Parteinahme entschieden zurück« und der kluge Wickert erklärte, eingedenk seiner Erkenntnis, daß die Ehrlichen immer die Dummen sind: »Der Begriff Kampagne impliziert, daß es eine bewußt einseitige Parteinahme gibt. Das stimmt auf keinen Fall.«[130] Nun gut, darüber wird noch zu sprechen sein.

Im Frühsommer 1996 veröffentlichten drei wissenschaftliche Institute für Friedensforschung, die in Heidelberg, Frankfurt a. M. und Hamburg, das »Friedensgutachten 1996«. Darin befaßt sich Reinhard Mutz, stellvertretender Direktor des Hamburger Institutes, mit der internationalen bzw. westlichen Balkanpolitik, der er »drei schwerwiegende Fehlentscheidungen« zum Vorwurf macht:

» – Sie hat bei Ausbruch des Krieges das Bestreben der Kroaten, unter Berufung auf das Selbstbestimmungsrecht nicht länger in einem jugoslawischen Staat leben zu wollen, zu ihrer Sache gemacht; über das Bestreben der kroatischen Serben, unter Berufung auf dasselbe Selbstbestimmungsrecht nicht in einem kroatischen Staat leben zu wollen, ist sie hinweggegangen.

– Sie hat nach Übergreifen des Krieges auf Bosnien-Herzegowina die Bildung eines multinationalen, multiethnischen, multikonfessionellen bosnischen Staates ultimativ betrieben; der Auflösung des multinationalen, multiethnischen, multikonfessionellen jugoslawischen Staates hatte sie Beihilfe geleistet.

---

129 Badische Zeitung, 30.9.1995.
130 Wiener, Dezember 1992.

– Sie hat Verstöße der serbischen Kriegspartei gegen Beschlüsse des Sicherheitsrats der Vereinten Nationen fortgesetzt militärisch geahndet; Verstöße der übrigen Kriegsparteien gegen Beschlüsse des Sicherheitsrats hat sie wohlwollend geduldet, wenn nicht unterstützt.«[131]

An allen drei »Fehlentscheidungen« – und diese Bezeichnung scheint etwas milde gewählt zu sein – war Deutschland maßgeblich beteiligt. Doch die Mitschuld der Bundesrepublik an der jugoslawischen Tragödie ist gravierender, ihr Schuldkonto umfassender.

Attentat auf Sarajewo – ein Land wird in den Bürgerkrieg getrieben

Heutzutage bestreiten nur noch einige hartgesottene Ignoranten, daß die deutsche Bundesregierung 1991 mit der vorschnellen Anerkennung Sloweniens und Kroatiens den Zerfall Jugoslawiens vorangetrieben hat. Unterbelichtet blieb bisher jedoch die Tatsache, daß Bonn damit und mit darauffolgenden Handlungen einen nahezu entscheidenden Anteil am Ausbruch des Bürgerkrieges in Bosnien-Herzegowina hatte, der den in anderen Teilen Jugoslawiens an Grausamkeit und Dauer, an der Zahl der Opfer und dem Ausmaß der Zerstörungen bei weitem übertraf. Bundesdeutsche Politiker bemühen sich nach Kräften, diese Mitschuld vergessen zu machen.

In seinen 1995 erschienenen »Erinnerungen« nennt Hans-Dietrich Genscher viele Details seiner politischen Aktivitäten in der Jugoslawienkrise. Selbst an die Suite im Schloß Haarzuilens, in die der niederländische Außenminister, Hans van den Broek, ihn und seine Gemahlin während eines Treffens der EG-Außenminister untergebracht hatte, erinnert er sich ebenso wie an »die sehr schöne gesellschaftliche Zusammenkunft mit den Ehefrauen« am gleichen Ort, an die Villa Madama auf einer der Anhöhen Roms mit ihrem wunderschönen Garten, von der aus er während

---

131 Reinhard Mutz: »Der verschleppte Frieden – Europas Versagen auf dem Balkan«, in: Frankfurter Rundschau, 13.6.1996.

eines Staatsbesuches mit dem jugoslawischen Außenminister Budimir Lončar telefonierte, und an die zahlreichen Telefonate mit Kanzler Kohl, mit dem er »unsere Jugoslawien-Politik immer wieder im persönlichen Gespräch Schritt für Schritt abgestimmt hatte«.[132]

Nur eines ist seiner Erinnerung offenbar entglitten: die Vielzahl der an seine Adresse gerichteten Warnungen vor einer voreiligen Anerkennung Sloweniens und Kroatiens und deren katastrophalen Folgen für Bosnien-Herzegowina. Mit keinem Wort erwähnt er die beschwörenden Briefe und geradezu inständigen Appelle des damaligen EG-Vermittlers Lord Carington und des seinerzeitigen UNO-Generalsekretärs de Cuellar, von einer solchen Politik Abstand zu nehmen. Partielle Gedächtnisschwäche des damaligen »beliebtesten deutschen Politikers«? Natürlich nicht, denn schlechtes Gewissen scheint ihm auch beim Schreiben seiner Teil-»Erinnerungen« geplagt zu haben. Weshalb sonst hätte er den »Versuch« zurückgewiesen, »die Anerkennung Bosnien- Herzegowinas mit der von Slowenien und Kroatien zu verbinden und Deutschland für die Lage in Bosnien-Herzegowina verantwortlich zu machen«? Kategorisch stellt er fest: »Einen deutschen Alleingang gab es nicht ... Der Krieg in Bosnien-Herzegowina – der zweite jugoslawische Krieg – begann später, und die Anerkennung Bosnien-Herzegowinas kam nicht auf unsere Initiative zustande – im Gegenteil.«[133]

Genscher leugnet schlicht und einfach den nicht bestreitbaren Zusammenhang zwischen der Anerkennung Sloweniens sowie Kroatiens und dem Ausbruch der bosnischen Katastrophe; und was heißt »im Gegenteil«? Hat Bonn etwa versucht, die folgenschwere Anerkennung Bosnien-Herzegowinas zu verhindern oder zumindest zu verzögern? Wenn dem so wäre, weshalb hätte dann der US-Außenminister Warren Christopher im Juni 1993 eingeschätzt, »daß beim *gesamten Anerkennungsprozeß* (Hervorhebung – R. H.) ... schwere Fehler gemacht wurden ... und die Deutschen eine besondere Verantwortung tragen«?[134]

---

132 Hans-Dietrich Genscher: Erinnerungen, S. 985.
133 Ebd., S. 965.
134 Frankfurter Allgemeine Zeitung, 18.6.1993.

Halten wir uns statt an die löchrige Erinnerung Genschers an die mittlerweile historischen Fakten:

Die Wende vom verbalen Eintreten für den Fortbestand der jugoslawischen Föderation zur vorschnellen völkerrechtlichen Anerkennung ihrer Teilrepubliken wurde im Sommer 1991 in Bonn vollzogen. Sie und ihre katastrophalen Folgen für Jugoslawien und ganz besonders für Bosnien-Herzegowina sind für immer mit dem Namen des damaligen Chefs im Auswärtigem Amt verbunden. Wer von Genschers Jugoslawienpolitik spricht, denkt in erster Linie an diesen abrupten Kurswechsel, die letzte große außenpolitische Aktion des langjährigen bundesdeutschen Außenministers, der bald danach der plötzliche Rücktritt, der so überraschend nicht war, folgte.

Bis zum heutigen Tag wird übersehen oder zumindest unterschätzt, daß Genscher in der Jugoslawienkrise den Kurs nicht aus eigenem Antrieb, aus eigener Überzeugung so rabiat veränderte. In Wahrheit beugte er sich lediglich dem massiven Druck, den die etablierten Parteien und meinungsbildende Medien auf ihn ausübten. Im Parlament war der Auftakt dazu nicht, wie zu erwarten gewesen wäre, von den Bänken der CSU, sondern von denen der SPD gegeben worden. Gewiß nicht zufällig erinnert Genscher in seinen Memoiren, in denen er so manche »Kleinigkeit« vergessen hat, an seine ursprünglichen Bemühungen, »erstens zentrifugale Tendenzen nicht zu ermutigen und zweitens in der Jugoslawien-Politik keinen Alleingang zu unternehmen« sowie an die in eine völlig andere Richtung laufende Erklärung des stellvertretenden Fraktionsvorsitzenden der SPD Norbert Gansel, der nach einer Jugoslawienreise schon am 23. Mai 1991 folgende Position vertrat: »Im Einklang mit der KSZE-Charta von Paris haben die Völker Jugoslawiens das Recht auf Selbstbestimmung. Sie haben deshalb das Recht, sich im Zuge des jugoslawischen Demokratisierungsprozesses auch für das Verlassen der Föderation zu entscheiden. In Slowenien sind alle politischen Kräfte zur Unabhängigkeit entschlossen. Die Völkergemeinschaft sollte Slowenien auf diesem Weg unterstützen und bereit sein, es nach seiner Unabhängigkeitserklärung auch völkerrechtlich anzuerkennen. Auch Kroatien ist auf dem Weg zur Unabhängigkeit.«[135]

---

135 Hans-Dietrich Genscher: Erinnerungen, S. 932.

Mit dieser Erklärung hatte der führende SPD-Außenpolitiker konkurrenzlos eine Vorreiterrolle übernommen. Andere galoppierten ihm nur allzu bereitwillig hinterher. Die Generalsekretäre der CDU und CSU, Volker Rühe und Erwin Huber, der außenpolitische Sprecher der Bundestagsfraktion beider Parteien, Karl Lamers, und andere beschuldigten den Außenminister, »aufs falsche Pferd« gesetzt zu haben, einen »seelenlosen außenpolitischen Pragmatismus« zu betreiben und »die Notwendigkeit einer Neuorientierung nicht erkannt« zu haben, denn die Einheit Jugoslawiens sei ohnehin nicht zu erhalten. Und Hans-Dietrich Genscher setzte aufs andere Pferd – wider besseres Wissen, was den verhängnisvollen Umschwung nicht besser, sondern nur noch schändlicher machte.

Kurzzeitig hatte es noch einmal so ausgesehen, als würde Bonn zur Besinnung kommen oder zumindest aus taktischen Gründen kürzer treten. Der für die Außenpolitik der CDU/CSU zuständige scharfsinnige und scharfzüngige Karl Lamers hatte sich Ende September 1991 gegenüber der »Frankfurter Allgemeinen Zeitung« von den bis dahin unternommenen und von ihm mitgetragenen Versuchen seiner Fraktion sowie der der FDP und der SPD distanziert, die Bundesregierung zu einem Vorangehen auf dem Wege der Anerkennung Kroatiens und Sloweniens zu bewegen und eine »Selbstkritik, die den Bundestag und die Unionsfraktionen einschließt,« als angemessen erklärt. Deutschland habe mit der Anerkennungsforderung und der Verknüpfung eines solchen Schrittes mit der Frage der Gewaltanwendung allein gestanden. Die europäischen Partner, so Lamers weiter, hätten die in einer denkbaren militärischen Automatik zu erwartenden Folgen einer Anerkennung klarer als Deutschland gesehen und Mißtrauen gegenüber den deutschen Motiven gehegt. Folgerungen müsse Bonn auch für die Art und Weise ziehen, wie Deutschland in der EG auftrete. Da die Anforderungen an Deutschland nach der Vereinigung gewachsen seien, sei die Bonner Außenpolitik in eine ihrer schwierigsten Phasen eingetreten. Um so vorsichtiger, so schlußfolgerte Lamers, müsse man mit den Partnern umgehen.[136]

---

136 Frankfurter Allgemeine Zeitung, 27.9.1991.

Kluge Überlegungen, schöne Worte, leider Lippenbekenntnisse. Nur kurz danach trieb auch der »selbstkritische« Lamers das andere Pferd, auf das Genscher nun setzte, zu höchster Eile an.

Dabei hatte es an warnenden Stimmen nicht gemangelt. Zu den vielen, die entschieden vor einer verfrühten Anerkennung Sloweniens und Kroatiens abrieten, gehörte auch der damalige niederländische Ministerpräsident, Ruud Lubbers. Vergeblich, wie er sich später, im Dezember 1997, erinnerte. Bundeskanzler Kohl habe damals die Politik der EG durchbrochen, wonach die Unabhängigkeit von Teilstaaten wie Kroatien zunächst nicht habe anerkannt werden sollen, um einen Bürgerkrieg zu verhindern. »Außenminister van den Broek und ich«, so Lubbers, »konnten uns auf den Kopf stellen, die übrigen Europäer konnten noch so verwundert dreinschauen – die Deutschen gingen solo zu Werke ... Das war katastrophal.«[137]

Selbst Jugoslawienspezialisten im Auswärtigem Amt hatten ihrem Minister von dem Kurswechsel abgeraten. Einer von ihnen umriß diese Position gegenüber dem US-amerikanischen Publizisten John Newhouse mit folgenden Worten: »Wir Praktiker haben versucht, dem Anerkennungsdruck zu widerstehen ...Wir haben gesagt: ›Seid vorsichtig. Das könnte zu einem Bürgerkrieg in Bosnien führen. Geben wir den Vermittlungsbemühungen eine Chance‹.« Ähnliche Positionen bezogen die politischen Führungen in Belgrad, Sarajewo und Skopje. Als Alija Izetbegović, im November 1991 die Bundesrepublik besuchte, warnte auch er vor der Anerkennung Sloweniens und Kroatiens, weil der damit besiegelte Zerfall des multinationalen Jugoslawiens zwangsläufig zum Untergang des multinationalen Bosnien-Herzegowinas führen mußte. Seine Warnungen stießen in Bonn auf taube Ohren. Das änderte sich auch nicht, als sie von gewissenermaßen höchster internationaler Stelle ziemlich sarkastisch in Erinnerung gebracht und nachdrücklich erneuert wurden.

UN-Generalsekretär de Cuellar bekräftigte seine Auffassung, daß eine voreilige Anerkennung Sloweniens und Kroatiens in Bosnien eine explosive Situation hervorrufen könnte, und richtete am 14. Dezember 1991 ein Schreiben an Außenminister Gen-

---

137 De Volkskrant, zitiert nach dpa, 21.12.1997.

scher, in dem es wörtlich hieß: »Ich nehme auch an, daß Sie von der großen Sorge gehört haben, die die Präsidenten von Bosnien-Herzegowina und Mazedonien und viele andere geäußert haben, nämlich, daß verfrühte selektive Anerkennungen eine Erweiterung des gegenwärtigen Konfliktes in jenen empfindlichen Regionen nach sich ziehen würden. Solch eine Entwicklung könnte schwerwiegende Folgen für die ganze Balkanregion haben und würde meine eigenen Bemühungen und diejenigen meines persönlichen Gesandten, die notwendigen Bedingungen für die Anwendung von friedenserhaltenden Maßnahmen in Jugoslawien zu sichern, ernstlich gefährden.«[138]

Zwei Tage später beschlossen die EG-Staaten – obwohl eine von ihnen zur Untersuchung der Minderheitenpolitik in beiden Republiken eingesetzte und vom vormaligen französischen Justizminister Badinter geleitete Kommission ihre Arbeit noch nicht abgeschlossen hatte und später hinsichtlich Kroatiens empfahl, noch zu warten – unter dem erpresserischen Druck Bonns die Anerkennung Sloweniens und Kroatiens. Erstmals nach dem Zweiten Weltkrieg hatte sich die Bundesrepublik Deutschland gegen den Widerstand aller Großmächte durchgesetzt. Der Jubel war groß. Auf dem Parteitag der CDU in Dresden verkündete Bundeskanzler Kohl am 17. Dezember 1991 unter dem stürmischen Beifall aller Delegierten: »Das ist ein großer Erfolg für uns und die deutsche Politik.«[139] Die SPD, zumindest ihre außenpolitischen Spitzenleute, wollte in den allgemeinen Jubel nicht einstimmen. Sie blieb Opposition, wenn auch mit höchst befremdlichen Argumenten. Norbert Gansel kritisierte, daß der Anerkennungsbeschluß erst am 15. Januar umgesetzt werden sollte, und sah darin »einen faulen Kompromiß«, denn die Anerkennung sei »längst überfällig« gewesen.[140]

Vier Wochen vor dem »faulen Kompromiß« und »großen Erfolg der deutschen Politik« hatte der Bundeskanzler in einer Sitzung des Auswärtigen Ausschusses des Bundestages darauf hingewiesen, »daß wir uns auch die Frage stellen müssen, was am

---

138 Dokumentation zum Krieg auf dem Balkan, in: »Versöhnung«, Zeitschrift des »Versöhnungsbundes«, Mai 1996.
139 dpa, 17.12.1991.
140 Ebd.

Tage nach der Anerkennung geschehen soll?«[141] Offenkundig aber hatte er nur an den Jubel gedacht. Als der Beifall im Dresdner Kulturpalast, der Tagungsstätte des CDU-Parteitages, aufbrandete, verstärkte sich in Kroatien der Bürgerkriegslärm. In den Gebieten um Osijek, Vukovar und Nova Gradiška kam es zu heftigen Gefechten zwischen Kroaten und Serben. Die »Autonome Serbische Region Krajina« erklärte ihre Unabhängigkeit von Kroatien. Wenn es einige Zeit später zu einem Rückgang der Kämpfe in Kroatien kam, dann war das keinesfalls, wie Anerkennungseuphoriker später behaupteten, ein Ergebnis der Anerkennung, sondern schlicht und einfach eine Folge der Tatsache, daß die Serben in Kroatien ihre Ziele, zeitweilig, wie es sich später erweisen sollte, durchgesetzt hatten und UN-Blauhelme die Krajina vor dem Zugriff Zagrebs schützten.

In Bosnien-Herzegowina klangen die christlich-demokratischen Jubelchöre schon eher wie ein Sturmgeläut vor dem heranrückenden Unheil. Die Anzeichen für den Ausbruch des Bürgerkrieges mehrten sich. Der Anerkennungsbeschluß stellte die Konfliktparteien vor die Alternative, entweder Bestandteil des verkleinerten, zwangsläufig von den Serben dominierten Jugoslawiens zu bleiben oder ein unabhängiger Staat unter moslemischer Führung zu werden. Ersteres lehnten die Moslems und Kroaten kategorisch ab, zum zweiten waren die Serben nicht bereit. Bosnien-Herzegowina hätte als kleiner multinationaler Staat nur überleben können, wenn der größere jugoslawische Vielvölkerstaat in irgendeiner Form, und sei es als lose Konföderation, fortbestanden hätte. Die völkerrechtliche Anerkennung Sloweniens und Kroatiens machte diese Chance endgültig zunichte. Der Konflikt eskalierte.

Unmittelbar nach der Entscheidung der EG beantragte das Staatspräsidium in Sarajewo gegen die Stimmen der serbischen Vertreter die von der Gemeinschaft in Aussicht gestellte völkerrechtliche Anerkennung. Ein weiteres Mal wurde das Grundprinzip des nationalen Miteinanders, das darin bestand, fundamentale Entscheidungen über die Zukunft des Landes nur gemeinsam von

---

141 Siehe Rede von Günter Verheugen in Bundestagsdebatte vom 15.11.1991, Stenografisches Protokoll, 12. Wahlperiode, 58. Sitzung, S. 4857.

allen drei Bevölkerungsgruppen zu fällen, verletzt. Versuche der Angehörigen der einen Nation, ihren Willen der anderen aufzuzwingen, mußten zwangsläufig zum Konflikt, zur Gewalt und letztlich zum Bürgerkrieg führen. In einer multinationalen Gesellschaft stößt das demokratische Recht auf nationale Selbstbestimmung auf seine Grenzen.

Aber gerade dieses Recht war es, mit dem die bundesdeutsche Außenpolitik ihre Einmischung in den innerjugoslawischen Konflikt zu rechtfertigen suchte. Während der ersten Phase der Jugoslawienkrise erklärten bundesdeutsche Politiker von SPD-Gansel über CDU-Lamers bis zu FDP-Genscher fast schon gebetsmühlenartig, daß Deutschland das Land sei, das aus seiner Geschichte die einzig nur mögliche Konsequenz gezogen habe, überall in der Welt – und deshalb auch in Jugoslawien – für das Recht auf Selbstbestimmung einzutreten.[142] Soweit, so gut, oder auch so schlecht, denn mit einem völkerrechtlichen Begriff allein, und schon gar nicht, wenn er zum Schlagwort degradiert wird, sind die vielschichtigen Fragen des Zusammenlebens der Völker nicht zu lösen. Das gültige Völkerrecht gibt hier nur eine schwache Hilfestellung. Es definiert das Selbstbestimmungsrecht als Recht einer jeden Nation, selbständig die Form seiner staatlichen Existenz zu wählen. Nationen räumt es das Recht ein, sich von dem Staat, dem sie angehören, loszulösen und eine eigene staatliche Existenz zu begründen, gleichermaßen können sie sich mit anderen Staaten zu Konföderationen oder Föderationen zusammenschließen oder innerhalb eines Staates einen autonomen Status anstreben. Doch das Leben, die gesellschaftliche Realität sind vielgestaltiger, bunter als die an Grauzonen reiche Völkerrechtstheorie. In einem besonderen Maße gilt das für die Anwendung des Selbstbestimmungsrechtes im jugoslawischen Raum. Statt wohlklingender allgemeiner Phrasen bedurfte es konkreter Antworten auf komplizierte Fragen – darunter auf solche:
– Wie verwirklicht eine Nation ihr Selbstbestimmungsrecht, wenn sie mit anderen auf dem gleichen Territorium lebt?

---

142 Siehe Rede von H.-D. Genscher in Bundestagsdebatte vom 6.11.1991, Stenografisches Protokoll, 12. Wahlperiode, S. 4383.

– Genügen in einem solchen Falle für schicksalhafte Entscheidungen über staatliche Unabhängigkeit demokratische Mehrheitsbeschlüsse?
– Ist die Konstituierung eines neuen Staates auch dann zulässig, wenn sie von einer Minderheit von Angehörigen einer anderen Nation abgelehnt wird?
– Ab welchem prozentualen Anteil an der Gesamtbevölkerung haben die Angehörigen anderer Nationen ein Veto-Recht, ab 12 Prozent (Bevölkerungsanteil der Serben in Kroatien), ab 18 Prozent (Bevölkerungsanteil der Kroaten in Bosnien-Herzegowina) oder ab 34 Prozent (Anteil der Serben in derselben Republik)?
– Wie verhält man sich bei Auflösung einer ethnisch heterogenen Föderation gegenüber den Bestrebungen immer kleinerer nationaler Einheiten sich abzuspalten?
– Ab welcher Bevölkerungszahl haben nationale Minderheiten das Recht, einen eigenen Staat zu bilden oder sich anderen anzuschließen?
– Kann ein bisher staatstragendes Volk, wie z.B. die Serben in Kroatien, gegen seinen Willen in den Status einer nationalen Minderheit versetzt werden? Kann eine nationale Minderheit der nationalen Mehrheit, wie z.B. den Kroaten in Kroatien, das Recht auf Bildung eines eigenen Staates verweigern?
– Wie soll nationale Selbsbestimmung erfolgen, wenn die Angehörigen unterschiedlicher Nationen mit großen Bevölkerungsanteilen, wie z. B. in Bosnien-Herzegowina, gemischt in den gleichen Städten und Dörfern, an den gleichen Plätzen und Straßen leben?
– Wer legt im Falle einer national-staatlichen Verselbständigung die Grenzen fest?

Der in Gang gekommene Zerfall Jugoslawiens hatte Dutzende von äußerst komplizierten Fragen aufgeworfen. Sie mit einem Schlagwort wegzuwischen, ist töricht und fahrlässig; darauf eine Politik zu begründen, wie Bonn es tat, ist verantwortungslos. Die für die deutsche Außenpolitik Verantwortlichen, von der Regierung bis zu Teilen der SPD-Opposition, unterzogen sich nicht einmal der Mühe, diese Fragen zu stellen. Statt dessen betrieben sie mit großer Eile die Anerkennung Sloweniens und Kroatiens.

Doch auch dann, als »am Tag nach der Anerkennung« der beiden nördlichen jugoslawischen Republiken der Konflikt, wie es Joschka Fischer formulierte, »endgültig explodierte«[143], setzte Bonn seinen den Bürgerkrieg schürenden Kurs fort. Nunmehr war Bosnien-Herzegowina an der Reihe, anerkannt zu werden.

Allerdings unterschied sich der Kurs auf Anerkennung von Bosnien-Herzegowina ganz wesentlich von dem gegenüber Kroatien und Slowenien. Gemeinsam war beiden das Ziel, den in Gang gekommenen Zerfall Jugoslawiens zu beschleunigen und die Aufspaltung völkerrechtlich abzusegnen. Doch während man in Slowenien und Kroatien die Bildung von Nationalstaaten förderte, weil angeblich die Grundlagen für ein multinationales Zusammenleben im Vielvölkerstaat Jugoslawien unwiderruflich zerbrochen waren, forderte man in Bosnien, diesem »Jugoslawien im kleinen«, eben die Erhaltung dieses Vielvölkerstaates.

Begründungen für diese schizophrene Politik hat es viele gegeben. Keine war so herzerweichend wie die, die Vera Wollenberger, damals noch Abgeordnete von Bündnis 90/Die Grünen, im September 1993 im Bundestag gab: »Mit der Zerstörung des Vielvölkerstaats Bosnien-Herzegowina verschwindet keineswegs ein historisches Überbleibsel, sondern ein Zukunftsmodell für ein multikulturelles Europa. Auch in diesem Sinn liegt Bosnien im Herzen unseres Kontinents. Die Zerstörung seiner Gesellschaft trifft das Herz Europas und greift die europäische Idee an, die Grenzen nationalstaatlichen Denkens und Handeln zu überwinden. Mit Bosnien stirbt im Kern die Idee einer europäischen Einheit. Wenn wir es mit Europa ernst meinen, dürfen wir das nicht hinnehmen.«[144]

Und was war mit Jugoslawien gestorben, dessen Zerfall nicht nur hingenommen, sondern beschleunigt wurde? Welche Prinzipien galten da? Offenkundig völlig andere. Das meint auch der schon erwähnte ehemalige Botschafter der Bundesrepublik Deutschland in Belgrad, Horst Grabert, der in einem Interview im Februar 1994 feststellte: »Man kann nach den Lehren der Außen-

---

143 Siehe Frankfurter Rundschau, 4.8.1995.
144 Stenografisches Protokoll der 176. Sitzung des 12. Deutschen Bundestages am 23.9.1993, S. 15232.

politik in einem Gebiet nicht verschiedene, sich widersprechende Prinzipien gleichzeitig anwenden. Wer meinte, daß Jugoslawien ein Kunststaat ist, und den ›staatstragenden Nationen‹ – um es mal so zu nennen – sei nicht mehr zuzumuten, in diesem multinationalen Staat zusammenzuleben, wer also gemeint hat, den Konflikt in Jugoslawien damit zu lösen, daß er Nationalstaaten schafft, der darf doch beim besten Willen nicht erwarten, daß das Prinzip der Multinationalität in einem Teil des Gebietes letztlich aufrechterhalten werden kann.«[145]

Graberts Parteifreund, SPD-Bundestagsabgeordneter Peter Glotz, einer der wenigen Rufer in der Wüste der Bonner Jugoslawienpolitik, sieht das ähnlich. In einem Gastkommentar im »Generalanzeiger« schrieb er im Mai 1993: »Der Grundirrtum des Westens ist die idyllische Idee eines multikulturellen Bosniens. Warum sollte das (ganz und gar wünschenswerte) friedliche Zusammenleben unterschiedlicher Völker in Bosnien möglich sein, wenn es in Jugoslawien (angeblich) unmöglich war? Dieselben Leute, die die slowenische und kroatische Sezession freudig begrüßt hatten, klammern sich immer noch an die Utopie eines Staates, in dem eine vor zwei Jahrzehnten zur Nation erklärte Religionsgemeinschaft (die Muslime) die beiden stärksten Völker der Region, Serben und Kroaten, regieren oder zumindest moderieren sollen. Wie soll das funktionieren?

Wer einen multikulturellen Staat im Südosten Europas wollte, hätte Jugoslawien erhalten müssen.«[146]

Aber gerade das wollten Kohl und Lamers, Genscher und Kinkel nicht. Deshalb die Eile bei der völkerrechtlichen Legitimierung der Nationalstaaten Slowenien sowie Kroatien und ihr Kurs auf die Anerkennung des multinationalen Bosniens. Sie haben es nicht verdient, daß Glotz ihnen lediglich einen »Irrtum« vorwarf. Ihr Vorgehen war wohldurchdachtes politisches Kalkül.

Auch in Bonn war es zur Genüge bekannt, daß die Serben in Bosnien-Herzegowina Jugoslawien als ihren Staat betrachteten und unter keinen Umständen bereit waren, in einem moslemisch

---

145 Neues Deutschland, 18.2.1994.
146 Peter Glotz: »Alle Zwischenlösungen wären mörderisch für Südosteuropa«, in: Generalanzeiger, 10.5.1993.

dominierten Separatstaat zu leben. Ihr Sprecher, der des Kommunismus unverdächtige Radovan Karadžić, hatte wiederholt vor der Bildung eines solchen Staates gewarnt, mit einer brutalen Deutlichkeit, die keinen Raum für einen »Irrtum« ließ: »Wir Serben werden nicht in einem Staat leben, der getrennt von Serbien ist. Das nehmen wir nicht hin. Wer dies fordert, will den Krieg. Wenn wir aber irgendwie in einem neuen Jugoslawien zusammenleben könnten, auch wenn nur eine Konföderation zwischen Bosnien und der Föderation Serbien-Montenegro gebildet würde, dann könnten wir uns damit abfinden.«[147]

Ungeachtet dieser und vieler anderer Warnungen drängte die deutsche Bundesregierung Bosnien-Herzegowina zu einem Referendum über die Unabhängigkeit, dessen positiver Ausgang von der EG zu einer Grundvorausetzung einer diplomatischen Anerkennung erklärt worden war. Da die Haltung der serbischen Bewohner Bosnien-Herzegowinas dazu unverändert und allseits bekannt war, lief eine solche Volksbefragung auf den Versuch hinaus, diese, immerhin ein Drittel der Gesamtbevölkerung, zu majorisieren und sie wider ihren bekundeten Willen in einen moslemisch orientierten Staat zu drängen. Die Eruption nationaler Leidenschaften und grausamer Gewalt von allen Seiten war vorausschaubar. Auch in Bonn. Noch im März 1992 erklärte der außenpolitische Sprecher der CDU/CSU-Fraktion im Bundestag, Karl Lamers, daß »jeder Majorisierungsversuch ... friedliche Lösungen zunichte machen (wird)«.[148]

Das Referendum brachte wie bereits vorangegangene Parlamentswahlen, die einer Volkszählung glichen, das erwartete Ergebnis. Die serbische Bevölkerung boykottierte die Abstimmung und lediglich 62,7 Prozent der 3,1 Millionen Wahlberechtigten stimmten für die Unabhängigkeit. Der Konflikt verschärfte sich. Am Tag des Referendums, am 1. März 1992, wurde die erste Seite der unendlich langen Liste der Toten des Bürgerkrieges in Bosnien-Herzegowina geschrieben. Vor einer orthodoxen Kirche in Sarajewo wurde eine Hochzeitsgesellschaft überfallen. Die ser-

---

147 Zitiert nach Jens Reuter: »Die politische Entwicklung in Bosnien-Herzegowina«, in: Südosteuropa, 11-12/1992, S. 677.
148 Neues Deutschland, 15.8.1992.

bische Fahne wurde verbrannt, der Vater des Bräutigams ermordet und der Priester verwundet. Als die Nachricht darüber und das Ergebnis des Referendums bekannt wurden, revoltierten die Serben. Sie errichteten Straßensperren in der Stadt, in den Auseinandersetzungen kamen mehrere Menschen zu Tode. Die gewalttätigen Auseinandersetzungen griffen um sich.

Ungeachtet dieser Entwicklung wurde in der Bundesrepublik Deutschland das Ergebnis des Referendums gepriesen und einer schnellstmöglichen Anerkennung Bosnien-Herzegowinas das Wort geredet. Die wenigen Stimmen der Vernunft konnten sich kein Gehör verschaffen, schon gar nicht, wenn sie aus den Reihen der verketzerten PDS kamen. Dabei hatte ihr außenpolitischer Sprecher im Bundestag, Hans Modrow, wenige Tage nach dem Referendum eine Erklärung abgegeben, von der bis zum heutigen Tag keine Abstriche zu machen sind. Er stellte fest: »Die Republik Bosnien und Herzegowina steht weiterhin am Rande eines Bürgerkrieges, der die Schrecken der bewaffneten Auseinandersetzungen in Kroatien um ein Vielfaches zu übertreffen droht. Mitverantwortung für die entstandene Situation tragen diejenigen, die Bosnien und Herzegowina zu einem Referendum über die Unabhängigkeit drängten, dessen Ergebnis vorausschaubar war. Es lief auf den Versuch hinaus, in einer ethnisch außerordentlich komplizierten Republik eines der drei staatstragenden Völker, das mehr als 50 Prozent des Territoriums bewohnt und ein Drittel der Bevölkerung ausmacht, unter Mißachtung seines deutlich bekundeten Willens, auch zukünftig innerhalb der Grenzen eines sich neu formierenden Jugoslawiens zu leben, zu majorisieren.

Die jüngsten Ereignisse bestätigen die Warnungen, daß dieser Versuch nur zu einer neuerlichen Eruption nationaler Leidenschaften und Gewalt führen kann. Angesichts der nationalen Zusammensetzung kann eine Entscheidung über die staatliche Zukunft von Bosnien und Herzegowina nur auf dem Wege des Konsens erzielt werden. Jeder andere Weg führt in die Irre und in neues Blutvergießen. Die in der Republik lebenden Völker, die Moslems, die Serben und die Kroaten, müssen die Möglichkeit erhalten, ohne äußeren Druck selbständig und einvernehmlich über die zukünftige Form ihres Zusammenlebens zu entscheiden.

Wer in dieser Situation unbelehrbar wiederum zu übereilten Schritten, zur schnellstmöglichen Anerkennung der Unabhängigkeit dieser Republik drängt, ohne daß zwischen den drei staatstragenden Völkern fundamentale Fragen ihres Miteinanders im gegenseitigen Einvernehmen und friedlich geklärt sind, spielt ein weiteres Mal mit dem Feuer. Es ist höchste Zeit, daß die deutsche Bundesregierung endlich Lehren aus ihrer bisherigen verfehlten Jugoslawienpolitik zieht und durch eine Politik der Zurückhaltung, des Ausgleiches und der Vermittlung zur Eindämmung des Konfliktes und zu einer für alle Seiten annehmbaren Lösung beiträgt ...

Sarajewo als vorgesehener Sitz des Stabes der UN-Friedenstruppen darf nicht ein zweites Mal in der Geschichte Ausgangspunkt eines Konfliktes werden, dessen schlimme Folgen heute noch nicht absehbar sind.«[149]

Auch in Kreisen der EG erklangen erneut warnende und vernünftige Stimmen. Die Gemeinschaft versuchte noch einmal, eine Konsenslösung herbeizuführen. Unter ihrer Vermittlung fanden in Lissabon und in Sarajewo Gespräche zwischen Vertretern der drei bosnischen Nationalparteien statt. Sie führten zu einer Grundsatzerklärung, nach der Bosnien-Herzegowina bei unveränderten Außengrenzen fortbestehen und in drei gleichberechtigte Kantone gegliedert werden sollte. Vorgesehen war, diese Kantone mit eigenen Verwaltungen und Gesetzgebungskompetenzen sowie mit wirtschaftlicher und kultureller Autonomie auszustatten. Am 30. und 31. März 1992 schließlich trafen die Spitzenpolitiker der drei Volksgruppen, Alija Izetbegović für die Moslems, Radovan Karadžić für die Serben, Miljenko Brkić für die Kroaten, unter EG-Schirmherrschaft in Brüssel zusammen. Sie bestätigten die grundsätzliche Einigung von Sarajewo. Noch einmal war eine friedliche Lösung des Konfliktes in Sicht. Sie zu erreichen, bedurfte verständlicherweise noch viel Mühe und Kompromißbereitschaft aller Seiten.

Die moslemisch-kroatische Seite meldete kurz nach dem Treffen in Sarajewo, wenn auch vorsichtig, neue Zweifel an der grundsätzlich vereinbarten Kantonisierung an. Die territoriale

---

149 Erklärung des außenpolitischen Sprechers der PDS/Linke Liste im Deutschen Bundestag, Dr. Hans Modrow, zur Lage in Jugoslawien, Pressedienst PDS/Linke Liste im Bundestag vom 6.3.1992.

Gliederung der Kantone blieb umstritten. Die Serben verlangten 62 Prozent des Territoriums, die EG bot ihnen wie auch den Moslems 42 Prozent an, die restlichen 12 Prozent sollten den kroatischen Kanton bilden. Trotz eines vereinbarten Waffenstillstandes wurden die bewaffneten Auseinandersetzungen fortgesetzt. Besonders heftig umkämpft waren die Orte Bijeljina im Nordosten an der Grenze zu Serbien und Bosanski Brod am rechten Save-Ufer. Als Bijeljina von serbischen Milizen und Tschetniks erobert wurde, ordnete das Präsidium von Bosnien-Herzegowina die Generalmobilmachung an. Die Serben widersetzten sich dieser Entscheidung.

In dieser Situation war die internationale Gemeinschaft gefordert, schnellstmöglich neue Anstrengungen zu unternehmen, um eine Waffenruhe durchzusetzen und energisch weiter auf eine friedliche Konfliktlösung hinzuarbeiten. Die in Sarajewo und Brüssel getroffenen Vereinbarungen boten dafür trotz aller offen gebliebenen Fragen überaus günstige Voraussetzungen, zumal sie die Ausarbeitung einer neuen Verfassung vorsahen, jegliche Veränderungen der Grenzen durch Gewalt untersagten und dem bekundeten Willen der Mehrheit der Bevölkerung von Bosnien-Herzegowina zur Unabhängigkeit Rechnung trugen.

Doch was geschah statt dessen? Die EG zerstörte die mit ihrer Hilfe geschaffenen weitreichenden und hoffnungsvollen Ansätze einer einvernehmlichen friedlichen Lösung und beschloß am 6. April in Luxemburg, Bosnien-Herzegowina anzuerkennen. Und ein neues Mal war es Außenminister Genscher, der sich auf der Beratung der EG-Außenminister entschieden für diesen Schritt einsetzte und sich dieses Mal der Unterstützung der USA versichert hatte, die die Anerkennung einen Tag später bekannt gaben. Noch am Tag vor dieser verhängnisvollen Entscheidung hatte der Korrespondent der »Frankfurter Allgemeinen Zeitung« berichtet, daß »Außenminister Genscher ... in der festen Absicht nach Luxemburg gereist (war), den Ministerrat von der Notwendigkeit der Anerkennung Bosnien-Herzegowinas zu überzeugen«.[150] Und schon am folgenden Tag konnte die Deutsche Presseagentur melden, daß »Bundesaußenminister Genscher ... auf der

---

150 Frankfurter Allgemeine Zeitung, 7.4.1992.

Tagung entschieden für die grundsätzliche Anerkennung Bosnien-Herzegowinas plädiert und zunehmend seine EG-Partner auf diese Meinung eingeschworen hatte«.[151] Aus der »festen Absicht« war traurige Tat geworden. Vollbracht wurde sie ausgerechnet am 6. April, dem 51. Jahrestag des Überfalls Hitlerdeutschlands auf Jugoslawien, wie Marko Winter, renommierter Jugoslawienkenner, als einziger der deutschen Kommentatoren in Erinnerung rief.[152]

Was hat Genscher in seinen »Erinnerungen« behauptet? »Die Anerkennung Bosnien-Herzegowinas kam nicht auf unsere Initiative zustande – im Gegenteil.« Ist die Ursache für diese Aussage tatsächlich nur im löchrigen Gedächtnis des Ex-Außenministers zu suchen oder handelte es sich um eine bewußte Geschichtsfälschung? Feststeht, daß die bundesdeutsche Außenpolitik nach der Anerkennung Sloweniens und Kroatiens auch die gleichermaßen überstürzte Anerkennung Bosnien-Herzegowinas durchsetzte, und das zu einem Zeitpunkt, an dem es eine nicht wiederkehrende Chance gab, das Land vor dem Bürgerkrieg zu bewahren.

Die erneute hastige Anerkennung einer jugoslawischen Teilrepublik, dieses Mal Bosnien-Herzegowinas, machte eine politische Absprache der drei großen Volksgruppen über die Zukunft der Republik unmöglich. Zwischen den nach nationalen Kriterien formierten bosnischen Bürgerkriegsparteien entbrannte, wie Reinhard Mutz im »Friedensgutachten 1996« konstatierte, »der zweite Akt der jugoslawischen Tragödie, der blutige Aufteilungs- und Aneignungskrieg um Bosnien mit seinen grausamen Flucht- und Vertreibungswellen«.[153] Erst vier Jahre später wurde er in Dayton mit einem Vertrag für beendet erklärt, der dem ähnlich war, dem man im Frühjahr 1992 in Sarajewo und Brüssel schon äußerst nahe gekommen war. Die Anerkennung Bosnien-Herzegowinas hatte einen solchen Kompromiß in weite Ferne gerückt.

Außerhalb der Bundesrepublik Deutschland ist inzwischen so mancher der politischen Akteure zu besserer, wenn auch verspäte-

---

151 dpa, 6.4.1992.
152 Marko Winter: »Als souveräner Staat anerkannt, aber nicht regierbar«, in: Neues Deutschland, 9.4.1992.
153 Reinhard Mutz: Friedensgutachten 1996, herausgegeben von den Instituten für Friedensforschung in Heidelberg, Frankfurt am Main und Hamburg, zitiert nach Frankfurter Rundschau, 13.6.1996.

ten Einsicht gelangt. So auch Georg Kenney, der von Februar bis August 1992 Mitarbeiter der Jugoslawien-Abteilung im Washingtoner Außenministerium war und Anfang 1996 einschätzte, daß »die Anerkennung Bosniens den Krieg auslöste«, um festzustellen: »Die Anerkennung der Nachfolgestaaten Jugoslawiens bildete die Wurzel des politischen Versagens von Europäern und Amerikanern. Wir hatten die Prinzipien von Selbsbestimmung nicht zu Ende gedacht. Statt dessen erkannten westliche Regierungen Bosnien an, um auf diese Weise die Serben zu bestrafen, weil wir sie der Aggression für schuldig hielten. In einem Teufelskreis verdrängte die Anerkennung dann die Fragen, die den Krieg ursprünglich verursacht hatten, weil sie automatisch eine Seite als internationalen Aggressor und Subjekt weiterer Bestrafung definierte. Sie verletzte auch die jahrhundertealte internationale Rechtstradition, keine separatistischen Truppen in einem Bürgerkrieg anzuerkennen, ehe sich der Staub gelegt hat.«[154] Der selbstkritische Kenney steht mit seiner Einsicht nicht allein. Kein Geringerer als der ehemalige US-Außenminister Henry A. Kissinger stellte, ebenfalls 1996, ohne größere Umschweife fest: »Die Anerkennung eines unabhängigen, souveränen bosnischen Staates im Jahre 1992 durch die NATO bewirkte nicht die Geburt eines Landes, sondern einen Bürgerkrieg.«[155]

Dem wesentlichen Inhalt nach wiederholte der US-amerikanische Außenminister damit eine Feststellung, die der Jugoslawien-Experte Jens Reuter bereits 1992 getroffen hatte, als er die politische Entwicklung in Bosnien-Herzegowina analysierte: »Für Bosnien-Herzegowina ... bedeutete die diplomatische Anerkennung durch die EG Anfang April 1992 nicht die Beendigung, sondern die Eskalation des Krieges.«[156]

Die Mitschuld der Bundesrepublik Deutschland ist nicht zu bestreiten.

---

154 George Kenney: »Dayton: Einladung zum Schiffbruch«, in: Blätter für deutsche und internationale Politik, 2/1996, S. 143.
155 Henry A. Kissinger: »Ein multi-ethnisches Bosnien kann nur mit militärischer Gewalt erzwungen werden«, in: Welt am Sonntag, 8.9.1996.
156 Jens Reuter: »Die politische Entwicklung in Bosnien-Herzegowina«, in: Südosteuropa, 11-12/1992, S. 674.

Wir sind ein Volk, und einseitig woll'n wir handeln

Als die Bewohner von Bosnien-Herzegowina in den siebziger Jahren des vorigen Jahrhunderts nach erfolgreichen Aufständen das türkische Joch abschüttelten, gerieten sie durch die Einmischung der Großmächte, deren diplomatischen Ränke und territorialen Schacher erneut unter Fremdherrschaft. Auf dem Berliner Kongreß, der im Sommer 1878 unter dem Vorsitz des deutschen Reichskanzlers Otto von Bismarck die Aufteilung des Osmanischen Reiches fortsetzte und u.a. die Unabhängigkeit Serbiens und Montenegros bestätigte, wurde Österreich-Ungarn das Recht eingeräumt, Bosnien-Herzegowina militärisch zu besetzen. Über die Rolle Bismarcks sind die Geschichtsschreiber noch heute geteilter Meinung, in einem allerdings stimmen sie fast ausnahmslos überein, nämlich darin, daß er als »Vermittler« mit außerordentlichem diplomatischen Geschick einen drohenden kriegerischen Konflikt zwischen allen damaligen Großmächten vermeiden half.

Ob er als »gerissener Vermittler« oder als »ehrlicher Makler«, als den er sich selbst gern sah, wirkte, sei dahingestellt, wesentlich war seine Überzeugung, daß er in dem außerordentlich komplizierten Konflikt zwischen Rußland, der Türkei, Österreich-Ungarn, Frankreich und England nach den Aufständen auf dem Balkan und dem russisch-türkischen Krieg nur dann vermitteln und eigene Interessen durchsetzen konnte, wenn er öffentlich für keine Seite Partei ergriff. Schon am 19. Februar 1878 hatte er vor dem Deutschen Reichstag in einer berühmt gewordenen Rede u. a. festgestellt: »Wenn von vielen Seiten an uns die Zumutung gekommen ist, ... wir sollten von Hause aus unsere Politik festlegen und sie anderen aufdrängen in irgendeiner Form, so muß ich sagen, daß ich das doch mehr für Preßpolitik als Staatenpolitik halte ... Wir würden ... uns die Rolle der Vermittlung in der Konferenz, auf die ich den allerhöchsten Wert lege, fast unmöglich machen ... Spielen Sie die deutsche Karte aus, werfen Sie sie auf den Tisch – und jeder weiß, wie er sich danach einzurichten oder sie zu umgehen hat. Es ist das nicht praktisch, wenn man den Frieden vermitteln will. Die Vermittlung des Friedens denke ich mir nicht so, daß wir nun bei divergierenden Ansichten den Schiedsrichter spielen und sagen, so soll es sein, und dahinter steht die Macht des Deutschen Reiches, sondern ich denke sie mir bescheidener, ... mehr die eines ehrlichen Maklers, der das Geschäft wirklich zustande bringen will.«[157]

Des deutschen Reichskanzlers späterer Nachfolger, der Historiker Helmut Kohl, scheint diese Rede ebensowenig gekannt zu haben wie seine Außenminister Genscher und Kinkel. Anderenfalls hätten sie im letzten Jahrzehnt dieses Jahrhunderts auf dem Balkan nicht eine so parteiische Politik betrieben, deren Folgen noch lange nachwirken werden. Zu ihrer »Ehrenrettung« ließe sich höchstens einwenden, daß sie zu keinem Zeitpunkt das Ziel verfolgten, im Bürgerkrieg auf dem Balkan zu vermitteln. Sie waren von Anfang an Partei.

So schnell und zielsicher sie die jugoslawische Volksarmee und »die letzten Relikte der alten politischen Klasse« in Serbien und kurz danach ganz allgemein die Serben als die Schuldigen am Ausbruch des Bürgerkrieges ausgemacht hatten, so konsequent und gnadenlos machten sie sie immer und überall für seine Schrecken verantwortlich. Offenkundig noch benommen vom ›Ein-Volk‹-Getöse sowie vom unerwarteten Machtzuwachs durch die Einverleibung Ostdeutschlands und schwelgend in zugewachsener internationaler Verantwortung, agierten sie, wie es scheint, nach dem Motto: Wir sind ein Volk, und einseitig woll'n wir handeln.

Die einseitige Parteinahme gegen die Serben und für die Sezessionisten zieht sich wie ein roter Faden durch die Erklärungen und Handlungen des politischen Establishments, sie war und ist die zu keinem Zeitpunkt auch nur variierte Konstante der bundesdeutschen Politik in der Jugoslawienkrise. Ihren verbalen Höhepunkt fand sie in der Erklärung von Außenminister Kinkel vom 24. Mai 1992: »Wir müssen Serbien in die Knie zwingen«[158] und in seinem nach den NATO-Raketen-Angriffen öffentlichen Eingeständnis, daß das Militärbündnis, also auch die BRD, »praktisch Konfliktpartei« in Bosnien geworden ist.

---

157 Bismarck: Die gesammelten Werke, Bd. 11, 1869-1878, Berlin 1924-1935, S. 526.
158 Zitiert nach Die Zeit, 2.9.1994.

Die parteiischen Taten standen diesen parteiischen Worten nicht nach – Verurteilung der Anhänger eines Erhaltes der jugoslawischen Föderation, Unterstützung der Sezessionisten; Druck und Ultimaten in Richtung der Serben, Zuspruch und Ermunterung für die anderen Bürgerkriegsparteien; Sanktionen gegen die Serben und die Bundesrepublik Jugoslawien, humanitäre Hilfe für die Kroaten und Moslems; Forderungen nach ausländischer militärischer Einmischung in den Bürgerkrieg und Beteiligung an den NATO-Angriffen auf serbische Stellungen und Ortschaften, Duldung, wenn nicht gar Organisierung der Lieferung von Waffen und anderem Kriegsgerät für die kroatischen und moslemischen Streitkräfte; Sippenhaft und Bestrafung der Serben wegen »Nichtauslieferung von Kriegsverbrechern« und Wiederaufbauhilfe für Moslems und Kroaten.

Doch ungeachtet aller Tatsachen blieb Kinkel bei der Behauptung, die Bundesrepublik habe als »ehrlicher Makler« gewirkt. Auf die Frage des »Spiegels«, ob sich die Deutschen nicht spätestens seit ihrem Drängeln bei der Anerkennung Kroatiens Ende 1991 dem Verdacht einseitiger Parteinahme ausgesetzt hätten, antwortete er: »Nein, den Schuh ziehe ich mir nicht an. Wir haben uns in der Bosnien-Kontaktgruppe als ehrliche Makler um eine Lösung bemüht, die allen drei Konfliktparteien gerecht wird.«[159]

Im Ausland und vor allem bei einer der so unparteiisch behandelten Konfliktparteien, den Serben, wurde das anders beurteilt. Einer ihrer Sprecher, Slobodan Milošević, serbischer Präsident, hielt wenig von der »ehrlichen Maklerei« Genschers und Kinkels. Gegenüber der Moskauer »Prawda« faßte er seine Kritik so zusammen: »Wir wurden mit einer erstaunlichen Tatsache konfrontiert: Die internationale Gemeinschaft erkannte das Recht auf Abtrennung als gewichtiger an als das Recht, in seinem Land zu verbleiben. So wurde ein großes Verbrechen begangen: Jugoslawien, einer der Gründungsstaaten der UNO, wurde zerstört. Ich sage es direkt: Hinter all diesen Ereignissen steht die Politik Deutschlands ... Alles begann mit der Vereinigung Deutschlands. Als das gerade geschehen war, begann Deutschland, die Sieger im Zweiten Weltkrieg zu bestrafen ... Jugoslawien wurde das erste

---

159 Der Spiegel, 25.9.1995.

Opfer der Politik des Revanchismus.«[160] Diejenigen, die in Milošević den Hauptverantwortlichen für das jugoslawische Drama sehen, wird solche Kritik nicht sonderlich berühren. Aber soll man über den Kritiker das Nachdenken über das Wesen der Kritik vergessen, zumal wenn diese zweifelsohne die Meinung der überwiegenden Mehrheit eines ganzen Volkes zum Ausdruck bringt? Wem Kritik aus dem Munde eines jugoslawischen Politikers mit hierzulande schlechtem Leumund nicht bedenkenswert erscheint, dem seien die kritischen Worte eines deutschsprachigen Schriftstellers, der weit über österreichische und deutsche Landesgrenzen hinaus höchstes Ansehen genießt, zum Nachdenken empfohlen. In einem Interview mit einer Berliner Zeitung sagte Peter Handke, Autor des Textes »Gerechtigkeit für Serbien«, was er von Deutschland als »ehrlichem Makler« hielt: »Jeder wirklich politische Abgeordnete – liberal, links, offen – hat die Pflicht, in Deutschland zu sagen: Was wir mit Jugoslawien und Serbien gemacht haben, ist eine einzige Schweinerei ... Jeder deutsche Abgeordnete, der nicht endlich Stellung nimmt, der sich informiert und dann sagt, das ist völliger Unsinn und eine Schweinerei und ein Verbrechen, was Deutschland wieder einmal gemacht hat mit Jugoslawien, der wird für ewig schuldig bleiben.«[161]

Mit seiner zornigen Kritik an der Bonner Jugoslawienpolitik stieß Handke auf nicht minder scharfe Ablehnung, hatte sich doch ein Großteil der deutschen Medien noch weit vor dem ersten Schuß im Bürgerkrieg in die antiserbische Phalanx eingereiht – immer im Kampfgetümmel, wenn es galt auf die »serbischen Kerls« einzuschlagen. In den langen tiefen Schlachtreihen war das Zusammenwirken zwischen ihnen und der Regierung nahezu perfekt, auch dann, wenn sie als propagandistische Vorhut die zögerliche Haltung des Kabinetts und der Parteien beklagten oder als Nachhut das konfliktverschärfende Vorpreschen der Regierung verteidigten.

Die »Frankfurter Allgemeine« gab den Ton an, und die Außenminister nahmen ihn auf. Zuweilen wurden die Rollen vertauscht, wie FAZ-Reißmüllers Haßgesang vom November 1992

---

160 Prawda, 20.2.1993.
161 Junge Welt, 8./9.6.1996.

leicht erkennen läßt: »Die Welt habe zu lange zu viel Geduld mit Serbien gehabt, sagte Genscher unlängst. Tatsächlich, was konnte Serbien nicht alles ungehindert und ungestraft tun. Es hat die Albaner auf dem Amselfeld unter ein brutales Kolonialregime gezwungen, Slowenien (erfolglos) überfallen, einen großen Teil Kroatiens verwüstet, erobert und ausgeraubt, Zehntausende Kroaten getötet; nun ergeht es Bosnien ebenso. Gegen die Verbrechen Serbiens seit dem Frühjahr 1991 wiegen die gering, welche die zivilisierte Welt jetzt Libyen vorwirft. Der Irak bleibt mit seiner bei der Aggression gegen Kuweit entfalteten kriminellen Energie hinter Serbien zurück.«[162]

Und viele, leider allzu viele stimmten ein. Nur eine Minderheit der Medien war nicht bereit, nach der Genscher-Reißmüller-Pfeife zu tanzen. In einem angesichts der erzeugten Massenhysterie als mutig zu bezeichnenden Beitrag von Michael Thumann unter der Überschrift »Der Krieg der Kriegsreporter« schrieb »Die Zeit« im September 1994: »Im Krieg der Begriffe kam es nicht darauf an, was richtig oder falsch war, sondern darauf, was hängenblieb. Der Vergleich mit den Nazis war dabei nur ein Muster einer ganzen Kollektion von Eigenschaften, die den Serben zugeschrieben wurden. Was lasen wir nicht alles: die Serben als ›eroberungssüchtiges Herrenvolk‹, als die ›Erben Dschingis Khans‹, die ›Schüler Saddam Husseins‹ oder als ›Ethnofundamentalisten‹. Gelegentlich verschmolz ihr Name in Bezeichnungen wie ›Serbobolschewisten‹ oder ›Radikalserben‹. Karikaturisten zeichneten Serben als sich wälzende Schweine, mutierte Stiere, reißende Wölfe, blutsaufende Saurier, doppelzüngige Schlangen, aasfressende Geier, hungrige Hyänen und bullige Kampfhunde. Nicht mit Menschen hatte der Westen es also zu tun, sondern mit Monstern.«[163]

Die Serben zu »Monstern« zu machen, sie zu dämonisieren, dazu war nahezu jedes Mittel recht. Als am 5. Februar 1994 auf einem kleinen Marktplatz in Sarajewo 68 Menschen getötet und 200 verletzt wurden, berichteten die Medien weltweit an erster Stelle über dieses entsetzliche Massaker. Was es im Golfkrieg

---
162 Frankfurter Allgemeine Zeitung, 19.11.1992.
163 Die Zeit, 2.9.1994.

dank US-amerikanischer Nachrichtensperre nicht gab, wurde bis an die Grenze des Erträglichen nachgeholt. Die von den deutschen Fernsehstationen ausgestrahlten Bilder der verstümmelten Leichen, der toten Kinder, der blutüberströmten Männer und Frauen, aufgenommen mit einer hin- und herzuckenden Kamera, trugen das Grauen in jedes Wohnzimmer. Schmerz und Entsetzen, Hiflosigkeit und Zorn waren schier grenzenlos, und ein spontanes Verlangen ward übermächtig: Dieses Blutvergießen muß beendet werden, den Mördern muß das Handwerk gelegt werden! Und die Kommentatoren der schockierenden Bilder wiesen den Gefühlen Richtung und Ziel. Die Explosion hatte sich gerade ereignet, die neutralen UNO-Beobachter und Blauhelme vor Ort hatten mit der Untersuchung der Ursachen und Schuld noch nicht einmal begonnen, da wußte der ARD-Korrespondent Friedhelm Brebeck in seinem erschütternden Tagesschau-Bericht vom 5. Februar, daß es sich um eine »serbische Granate« gehandelt habe.

Dabei blieb es, auch als es sich herausstellte, daß die Opfer an der unteren Körperhälfte getroffen waren, niemand an diesem Tag überhaupt einen Granatenabschuß in Sarajewo gehört hatte, auf dem Marktplatz keine Granatenteile zu finden waren und die moslemische Seite sich mit der Begründung, mit Mördern könne man nicht zusammenarbeiten, weigerte, einer nationalen Untersuchungskommission zuzustimmen. Als dann schließlich international Berichte erschienen, die Explosion sei von moslemischer Seite herbeigeführt worden und selbst die UNO in einem offiziellen Untersuchungsbericht von der »Unmöglichkeit« sprach, »die Granate vom 5. Februar einer der beiden Seiten – der serbischen oder der bosnischen – zuordnen zu können«, wurde das von der Mehrheit der bundesdeutschen Medien ignoriert. Einmal Serben, immer schuldig! Es gab keinen Grund, sie zu entlasten, zumal dem eiligen Schuldspruch unter dem Beifall der erregten Öffentlichkeit die Strafe auf dem Fuße gefolgt war: Die NATO hatte unmittelbar nach dem Massaker den Serben ihr erstes Ultimatum gestellt und mit dem Einsatz der Luftwaffe gedroht.

Ähnliche Tragödien auf Marktplätzen in Sarajewo hatten sich am 27. Mai 1992 ereignet, sie wiederholten sich am 28. August 1995. Ungeachtet anderer Erkenntnisse, gegenteiliger Untersuchungsergebnisse wurde den Serben von Anfang an die Schuld zugeschoben. 1992 wurde der Tod von mehr als 20 Menschen mit einem umfassenden Handels-, Öl- und Luftfahrtsembargo gegen Jugoslawien geahndet, 1995 folgten der Ermordung von 37 Menschen mehrtägige massive Luftangriffe der NATO auf serbische Ziele. Der NATO-Angriff war schon lange geplant gewesen. Die Toten von Sarajewo lieferten lediglich den Politikern und Militärs den Vorwand und den Propagandisten die grauenhaften Bilder der Opfer der Gewalt, die ihrerseits nach Gewalt schrien. Schon nach dem Blutbad vom Februar 1994 hatte der »Spiegel« seine Titelgeschichte mit »Bomben für den Frieden. Stoppt die NATO die Serben?« überschrieben. Nun endlich, im Herbst 1995 waren das Publikum, die öffentliche Meinung vorbereitet – NATO-Raketen flogen für den Frieden.

Wer sich halbwegs in der Geschichte auskennt, den konnte dieses Vorgehen der Politiker und eines großen Teils der Medien, und bundesdeutsche spielten dabei eine herausragende Rolle, nicht allzu sehr überraschen, erinnerte es doch fatal an ein Propagandakonzept, das in Deutschland 1938, nach der Zerstückelung der Tschechoslowakei, dargelegt worden war: »Es war ... notwendig, das deutsche Volk psychologisch allmählich umzustellen und ihm klarzumachen, daß es Dinge gibt, die, wenn sie nicht mit friedlichen Mitteln durchgesetzt werden können, mit Mitteln der Gewalt durchgesetzt werden müssen. Dazu war es aber notwendig, nicht etwa nun die Gewalt als solche zu propagieren, sondern es war notwendig, dem deutschen Volk bestimmte außenpolitische Vorgänge so zu beleuchten, daß die innere Stimme des Volkes selbst langsam nach der Gewalt zu schreien begann. Das heißt also, bestimmte Vorgänge so zu beleuchten, daß im Gehirn der breiten Masse des Volkes ganz automatisch allmählich die Überzeugung ausgelöst wurde: Wenn man das eben nicht im Guten abstellen kann, dann muß man es mit Gewalt abstellen; so kann es aber auf keinen Fall weitergehen.

Diese Arbeit hat Monate erfordert, sie wurde planmäßig begonnen, fortgeführt, verstärkt. Viele haben sie nicht begriffen, meine Herren; viele waren der Meinung, das sei doch alles etwas übertrieben. Das sind jene überzüchteten Intellektuellen, die keine

Ahnung haben, wie man ein Volk letzten Endes zu der Bereitschaft bringt, geradezustehen, auch wenn es zu blitzen und zu donnern beginnt«.[164]

Der Autor dieser freimütigen Bekenntnisse war niemand anderes als Adolf Hitler, der am 10. November 1938 vor der deutschen Presse die propagandistische Vorbereitung der Zerschlagung des tschechoslowakischen Staates und damit auch des nachfolgenden Krieges erläuterte.

Natürlich, die Bundesrepublik ist kein faschistischer Staat, der Bundeskanzler kein blutrünstiger Diktator, die deutsche Presse kein Instrument totalitärer Meinungsbildung; aber das Rezept dafür, wie mit wahrheitswidriger Berichterstattung die berühmte »Volksseele« zum Kochen gebracht wird und letztlich nach Gewalt schreit, ist dem Wesen nach das gleiche und, nebenbei bemerkt, bei weitem nicht nur im Falle Jugoslawiens angewandte.

Damit keine Mißverständnisse aufkommen: Krieg kann nicht schöngeredet werden, auch Bürgerkrieg nicht. Der in Jugoslawien wurde von allen Seiten mit größter Härte und nicht selten mit fast unvorstellbarer Brutalität geführt. Irrationaler nationalistischer Haß gebar mittelalterliche Grausamkeit. Verletzungen elementarer Menschenrechte, begangen von allen Konfliktparteien, waren an der Tagesordnung. Das Töten, Brandschatzen und Foltern der einen werden nicht durch das Morden, Plündern und Martern der anderen relativiert. Die Greueltaten der einen werden nicht weniger grauenhaft, wenn man ihnen die der anderen gegenüberstellt. Aber, von Ausnahmen abgesehen, so zu tun, als seien die einen die Friedensengel und nur die anderen die Kriegsteufel, das geht weit an der Wahrheit vorbei. »Der Balkankonflikt kennt viele Wahrheiten, ihnen nachzugehen ist ein schwieriges Geschäft«, überschrieb »Die Zeit« ihren Beitrag vom September 1994 zum »Krieg der Kriegsreporter«, um fortzufahren: »Nicht alle westlichen Medien machen sich diese Mühe, manche berichten nach dem Motto: Zum Teufel mit den Fakten, wenn nur das Feindbild stimmt.«[165]

Auch wenn es sich nicht um »manche«, sondern um die meisten westlichen Medien handelte, mit dieser trostlos-harten Ein-

---

164 Vierteljahreshefte für Zeitgeschichte, Jahrgang 1958.
165 Die Zeit, 2.9.1994.

schätzung hatte das Blatt leider Recht. Vielen Kriegsreportern an der Front ging es nicht um die vielen Wahrheiten des Balkankonfliktes, sondern um Informationen, die der Heimat das Feindbild bestätigten. Mittlerweile gibt es nicht wenige Aussagen darüber, zu welchen Methoden gegriffen wurde, um die Öffentlichkeit irrezuführen. Eine von ihnen, sie stammt von Fritz Pleitgen, kann gewiß für viele stehen, denn wer kann das Vorgehen des bundesdeutschen Fernsehens sachkundiger einschätzen, als der Intendant des Westdeutschen Rundfunks? Wie »rücksichtslos, manchmal sogar skrupellos« mit Informationen umgegangen wurde, schilderte er an folgendem Beispiel: »Als im April 1995 in Zagreb plötzlich Raketen einschlugen und Zivilisten töteten, legte das Fernsehen – öffentlich-rechtlich wie kommerziell – unisono gegen die Serben los. Daß die kroatische Armee zuvor in Slawonien einmarschiert war, wurde erst im zweiten Teil der Berichterstattung mitgeteilt, und zwar eher anerkennend. Damit war wieder einmal überzeugend nachgewiesen, daß die ›mörderische Politik‹ der Serben an allem Elend im ehemaligen Jugoslawien schuld war und ist.

Der Unterschied zwischen Fernsehwelt und Wirklichkeit konnte nicht größer sein, denn die Kroaten hatten durch ihren Einmarsch den Schlagabtausch nicht nur ausgelöst, sie hatten dabei auch durch Bombenangriffe auf Zivilisten und durch Massaker während der Kämpfe weit mehr Menschen getötet als die Serben. Doch diese Erkenntnisse wurden erst erheblich später bekannt und in den Zeitungen unter ›ferner liefen‹ gemeldet, ohne Bezug auf die ursprünglichen Desinformationen, die längst ihre Wirkung beim Publikum hinterlassen hatten.«[166] Zu ergänzen ist nur, daß Milan Matić, der für den Raketenbeschuß verantwortlich gemachte Präsident der Krajina-Serben, als Kriegsverbrecher in Den Haag angeklagt wird, und Franjo Tudjman, Präsident und Oberbefehlshaber der kroatischen Armee, respektierter Verhandlungspartner der Initiatoren des Kriegsverbrechertribunals ist.

»Nie wird so viel gelogen wie vor der Wahl, im Krieg und nach der Jagd«, zu dieser Erkenntnis war schon der »ehrliche

---

166 Frankfurter Rundschau, 4.11.1995, Vorabdruck aus: Tagesthema ARD – Der Streit um das Erste Programm, Frankfurt am Main, 1995.

Makler« auf der Berliner Konferenz, Bismarck, gelangt. Der Bürgerkrieg auf dem Balkan bestätigte sie. Lügen begleiteten ihn von Anfang an. Sie alle zu erfassen, würde so manchen Chronisten auf Jahre hin Arbeit beschaffen. Es waren erfundene und gefälschte Meldungen, Halbwahrheiten und Verdrehungen für den Tag, vieleicht auch für eine Woche, und solche, die den ganzen Krieg überdauerten und noch heute nachwirken. Von letzteren sollen hier nur einige genannt werden, auch deshalb, weil sie ein bezeichnendes Licht auf die Manipulation der öffentlichen Meinung werfen, die gestern Jugoslawien anbelangte, aber morgen schon ein anderes Land oder einfach den politischen Gegner betreffen kann.

Verbreitet wurde die Legende vom *serbischen Überfall auf Slowenien und dessen heldenhaften Kampf gegen die Aggressoren* im Sommer 1991. Verschwiegen wurde, daß die vom kroatischen Vertreter in der jugoslawischen Regierung Veljko Kadijević befehligte Jugoslawische Volksarmee nach der einseitigen Unabhängigkeitserklärung Ljubljanas den von der Verfassung der noch immer bestehenden jugoslawischen Föderation gedeckten Auftrag hatte, die Kontrolle über die Staats- und Zollgrenzen Jugoslawiens wiederherzustellen. Während die schwachen Einheiten der »Aggressionsarmee«, seit Jahrzehnten in allen Republiken der gemeinsamen Föderation stationiert, ohne scharfe Munition und ohne Schießbefehl vorgingen, setzte die noch zur Tito-Zeit geschaffene slowenische Territorialverteidigung ihre Waffen ein und errang einen glänzenden Sieg. Kurz danach zog die Armee aus Slowenien ab. Die einzige Stimme, die im jugoslawischen Staatspräsidium gegen diesen Rückzug abgegeben wurde, kam vom Kroaten Stepe Mesić, dem späteren Parlamentspräsidenten in Zagreb. »Hätte die jugoslawische Armee wirklich Krieg geführt, d.h. bedenkenlos all ihre militärischen Mittel eingesetzt, dann wäre aus Slowenien«, wie der Balkanologe Jens Reuter einen Militärexperten zitierte, »innerhalb von drei Tagen ein einziger Friedhof geworden«.[167] Sie tat es nicht, und die »Kriegsbilanz« sah entsprechend aus: Nach Angaben des Roten Kreuzes kamen 64

---

167 Jens Reuter: »Jugoslawien vor dem Zerfall«, in: Aus Politik und Zeitgeschichte, B 14/1992, S. 8.

Menschen ums Leben, davon 37 Armeeangehörige, 11 Mitglieder der slowenischen Territorialverteidigungskräfte, 16 Zivilisten. Verletzt wurden 335 Personen, darunter 163 Armeeangehörige. Von den insgesamt 3.117 Kriegsgefangenen gehörten 2.984 der Armee an. Noch nie in der Geschichte hatte ein »Aggressor« eine so vernichtende Niederlage erlitten wie die Jugoslawische Volksarmee, die zu den stärksten Armeen auf dem europäischen Kontinent zählte. Das alles – begrenzter militärischer Auftrag im Rahmen der gültigen Verfassung, multinationale Zusammensetzung der eingesetzten Streitkräfte, kroatischer Ober- und fehlender Schießbefehl – hinderte bundesdeutsche Politiker und Medien nicht daran, eine wilde Kampagne gegen die »serbische Aggression und Intervention« zu entfesseln. »Zum Teufel mit den Fakten, wenn nur das Feindbild stimmt«!

FAZ-Reißmüller hatte schon Monate vorher die Jugoslawische Volksarmee als »serbische Streitmacht« deklariert und ihren Beitrag zum Sieg der Antihitlerkoalition auf seine Weise gewürdigt: »Das jugoslawische Militär ... hatte sich auch in früheren Zeiten keine Verdienste um Jugoslawien erworben. Das Partisanenheer Titos, aus dem die Armee hervorgegangen ist, hat schon im Zweiten Weltkrieg mehr wehrlose Zivilisten aus der Bevölkerung getötet als bewaffnete Okkupanten. Nach Kriegsende führte es riesige genozidhafte Mordaktionen durch, vor allem gegen das kroatische und das slowenische Volk sowie gegen die deutsche und albanische Minderheit.«[168]

Erfunden wurde die Mär von der *serbischen Belagerung Sarajewos*, vergessen wurden die Serben in Sarajewo. Zwar lag die bosnische Metropole inmitten des von den bosnischen Serben kontrollierten Gebietes, aber selbst war sie eine geteilte Frontstadt. Die Frontlinie zwischen den moslemischen und serbischen Bürgerkriegsparteien verlief zu einem großen Teil unmittelbar durch das Stadtzentrum entlang der Miljačka, eben der Lieblichen, wo der Erzherzog erschossen worden war. Der Anteil der Serben in Sarajewo betrug bei Ausbruch des Bürgerkrieges etwa 35 bis 40 Prozent. Nachdem die Truppen von Izetbegović den größten Teil der Stadt unter ihre Kontrolle gebracht hatten, flohen

---

168 Frankfurter Allgemeine Zeitung, 1.3.1991.

viele Serben in das Umland oder in die Zone, die von den Karadžić-Anhängern gehalten wurde und etwa 15 Prozent des Stadtterritoriums ausmachte. Zwischen beiden Teilen der Stadt wurden erbitterte Kämpfe geführt, hier wie dort fielen die Menschen Granaten, Handgranaten und Heckenschützen zum Opfer. Die serbische Minderheit in der Stadt konnte sich nur halten dank der serbischen Herrschaft außerhalb der Stadt. Die Zerstörungen in Sarajewo wurden zum Sinnbild eines Wahnsinns, der sich Bürgerkrieg nannte; die Leiden seiner Bewohner, Moslems, Serben und Kroaten, riefen in aller Welt Zorn und Trauer hervor.

Doch eine eigenartige »Belagerung« war es schon, bei der die serbischen Belagerer sich selbst belagerten, und die moslemischen Belagerten selbst zu Belagerern wurden. Die Führung der Moslems hatte einen eigenen Sperrgürtel um ihr Gebiet gelegt und ließ es nicht einmal zu, daß Frauen und Kinder, denen die Serben freies Geleit angeboten hatten, die Stadt verließen. So war das Leiden und Sterben der Zivilbevölkerung das furchtbare Ergebnis doppelter Einkesselung – eine so schrecklich und menschenverachtend wie die andere. Und obendrein wurde es genutzt, um die andere Seite in Verruf und ausländische Interventen zum Eingreifen zu bringen. Der schon zitierte ARD-Korrespondent in Sarajewo, Brebeck, schilderte dieses Vorgehen der belagerten Belagerer mit verblüffender Offenheit: »Die Bosnier (gemeint sind die moslemischen Truppen – R. H.) donnern Granaten raus, wenn zwei Tage lang Ruhe ist, denn sie wissen, für jede ihrer Granaten kommen zehn bis fünfzig zurück. Die Regierung braucht die tägliche Blutspur in Sarajewo. Sonst ist die Stadt uninteressant.«[169]

Bitter beklagt wurde die *Bombardierung und Zerstörung Dubrovniks durch die serbische Armee*, übersehen wurde, daß die Kämpfe in der Gegend von Dubrovnik die historische Altstadt – dem Himmel sei Dank – nahezu unversehrt ließen. Selten hat eine Meldung über das Kriegsgeschehen in Jugoslawien das Abendland so erregt wie die über die barbarischen Artillerieangriffe auf die »Perle der Adria«, das einzigartige, unter dem Schutz der UNO stehende Weltkulturgut. Diejenigen, die die schreckliche

---

169 Konkret, Nr. 3/1994.

Nachricht verbreiteten, erreichten ihr Ziel und die antiserbische Stimmung einen weiteren Höhepunkt. Als die Wahrheit ans Licht kam, wurde auf eine Richtigstellung großzügig verzichtet, und noch heute wundert sich so mancher Reiselustige, wenn Dagmar Frederic und Ivica Šerfezi zum Besuch der zauberhaften Adriastadt einladen. Nur wenige hatten wie Peter Handke die Frage gestellt: » Wie war das wirklich mit Dubrovnik? Ist die kleine wunderbare alte Stadtschüssel oder Schüsselstadt an der dalmatinischen Küste damals im Frühwinter 1991 tatsächlich gebombt und zerschossen worden? oder nur – arg genug – episodisch beschossen? Oder lagen die beschossenen Objekte außerhalb der dicken Stadtmauern, und es gab Abweicher, Querschläger? Mutwillige oder zufällige, in Kauf genommene (auch das arg genug)?«[170]

Peter Handke stellte berechtigte Fragen, und nur wenige Kriegsberichterstatter gingen ihnen vor Ort nach. Unter ihnen der couragierte Norbert Mappes-Niediek, der im »Freitag« berichtete: »Dubrovnik: Tagelang hat das Fernsehen gezeigt, wie Granaten in die historische Altstadt einschlugen. Man dachte, die ist völlig zerstört. Kommt man dann nach Dubrovnik, sieht man kaum Zerstörungen – ein Beispiel dafür, wie ›verzerrt‹ alles dargestellt wird.«[171]

Der Vor-Ort-Bericht bedarf keiner weitschweifigen Erläuterungen, höchstens eines kleinen Nachtrages: Peter Brock, politischer Kommentator der amerikanischen Zeitung »El Paso Herald-Post« und Autor des aufsehenerregenden und heftig angegriffenen Artikels »Meutenjournalismus«, hatte schon im Winter 1993/94 aufgedeckt, daß Straßenszenen aus dem tatsächlich verwüsteten Vukovar in westlichen Fernsehreportagen als Kampfbilder aus Dubrovnik präsentiert worden waren.[172]

Angeprangert wurden *serbische Angriffe auf die UNO-Schutzzonen Srebrenica, Sarajewo, Tuzla, Zepa, Goražde und Bihać* und deren wehrlose Zivilbevölkerung, unerwähnt blieb, daß

---

170 Peter Handke: Eine winterliche Reise zu den Flüssen Donau, Save, Morawa und Drina oder Gerechtigkeit für Serbien, Frankfurt am Main 1996, S. 48.
171 Freitag, Nr. 22/1996
172 Foreign Policy, Nr.93, Winter 1993/94.

es sich bei diesen Städten, gelegen inmitten des serbisch kontrollierten Gebietes, meist um wichtige, wenn nicht die wichtigsten Stützpunkte der moslemischen Truppen handelte. Wenn das Schutzzonenkonzept tatsächlich, wie behauptet, dem Schutz von Zivilisten, vor allem von Frauen und Kindern, hätte dienen sollen, so hätten die Zonen und ihre Umgebung wenigstens einigermaßen entmilitarisiert werden müssen. Im Falle von Srebrenica war das ursprünglich beabsichtigt gewesen. Noch in der Resolution des Weltsicherheitsrates vom 16. April 1993 waren alle Kriegsparteien aufgefordert worden, die Enklave als Sicherheitszone zu respektieren und von Kampfhandlungen freizuhalten. Der danach abgeschlossene Waffenstillstand sah folgerichtig auch die Entwaffnung der moslemischen Einheiten und die Stationierung von UNPROFOR-Soldaten vor. Als jedoch kurz danach das Konzept auf weitere Städte ausgedehnt wurde, wurde auf ihre Entmilitarisierung als grundlegendes Element der Schutzzonen verzichtet.

So blieben denn die moslemischen Truppen in den »Schutzzonen« stationiert und, wie in bewaffneten Auseinandersetzungen, zumal in Bürgerkriegen, leider üblich, nicht untätig. Nahezu ständig unternahmen sie kleinere und größere Angriffe auf die Stellungen der Serben, die ihrerseits zurück- und draufschlugen. Die Leidtragenden waren die Zivilisten, die zu schützen UNO und NATO vorgaben und deren Elend und Leid von vielen Medien ausschließlich und professionell gegen eine der Bürgerkriegsparteien ausgeschlachtet wurden.

Die Wirklichkeit sah anders aus. Einer, der sie kannte, der UN-Kommandeur Francis Briquemont, beschrieb sie so: »Die bosnische Armee greift Serben von der Schutzzone aus an, die Serben beantworten das Feuer entlang der Front – woraufhin die bosnische Regierung UNPROFOR vorwirft, sie nicht gegen serbische Angriffe zu verteidigen und Luftangriffe gegen serbische Artilleriestellungen fordert.«[173] Das gleiche Vorgehen schilderte der selbe Zeitzeuge, nachdem Anfang 1994 die moslemischen Einheiten in Sarajewo während eines der ungezählten Waffenstillstände den serbischen Stadtteil Grbavica beschossen und die Serben das Feuer erwidert hatten. Drei Stunden danach habe Izet-

---

173 Zitiert nach Novo, Nr. 11/1994.

begović ihm, Briquemont, einen Brief geschickt und Luftangriffe auf die Serben gefordert: »So versuchte die bosnische Regierung, die NATO in den Krieg zu ziehen.«[174]

Eineinhalb Jahre später war dieser Versuch von Erfolg gekrönt. Die »Schutzzonen« hatten die Bürger nicht geschützt und nicht geholfen, die Geschütze der Bürgerkriegsparteien zum Schweigen zu bringen; für die psychologische Vorbereitung auf den Einsatz der NATO-Raketen erwiesen sie sich als außerordentlich hilfreich.

Beschuldigt werden die Serben, *bei der Einnahme der UN-Schutzzone Srebrenica am 12. Juli 1995 8.000 männliche Einwohner ermordet* zu haben. Ein Beweis dafür wurde – sieht man von Luftbildaufnahmen eines frisch gepflügten Feldes ab, die Washingtons damalige UNO-Botschafterin Albright dem Weltsicherheitsrat vorlegte – nicht erbracht. Noch bis in die jüngste Gegenwart sprechen bundesdeutsche Politiker und Medien vom größten Kriegsverbrechen in Europa nach dem Zweiten Weltkrieg, aber zu den Fakten und Ungereimtheiten schweigen sie. Dabei gebe es doch gerade hinsichtlich Srebrenicas nicht wenig zu untersuchen und zu berichten.

Sollte es wirklich so schwer fallen, das Albright'sche Feld noch einmal zu untersuchen? Warum wurde die Suche nach den Vermißten offiziell für beendet erklärt, als man im Bürgerkriegsgebiet in der Nähe Srebrenicas 400 Leichen barg? Handelte es sich bei der Einnahme der Enklaven Srebrenica und Zepa nicht um ein mit den Amerikanern im Vorfeld von Dayton abgekartetes Spiel, wie das frühere Führungsmitglied der Sozialistischen Partei Serbiens Mihailo Marković zu berichten wußte? In einem Interview mit »Newsweek« hatte dieser im Februar 1996 auf die Frage »Aber war der Fall von Srebrenica und Zepa nicht im voraus schon zwischen Serben und Moslems ausgehandelt worden?«, geantwortet: »Natürlich waren Srebrenica und Zepa ein Deal ... (die USA-Balkangesandten) Frasure und Holbrook haben diesen Deal zustande gebracht. Laßt uns eine einfache Lösung haben, sagten sie, keine Korridore, keine Enklaven.«[175]

---

174 Zitiert nach Die Zeit, 2.9.1994.
175 Newsweek, 5.2.1996.

Was ist von der Erklärung des für Srebrenica verantwortlichen Kommandanten der 28. moslemischen Division, General Naser Orić, vom 24. August 1996 für die Sarajewoer Tageszeitung »Oslobodjenje« zu halten, daß er und seine Leute auf Befehl des Generalstabes Aktionen aus der Schutzzone unternahmen, um die Serben zum Angriff zu provozieren?[176] Wurde die Aussage des ehemaligen Vorsitzenden der moslemischen Partei SDA in Srebrenica Ibran Mustafić gegenüber dem Magazin »Slobodna Bosna« überprüft, nach der sich an verschiedenen Orten 5.600 Überlebende aus der Stadt befinden, oder die der Vorsitzenden des bosnischen Flüchtlingsverbandes, Mirhunisa Komarica, daß nach ihren Erkenntnissen 4.300 der Vermißten zur Zwangsarbeit festgehalten würden?[177] Der schon erwähnte SDA-Chef von Srebrenica erklärte wörtlich: »Das augenblickliche Verhältnis der Regierung (in Sarajewo – R. H.) zu diesen Menschen zeigt mir einfach, daß diese Regierung nicht damit gerechnet hat, daß so viele Menschen überleben; es gibt nach ihrer Kalkulation zu viele lebende Menschen aus Srebrenica.«[178]

Man wird den argen Verdacht nicht los, daß es auch für einige andere, die nur allzu gern vom »größten Kriegsverbrechen in Europa nach dem Zweiten Weltkrieg« sprechen, »zu viele lebende Menschen aus Srebrenica« gibt. In diesen Kreisen wurde im Frühjahr 1997 auch die Nachricht mit Enttäuschung, die alsbald in Denunziationen und Verleumdungen umschlug, aufgenommen, daß das Symbol der Greuel des Bosnienkrieges, das vom britischen Nachrichtensender ITN verbreitete Bild des bis auf die Knochen abgemagerten Moslems Fikret Alić hinter einem Stacheldraht im Lager der bosnischen Serben in Trnopolje, eine grobe Fälschung gewesen sein soll. Viereinhalb Jahre nach seiner Veröffentlichung und massenhaften Verwendung wurde bekannt, daß sich nicht die Moslems, sondern die britischen Reporter in einem mit Stacheldraht umzäunten Areal befunden haben sollen, von dem aus sie ihre Aufnahmen machten. Wie prächtig hatte sich doch dieses schockierende Foto zum Schüren einseitiger emotio-

---

176 Zitiert nach Mira Beham: »Das magische Schlagwort ›Srebrenica‹«, in: Freitag, 20.9.1996.
177 Ebd.
178 Ebd.

naler Stimmungen nutzen lassen: serbische Konzentrationslager 50 Jahre nach Auschwitz und dem Holocaust!

Flüchtlings- und Transit-, Gefangenen- und Internierungslager, die es auf allen Seiten gab, spielten in der Propagandaschlacht in und um Bosnien eine herausragende Rolle. Einen besonderen Platz nahm dabei die Kampagne um die »*serbischen Vergewaltigungslager*« ein. Hier offenbarten sich Zusammenspiel und Wetteifer eines großen Teils der Politiker und Medien in einer Weise, die auch für zukünftige Konflikte nichts Gutes verheißt und es rechtfertigt, näher betrachtet zu werden.

Sexuelle Gewalt gegen Frauen gehört zu den abscheulichsten Verbrechen. Sie werden in Friedenszeiten begangen; wenn der Krieg alle moralischen Barrieren niederreißt, schnellt ihre Zahl in die Höhe. Das ist, so scheint es, für diejenigen normal, die Krieg für eine »normale Sache« halten. Doch das, worüber Politiker und Medien im Spätherbst 1992 berichteten, übertraf alle bisherigen Schreckensmeldungen aus den bosnischen Bergen: Die Serben hatten Vergewaltigungslager eingerichtet, begingen systematische Massenvergewaltigung moslemischer Frauen, die sie zum Gebären zwangen.

Wer diese Nachricht das erste Mal verbreitete – einheimische Regierungsbeamte oder ausländische Spezialisten für Öffentlichkeitsarbeit, Reporter vor Ort oder Redakteure am fernen Schreibtisch – ist im Dunkel des Bürger- und Propagandakrieges nur noch schwer auszumachen. Allgemein gilt ein Artikel der Journalistin Alexandra Stiglmayer in der Schweizer »Weltwoche« vom 5. November 1992 als Auftakt zu einer Kampagne, die vor allem in der Bundesrepublik geradezu hysterische Formen annahm. Wer versuchte, sich ihr zu widersetzen, oder nur darauf hinwies, daß das Vergewaltigungsthema für die Politik der einseitigen Parteinahme im Bürgerkrieg instrumentalisiert wurde, setzte sich selbst unter Linken – und der Autor weiß, wovon er schreibt – der Gefahr aus, als Verteidiger dieser Untaten gebrandmarkt zu werden. Der reißende Strom der Empörung riß fast alle mit sich, dagegen zu schwimmen, war nahezu aussichtslos.

Der Stiglmayer-Beitrag trug die Überschrift: »Demütigung als Waffe: In Bosnien-Herzegowina wird systematisch vergewaltigt, um die Moral des Gegners zu untergraben. Die totale Degradierung der Frau zur Ware.« Anhand einiger Beispiele behauptete die Autorin, die Vergewaltigung von etwa 50.000 Frauen sei von den Serben »planmäßig bei der Vertreibung von Moslems und Kroaten eingesetzt worden«.[179] Diese Behauptung wurde von zahllosen verantwortungslos handelnden Politikern und Redakteuren ungezählter Zeitungen und Zeitschriften, Rundfunk- und Fernsehstationen in unendlich vielen Variationen verbreitet, ausgemalt und kommentiert, bewiesen wurde sie nicht. Als der Mitarbeiter von »Stern«-TV Martin Lettmayer später auf den Spuren der Stiglmayer in Bosnien »wie wild«, wie er selbst sagte, recherchierte, fand er keinerlei Beweise für deren Behauptungen. Sein Urteil über die Kampagne: »Unseriöser Journalismus ... Schlampige Recherche, Informationen vom Hörensagen, aus dritter Hand, kühne Hochrechnungen, psychologische Spekulationen. Nichts Erhärtetes. Man schrieb voneinander ab«[180] – fand bei denen, die sich zuvor beim Thema »systematische serbische Massenvergewaltigung« überschlagen hatten, so gut wie keinen Widerhall. Weshalb wohl? Doch gewiß nicht, weil er Lett- und nicht Spiglmayer hieß.

Nicht anders erging es dem französischen Journalisten Jérome Bony, den Peter Brock in seinem Beitrag »Meutenjournalismus« für »Foreign Policy« zu Wort kommen ließ. Bony hatte am 4. Februar 1993 im französischen Fernsehprogramm »Envoyé Special« über eine Reise nach Tuzla, das als ein Sammelpunkt für vergewaltigte moslemische Frauen hingestellt worden war, u.a. berichtet: »Als ich 50 Kilometer von Tuzla entfernt war, sagte man mir: ›Gehen Sie zum Mittelschulgelände von Tuzla, dort gibt es 4.000 vergewaltigte Frauen‹. Bei 20 Kilometern sank die Zahl auf 400. Bei 10 Kilometern waren nur noch 40 übrig. Und als ich an Ort und Stelle war, fand ich gerade 4 Frauen, die zu einer Aussage bereit waren.«[181]

Im Vergleich zur Mammutkampagne nach Stiglmayers »Enthüllungen« fanden auch die Ergebnisse der offiziellen Er-

---

179 Weltwoche, 5.11.1992.
180 Martin Lettmayer: »Da wurde einfach geglaubt ohne nachzufragen«, in: Serbien muß sterbien, Herausgeber Klaus Bittermann, Berlin 1994, S. 48.
181 Peter Brock: »Meutenjournalismus«, in: Foreign Policy Nr.93/1993/94.

mittlungen der EG und der UNO in Sachen »Massenvergewaltigung« nur ein höchst bescheidenes Echo. Kein Wunder, war es doch den Ermittlern im Landesmaßstab ähnlich wie dem französischen Fernsehjournalisten in Tuzla ergangen. Eine EG-Delegation, geleitet von Anne Warburton, hatte nach zwei Kurzbesuchen im Dezember 1992 und Januar 1993 in Bosnien die Zahl der Opfer auf »ungefähr 20.000« geschätzt. Eine danach vom UN-Menschenrechtsbeobachter Tadeusz Mazowiecki nach Bosnien, Kroatien und Serbien entsandte Kommission hatte eine Zahl von 2.400 Opfern erwähnt, eine Schätzung, die sie aus 119 dokumentierten Fällen abgeleitet hatte. In ihrem Bericht hatte es geheißen: »Während das Team Opfer von Vergewaltigung unter allen ethnischen Gruppen fand, wurde zugleich dokumentiert, daß die Mehrheit der Opfer, die das Team sehen konnte, von den serbischen Milizen oder Truppen gegen die moslemisch-bosnischen Frauen von Bosnien verursacht wurde.«[182] Spätere Untersuchungsberichte haben die ursprünglichen Zahlenangaben und die Nachrichten über angebliche serbische Vergewaltigungslager in keiner Weise bestätigt, was nichts daran ändert, daß jeder einzelne Vergewaltigungsfall im jugoslawischen Bürgerkrieg wie überall auf der Welt ein unentschuldbares Verbrechen ist.

Allerdings bildete der Krieg in Jugoslawien alles andere als eine Ausnahme. Auf diesen Umstand wies im Sommer 1996 explizit eine Dokumentation hin, die auf einer Tagung des »Unterausschusses für die Verhinderung von Diskriminierung und für den Schutz von Minderheiten« von der UNO-Sonderberichterstatterin, der US-Amerikanerin Linda Chavez, vorgelegt wurde und in der – gewiß nicht in der Absicht, derartige Verbrechen im bosnischen Bürgerkrieg zu bagatellisieren oder gar zu entschuldigen – Vergewaltigungen als »gängige Praxis, egal ob in Bürger- oder in ›regulären‹ zwischenstaatlichen Kriegen« charakterisiert wurden.[183]

Angesichts dieses Berichtes für die UNO und den darin gemachten erschreckenden Angaben erhebt sich die Frage, weshalb

---

182 Zitiert nach Rupert Neudeck: »Menschenrechtstragödien in Bosnien-Herzegowina«, in: Aus Politik und Zeitgeschichte B 37/93, S. 38.
183 Süddeutsche Zeitung, 31.8.1996.

um alles in der Welt gerade die Vergewaltigungen im jugoslawischen Bürgerkrieg, die Berichte über nichtexistierende Vergewaltigungslager, über systematische Massenvergewaltigungen als angebliche serbische Kriegsstrategie von Medien und Politikern gleichermaßen maßlos ausgeschlachtet wurden? Eine Antwort wird leichter zu finden sein, wenn man das Protokoll der 128. Sitzung des 12. Deutschen Bundestages vom 10. Dezember 1992, die sich mit Menschenrechtsfragen und vor allem mit den Vergewaltigungen in Jugoslawien beschäftigte, zur Hand nimmt.

Zum Zeitpunkt der Debatte lagen weder der Untersuchungsbericht der EG-Delegation noch das Ergebnis der Masowiecki-Kommission vor, aber die Damen und Herren Abgeordneten waren trotz hauchdünner Informationsdecke von keinem Zweifel geplagt. Heribert Scharrenbroich von der CDU, Obmann des Unterausschusses »Menschenrechte und Humanitäre Hilfe« des Auswärtigen Ausschusses, brandmarkte die »massenweisen Vergewaltigungen von Frauen im ehemaligen Jugoslawien« als eine »Furie, die zur ›Säuberung‹ in Bosnien-Herzegowina systematisch eingesetzt wird«.[184] Außenminister Klaus Kinkel von der FDP stellte fest, daß »die Vergewaltigungen muslimischer Frauen ... in Bosnien-Herzegowina ... der Unmenschlichkeit eine neue, erschütternde Dimension hinzugefügt« haben und meinte: »Was sich in diesem Land heute ereignet ist nur mit dem Grauen des Zweiten Weltkrieges vergleichbar.«[185] Edith Niehuis von der SPD, Vorsitzende des Ausschusses Frauen und Jugend, hatte Teile ihrer Rede anscheinend der Einfachheit halber gleich bei Stiglmayer abgeschrieben. Sie führte u. a. aus: »Doch das, was wir aus Bosnien-Herzegowina hören, geht allem Anschein nach noch weit über diese Feststellung hinaus. Es wird von Befehlen zu Vergewaltigungen berichtet, von systematischen Massenvergewaltigungen an Mädchen und Frauen allen Alters vorwiegend muslimischer Herkunft durch serbische Paramilitärs, vielleicht auch Militärs. Diese Vergewaltigungen sind Teil der sogenannten ethnischen Säuberung, Teil eines geplanten Völkermords. Das,

---

184 Stenografisches Protokoll der 128. Sitzung des 12. Deutschen Bundestages am 10.10.1992, S. 11099.
185 Ebd., S. 11103.

was wir von den Frauen hören, übersteigt jede Vorstellungskraft ... Frauen ... werden als Schwangere nach den Vergewaltigungen gefangengehalten, um sie zum Austragen der Schwangerschaft zu zwingen. Auf diese Weise soll die muslimische Bevölkerung zerstört werden.«[186]

Doch diese und andere Töne waren nur eine Ouvertüre zu den dramatischen Höhepunkten der Ausssprache, die Stefan Schwarz setzte. Der Bankkaufmann und Nachwuchspolitiker der CDU aus Rheinland-Pfalz bescheinigte Frau Niehuis in »eindrucksvoller Weise über Vergewaltigungen und Gewalt gegenüber Frauen als System dieses Krieges gesprochen« zu haben. Unter Bezug auf ihm vorliegende Dokumente – wohlweislich verschwieg er, daß es sich u. a. um äußerst zweifelhafte Berichte des amerikanischen Journalisten Roy Gutman handelte, zu denen dieser selbst eingestand, daß sie nur dürftig belegt waren – wußte er weiteres zu berichten: »Es gibt klare Hinweise darauf, daß Vergewaltigungen auf Befehl geschehen. Zeuginnen haben sogar berichtet, daß die Vergewaltiger das ihnen gegenüber eingestanden haben. Sie hätten gesagt: Es ist besser, ich vergewaltige dich als die, die hinter mir kommen, weil sie noch viel grausamer und schlimmer sein werden.«[187]

Nachdem Schwarz das Hohe Haus mit dem Vergewaltigungsthema derart eingestimmt hatte, überschüttete er es mit detaillierten Schilderungen serbischer Greueltaten und »ersparte«, so seine Wortwahl, es ihm nicht, »etwas darüber zu hören, was Männern geschieht:

»Doch gab es keine traumatischeren Erlebnisse für die Gefangenen als die Kastrationen. Ein Zeuge berichtete den Beamten der US-Botschaft, er habe gesehen, wie einige Bewacher die Hoden eines Mannes mit einem Draht durchstochen und den Draht dann an das Ende eines Motorrades gebunden hätten. Einer sei schließlich mit großer Geschwindigkeit losgefahren. Der Mann sei verblutet.

... Ein ... Bewacher (habe) einen anderen Moslem gefunden, auf dessen Vater er wütend gewesen sei, und ihm deshalb befoh-

---

186 Ebd., S. 11107.
187 Ebd., S. 11108.

len, sein Gesicht in eine Abflußrinne im Betonboden zu stecken und Motoröl zu trinken. Anschließend habe er ihm den Befehl gegeben, (eines anderen Gefangenen) Hoden abzubeißen. ›Die Schreie waren unerträglich, und dann war plötzlich alles ruhig‹ ... Drei andere Männer, die die Kastration gesehen hätten, seien anschließend mit Metallstangen erschlagen worden. Der Mann, der zur Kastration gezwungen worden sei, sei mit schwarzem Gesicht zurück in den Raum gekommen und habe 24 Stunden nicht sprechen können.«[188]

Aus diesen und anderen, selbstverständlich streng dokumentierten Scheußlichkeiten leitete der CDU-Jungmann die Notwendigkeit ab, »die Menschenrechtsfortschritte des 20. Jahrhunderts gegen eine solche Gruppe wie die Serben zu verteidigen«, um anschließend klarzumachen: »Wir können nicht mit Wenn und Aber zusehen, wie Männer, Frauen, Moslems, Kroaten, Italiener, Russen, Ukrainer, alle Nicht-Serben massakriert werden, wie es Hitler und die Nazis vorgemacht haben. Ich sage als Nachkriegsdeutscher: Ich finde, es ist eine antifaschistische Haltung, zu sagen: Gerade weil wir es miterlebt haben, müssen wir etwas dagegen tun.«[189]

Mit Ausnahme der PDS-Vertreterin Barbara Höll, die wenigstens darauf verwies, daß die bekanntgewordenen Vergewaltigungsopfer Frauen jeder Nationalität sind, wandte sich keiner der Abgeordneten gegen die Rede von Schwarz, der unter dem Vorwand des Eintretens gegen Völkermord Völkerhetze betrieb. Im Gegenteil, das Auditorium spendete anhaltenden Beifall und zeigte sich tief beeindruckt, so tief, daß der Minister des Auswärtigen von seinem vorbereiteten Manuskript abwich und seine zweite Rede an diesem Tag so begann: »Herr Präsident! Meine Damen und Herren! Was Herr Schwarz hier vorgetragen hat, war erschütternd, in jeder Beziehung erschütternd. Ich war wahrscheinlich nicht der einzige, der das so empfunden hat. Sie alle haben das empfunden. Das hat man auch gemerkt.

Es war sozusagen mit dem Brennglas ein Aspekt herausgearbeitet – zugegebenermaßen einer der schlimmsten – dieses

---

188 Ebd.
189 Ebd., S. 11108 f.

schrecklichen Vorgehens und der schrecklichen Vorgänge im früheren Jugoslawien. Aber ich glaube, es war wichtig, daß dieser Aspekt so herausgearbeitet worden ist, wie das geschehen ist.«[190]

Der Aspekt war erkannt, eifrig und erregt wurde das Nichtbewiesene aus dem Chaos und Grauen des Bürgerkrieges herausgemeißelt und zur unumstößlichen Wahrheit gemacht. Uta Würfel von der FDP, stellvertretende Fraktionsvorsitzende, wußte es nun, nach der Schwarz-Rede, noch besser als vorher: »Vergewaltigung als Begleiterscheinung von Krieg und Vertreibung ist eine bekannte Tatsache; neu jedoch für uns alle ist das Phänomen von Massenvergewaltigungen in Lagern. Zynisch und menschenverachtend ist die Systematik, mit der vor allem die serbische Seite Tausende von Frauen Tag für Tag, Nacht für Nacht sexuell mißbraucht. Deshalb müssen wir es öffentlich machen. Wir müssen es artikulieren; denn glaubhafte Angaben, daß mindestens 30.000 bis 50.000 Frauen in diesen Vergewaltigungslagern gefangengehalten und systematisch vergewaltigt werden, liegen uns ja vor.«[191]

Gerd Poppe von Bündnis 90/Die Grünen stimmte in den Chor ein: »Meine Damen und Herren ... das, was hier mehrfach geschildert worden ist, gehört zum Entsetzlichsten, was uns in jüngster Zeit an Nachrichten aus Bosnien erreichte: die Berichte über die Vergewaltigungslager. Die Worte fehlen, um systematische Massenvergewaltigung von Frauen und Kindern, die gezielt als Instrument zur Herabwürdigung und Erniedrigung eines ganzen Volkes eingesetzt wird, angemessen zu verurteilen. Dies sind schlimmste Kriegsverbrechen, ist Teil eines planmäßigen Völkermordes. Nach meinem Empfinden stellt diese Ungeheuerlichkeit alles in den Schatten, was bisher schon an Brutalität entmenschter Banden in diesem Krieg bekanntgeworden ist. Seit den systematischen Vernichtungen durch die Nationalsozialisten hat es wenig gegeben, was dem gleichkäme.«[192]

Bei so viel parlamentarischer Übereinstimmung konnte die Vertreterin der CDU/CSU Ursula Männle ihre eigene Zustimmung auf ein empörtes Staccato verkürzen: »Verwiesen wird jetzt

---

190 Ebd., S. 11118.
191 Ebd., S. 11110.
192 Ebd., S. 11112.

auf die neue Dimension des Krieges, auf das ungeheure Maß an Gewalt, an Brutalität, auf neue Formen des Schreckens: systematische Vergewaltigung, Vergewaltigungslager, Frauen als Kriegswaffe, Vergewaltigung als Instrument der ethnischen Vernichtung ... Daß in Jugoslawien Vergewaltigung als Kriegswaffe und Kriegsstrategie eingesetzt wird, ist eine neue Stufe der Perversion des Krieges, ein neues Ausmaß an Kriegsverbrechen.«[193]

Noch einmal: Was um alles in der Welt hatte die gewählten Volksvertreter, in deren Hände das Volk das Schicksal unseres Landes gelegt hatte, die zur Wahrheit und nur ihrem Gewissen verpflichtet sind, dazu gebracht, Schrecken ohne Nachweis als schreckliche Wahrheiten hinzustellen, das Grauen des Bürgerkrieges noch grauenhafter zu machen und von der Tribüne des Parlamentes aus Massenhysterie um die Vergewaltigungslager zu schüren? Waren sie in der so schon angeheizten Stimmung in der Öffentlichkeit Opfer oder Mittäter, Getäuschte oder Täuscher? Waren sie sich der Worte Arnold Zweigs bewußt: »Jeder aber lügt, der bewußt im Hörer falsche Vorstellungen und Annahmen erregt, mit dem Willen daraus Nutzen zu ziehen oder einen Zweck damit zu erreichen«?[194] Ob die Abgeordneten bewußt so handelten, weiß jeder selbst und muß es mit seinem Gewissen ausmachen; einen Zweck wollten einige, leider nicht wenige, damit erreichen.

Nach Auffassung des SPD-Abgeordneten Peter Glotz verfolgte Stefan Schwarz einen ganz persönlichen Zweck. »Der Mann«, so schrieb er später über den CDU-Nachwuchskader, »ist weder böswillig noch dumm, nur in ein Thema verliebt, das ihn plötzlich vom ganz unbekannten zum relativ bekannteren Politiker gemacht hat.« Und weiter: »Er hat sich darauf spezialisiert, Deutschland in einen Krieg hineinzureden, weil er die in der Tat schrecklichen Verbrechen an bosniakischen Muslimen nicht erträgt. Die genauso schrecklichen Verbrechen an Kroaten, Serben, Menschen in Mosambik, Angola, Kambodscha, Afghanistan und sonstwo scheint er aber zu ertragen.«[195]

---

193 Ebd., S. 11124.
194 Arnold Zweig: Essays, Erster Band, Berlin 1959, S. 367.
195 Stenografisches Protokoll der 151. Sitzung des 12. Deutschen Bundestages am 21.4.1993, S. 12971.

Werfen wir noch einmal einen Blick auf das Protokoll der Debatte. Schwarz, der kurz nach der Bundestagssitzung die Vergewaltigungsanklagen mit der unbewiesenen Anschuldigung, serbische Ärzte hätten bosnischen Frauen sogar Hundeembryonen eingepflanzt, ergänzte, beendete seine Rede folgendermaßen: »Erlauben Sie mir, daß ich mit dem Brutalsten ende, weil ich leider finde, daß es anders in Deutschland wahrscheinlich nicht geht. Ich zitiere:

Am ersten Tag warfen sie 15 Kinder, von den allerkleinsten bis zu fünfjährigen, in den Ofen. Die Mütter drückten sie an sich und widersetzten sich. Die, die den größten Widerstand leisteten, töteten sie sofort ...

Wenn sie ein Kind in den Ofen steckten, schlossen sie die Überwölkung, so daß die Kinder nicht brannten, sondern gebraten wurden. Die Kinder schrien zuerst, dann schwiegen sie.

Meine Damen und Herren, ich bin dafür, daß wir eingreifen. Ich will nicht mehr schweigen.«[196]

Welcher gute Deutsche wollte da nicht auf der Seite von Hänsel und Gretel stehen? Hier war »Eingreifen« angesagt. Und Karl Lamers, außenpolitischer Sprecher der CDU/CSU-Fraktion, faßte die deutsche Eingreifstimmung zusammen: »Ich muß sagen: Meine Befürchtungen, die ich schon vor Beginn dieser Debatte hatte, daß wir nämlich in Anbetracht eines sich vor unseren Augen abspielenden Grauens reden würden, aber nicht wüßten, was wir als Antwort darauf sagen sollten, haben sich durch das, was der Kollege Schwarz so eindrucksvoll vorgetragen hat, noch verstärkt. Deswegen finde ich es ganz natürlich, daß wir nun zu der Frage kommen: Was denn tun? Es ist eben nicht damit getan, daß wir Politiker ohnmächtig und wütend sind, sondern wir müssen sagen, was wir tun können, um das Grauen zu beenden. Ich stelle fest, daß sich von links – nicht ganz links außen –, von dem Kollegen Voigt bis hin zu dem Kollegen Solms alle in diesem Hause einig sind: Es reicht nur noch ein militärischer Einsatz, so gräßlich wie das ist. Das ist die schreckliche Alternative, vor der wir stehen.«[197]

---

196 Stenografisches Protokoll der 128. Sitzung des 12. Deutschen Bundestages am 10.12.1992, S. 11109.
197 Ebd., S. 11121.

Auch wenn sich die PDS verweigerte, SPD und Grüne noch ein wenig sträubten, die Debatte hatte ihren Zweck erreicht. Die tatsächlich vergewaltigten Frauen und die erfundenen Massenvergewaltigungslager in Bosnien-Herzegowina dienten der Mehrheit der Damen und Herren im Bundestag dazu, mit Gewalt auf militärische Einsätze unter deutscher Beteiligung zu drängen.

Der Zweck heiligte wieder einmal die Mittel, und zu fragen ist, welche Mittel in der Bundesrepublik für zukünftige Zwecke eingesetzt werden? Was werden Politiker wie Lamers und Kinkel, von Schwarz ganz zu schweigen, dem deutschen Volk berichten, worüber und wie werden sie sich empören, wie werden sie mit der Wahrheit umgehen, wie werden sie Nachrichten und Sachverhalte mit Bedacht und Sorgfalt prüfen, wenn es gilt, deutsche Interessen und Wertvorstellungen in der Zukunft auf dem Balkan, auf dem Gebiet der ehemaligen UdSSR oder sonstwo out of area zu verteidigen und militärisch durchzusetzen?

Die in der Bundesrepublik geführte Kampagne um die serbischen Vergewaltigungslager war eines der traurigsten Kapitel in der Politik der einseitigen Parteinahme und der Dämonisierung der Serben. Diese Politik hat die Extremisten auf beiden Seiten gestärkt, sie hat die eine Bürgerkriegspartei ermuntert und die andere noch härter und unnachgiebiger gemacht. Über Jahre hat sie den Konflikt angeheizt, im Bürgerkrieg von außen künstliche Kräfterelationen geschaffen und damit Krieg und Blutvergießen verlängert.

Die Scharfmacher

Schon in Georg Büchmanns »geflügelten Worten«, dem »Zitatenschatz des deutschen Volkes« aus dem vorigen Jahrhundert, findet sich das Wort »Scharfmacher«. Erläutert wird es mit dem Hinweis auf den einflußreichen Unternehmer und Politiker Karl Ferdinand Freiherr von Stumm, der im Herbst 1895 in einer Unterredung mit dem Delegierten der evangelischen Arbeitervereine, Pfarrer Lentze, erklärte, er werde den Kaiser »scharf zu machen suchen zur Anwendung rückhaltloser Gewalt, zum Kampf auf

Leben und Tod«. Im »Büchmann« wird hinzugefügt, daß aus dieser Äußerung das Schlagwort »Scharfmacher« erwuchs, »das in den politischen Kämpfen der letzten Jahre eine große Rolle spielte«.

Zu Zeiten deutscher Zweistaatlichkeit und des Kalten Krieges war »Scharfmacher« eine der gebräuchlichsten Vokabeln, um die Politik der herrschenden Kreise der Bundesrepublik zu kennzeichnen. Inwieweit diese Charakterisierung vor der Geschichte Bestand haben wird, wird die Zukunft zeigen, wenn nach der rastlosen Auf- und Umarbeitung der Vergangenheit der DDR eines Tages auch eine objektive historische Betrachtung der Entwicklung der Bundesrepublik und der Beziehungen zwischen beiden deutschen Staaten erfolgen wird. Der Autor ist hier in vielerlei Hinsicht optimistisch. Ganz sicher ist er sich, daß das Wort »Scharfmacher« exakt die Rolle charakterisiert, die das staatlich vereinigte Deutschland in der Jugoslawienkrise spielte.

Allein schon der Hinweis auf die Politik der Bundesrepublik bei der überstürzten Anerkennung Sloweniens und Kroatiens und der Entfachung des Bürgerkrieges in Bosnien-Herzegowina, der einseitigen Parteinahme und der Dämonisierung der Serben wäre ausreichend, ein so scharfes und noch immer mit dem Odem des Kalten Krieges behaftetes Urteil zu rechtfertigen.

Nicht vergessen werden sollte auch die Rolle der deutschen Außenpolitik, als es im Sommer 1991 darum ging, nach der Proklamation der Unabhängigkeit von Slowenien und Kroatien die blutigen Auseinandersetzungen zwischen Serben und Kroaten, in die zunehmend auch die Jugoslawische Volksarmee involviert war, zu beenden und den Vielvölkerstaat vor weiterem Chaos und Anarchie zu retten. Das jugoslawische Staatspräsidium, die Führungen einzelner Republiken und der Armee unternahmen Anstrengungen, einen dauerhaften Waffenstillstand durchzusetzen, die Lage zu entspannen und den Konflikt doch noch friedlich zu lösen. Am 20./21. August trafen in Belgrad das Staatspräsidium und die Führer der Republiken zu einer Krisensitzung zusammen. Sie verabschiedeten ein Minimalprogramm der politischen und wirtschaftlichen Zusammenarbeit. Eingesetzt wurde eine Kommission zur Ausarbeitung eines Vertrages über die künftige Form des Vielvölkerstaates. Hoffnungszeichen setzte auch die Vereinbarung eines Treffens der Führungen der Volksarmee und der Republik Kroatien.

Ebenfalls am 20. August fand in Den Haag eine außerordentliche Ministertagung der Europäischen Politischen Zusammenarbeit (EPZ) statt. Die Minister, so wurde erklärt, »begrüßen die Bereitschaft aller betroffenen Parteien, Verhandlungen über die Zukunft Jugoslawiens aufzunehmen, und fordern alle Parteien auf, diese Verhandlungen im guten Glauben zu führen«.[198] Am gleichen Tag traf sich Bundesaußenminister Genscher mit dem slowenischen und dem kroatischen Außenminister und beriet mit ihnen die Lage sowie das weitere Vorgehen. Vier Tage später, am 24. August 1991, bestellte er den jugoslawischen Botschafter in Bonn, den Slowenen Boris Frlec, ein und erklärte wörtlich: »Wenn das Blutvergießen weitergeht und wenn die Politik der gewaltsam vollendeten Tatsachen mit Unterstützung der jugoslawischen Armee nicht sofort eingestellt wird, muß die Bundesregierung die Anerkennung Kroatiens und Sloweniens in den festgelegten Grenzen ernsthaft prüfen. Sie wird sich für eine entsprechende Prüfung auch innerhalb der EG einsetzen.«[199] Aus der Sprache der Diplomaten ins Deutsche übersetzt hieß das: Wenn der Waffenstillstand weiter nicht eingehalten wird, erkennen wir Slowenien und Kroatien an.

Statt ausgleichend und vermittelnd zu wirken, goß die offizielle deutsche Politik damit Öl in das Feuer des Bürgerkrieges und unterlief die innerjugoslawischen und internationalen Bemühungen um eine friedliche Regelung des Konfliktes. Mit der Erklärung, Kroatien im Falle einer Fortsetzung der Kämpfe diplomatisch anzuerkennen, wurden die eben nach Anerkennung strebenden Kräfte zum Bruch des Waffenstillstandes ermuntert. Die Anerkennungsdrohung beflügelte die Falken auf beiden Seiten: Der Waffenstillstand blieb auf dem Papier, die Friedensbemühungen scheiterten und der Bürgerkrieg eskalierte.

Ende Oktober 1993 verbreitete der Geschäftsträger a.i. der Bundesrepublik Jugoslawien in Bonn, Zoran Jeremić einen Ap-

---
198 dpa, 20.8.1991.
199 Deutscher Bundestag, 12. Wahlperiode, Drucksache 12/1097.

pell seiner Allerheiligkeit des serbischen Patriarchen Pavle an die deutsche Öffentlichkeit, in dem dieser über die Folgen der über Restjugoslawien verhängten Sanktionen informierte und um Hilfe ersuchte. Der Patriarch schrieb: »Unter dem Bürgerkrieg auf dem Gebiet des früheren Jugoslawien, der traurigerweise immer noch anhält, leidet die unschuldige Zivilbevölkerung am meisten, unabhängig davon, welcher Religion oder Nationalität sie auch immer angehören mag.

Der Winter steht vor der Tür, während Tausende von Familien obdachlos geworden sind, ohne Nahrung, Kleidung, Schuhe, Arznei, ohne Hygieneartikel und sonstwie dringend benötigte Mittel zum Überleben.

Aus Mangel an Hygienemitteln und wegen der schlechten Ernährung ist es schon zum Ausbruch von Epidemien und Krankheiten gekommen (Tuberkulose u. a.), was im Vergleich zum Vorjahr zu einer Steigerung der Sterbequote von 20 Prozent geführt hat.

Außerdem befinden sich auf dem Gebiet von Serbien und Montenegro etwa 700.000 Flüchtlinge aus den Kriegsgebieten. Unter ihnen befindet sich eine große Zahl von Moslems und Katholiken. Die Hilfe, die die serbische Kirche aus der Heimat und aus dem Ausland von Serben und anderen kirchlichen Organisationen bekommt, wird gleichmäßig an alle verteilt, denen es am Nötigsten fehlt und die leiden, unabhängig davon, welcher Religion oder Nationalität sie auch immer angehören mögen. Diese Hilfe ist jedoch nicht ausreichend für so einen großen Bedarf.

Sollte eine organisierte und größere Hilfe nicht erfolgen, wird eine große Zahl von Flüchtlingen und bedrohter Bevölkerung den bevorstehenden Winter nicht überstehen können, und zwar vor allem Kinder, alte Leute und Schwache.

Wir wenden uns, im Namen Jesus Christus, an Sie und an alle Leute guten Willens um Hilfe oder um einen Appell bei den zuständigen internationalen Gremien, daß die ungerechten Sanktionen aufgehoben werden, die hauptsächlich die Unschuldigen und Schwächsten treffen.

Im voraus beten wir zu unserem Herrn für alle, die Hilfe leisten, möge Er ihnen ihre Hilfe mit allem nur erdenklichen Guten und Erfolg bei ihrer Arbeit vergelten.«

Der Patriarch schloß mit brüderlichen Grüßen, doch von einer Reaktion seiner Brüder in der christlich-liberalen Regierung in Bonn wurde nichts bekannt. Die um Hilfe ersuchte bundesdeutsche Öffentlichkeit blieb weitgehend uninformiert. So hatte denn Seine Allerheiligkeit umsonst im voraus zu seinem Herrn gebetet. Wozu sollte man sein Flehen erhören, schließlich hatte er seinen Sitz in Belgrad und war zudem noch Serbe.

Die bundesdeutsche Regierung ließ in den letzten Jahren keine Gelegenheit aus, sich ihrer humanitären Hilfe für das vom Bürgerkrieg gepeinigte Balkanland zu rühmen. Diese war tatsächlich nicht gering. Die Bundesrepublik nahm von allen EG-Staaten mit Abstand die meisten Flüchtlinge aus dem ehemaligen Jugoslawien auf. 1994 überstieg ihre Zahl nach offiziellen Angaben 400.000. Hinsichtlich ihres finanziellen Beitrages lag sie international an zweiter Stelle. Viele Organisationen, Gemeinden sowie Bürgerinnen und Bürger leisteten den Opfern des Bürgerkrieges eine umfangreiche Hilfe.

Doch die katastrophalen Folgen der Sanktionen gegen Serbien und Restjugoslawien riefen, von einer verschwindenden Minderheit von Hilfsorganisationen und einzelnen selbstlosen Enthusiasten abgesehen, wenig oder gar kein Mitgefühl hervor. Die antiserbische Phalanx hatte gründlich gearbeitet. Die Serbophobie war so groß, daß selbst von Teilen der Bundestagsgruppe der PDS noch im November 1995, also nach dem Abschluß des Dayton-Abkommens, lediglich die »schrittweise« Aufhebung der Sanktionen verlangt wurde. Wie anders war dagegen die Position, die Hans Modrow im vorangegangenen Bundestag, exakt zwei Jahre zuvor, vertreten hatte.

»Nächstenliebe und Humanität sollten«, so hob der damalige außenpolitische Sprecher der Abgeordnetengruppe der PDS/Linken Liste hervor, »keine Grenzen kennen, sie müssen frei sein von engen verhandlungstaktischen oder gar machtpolitischen Erwägungen. Wer in Bosnien aus nicht anzuzweifelnden humanitären Motiven bemüht ist, die bestehende große materielle Not, den Mangel an Nahrungsmitteln, Medikamenten und Heizmaterialien, dem täglich Frauen, Männer und Kinder aller Bevölkerungsgruppen zum Opfer fallen, zu lindern, sollte Handlungen unterlassen, die dazu angetan sind, in anderen Regionen die Leiden der Menschen zu vergrößern. Aber gerade das sind die schlimmen Folgen der einseitigen Sanktionen gegen die aus Serbien und Montenegro bestehende Bundesrepublik Jugoslawien. In ihrem Ergebnis leiden auch hier – wie erschütternde Berichte von Augenzeugen erneut bestätigen – Millionen von Menschen, vor allem Alte, Kinder und Kranke sowie die mehr als 600.000 Flüchtlinge aus anderen Landesteilen, bitterste Not ... Natürlich wird man über den Sinn und Zweck ökonomischer Sanktionen zur Durchsetzung politischer Forderungen auch zukünftig unterschiedlicher Auffassung sein ... Aber kein Zweifel kann daran bestehen, daß sie für Millionen unschuldiger Menschen Not und Elend, dessen Linderung Vorrang vor jeglichem machtpolitischem Kalkül haben sollte, außerordentlich verschärft haben. Die schnellstmögliche Aufhebung der ein ganzes Volk würgenden Sanktionen ist deshalb ein Gebot des Humanismus. Es muß für alle Menschen im zusammengebrochenen Jugoslawien, unabhängig von ihrer nationalen und staatlichen Zugehörigkeit, gelten.«[200]

Auch aus völkerrechtlicher Sicht beruhte das gegen Jugoslawien verhängte Embargo – wie übrigens alle gegen Staaten verhängten Wirtschaftssanktionen – auf einer fragwürdigen Grundlage. Oberflächlich betrachtet, stand der Embargobeschluß in vollster Übereinstimmung mit der Charta der Vereinten Nationen. Schließlich heißt es in derem Artikel 41: »Der Sicherheitsrat kann beschließen, welche Maßnahmen – unter Ausschluß von Waffengewalt – zu ergreifen sind, um seinen Beschlüssen Wirksamkeit zu verleihen; er kann die Mitglieder der Vereinten Nationen auffordern, diese Maßnahmen durchzuführen. Sie können die vollständige oder teilweise Unterbrechung der Wirtschaftsbeziehungen, des Eisenbahn-, See- und Luftverkehrs, der Post-, Telegraphen- und Funkverbindungen sowie sonstigen Verkehrsmöglichkeiten und den Abbruch der diplomatischen Beziehungen einschließen.«[201]

Aber die UN-Charta ist nicht die »Heilige Schrift« des Völkerrechts. Es existieren multilaterale internationale Verträge, die

---

200 Pressedienst PDS/Linke Liste im Bundestag, 25.11.1993.
201 Charta der Vereinten Nationen, Kommentar, Hrsg. Bruno Simma, München 1991, S. LXXV.

jüngeren Datums sind und ebenfalls bindende Völkerrechtsnormen begründen. Zu ihnen zählt der Internationale Pakt über wirtschaftliche, soziale und kulturelle Rechte von 1966, in dessen Artikel 1 es heißt: »In *keinem* Fall (Hervorhebung – R. H.) darf ein Volk seiner eigenen Existenzmittel beraubt werden.«[202] Und im Artikel 32 der Charta der wirtschaftlichen Rechte und Pflichten der Staaten von 1974 ist ausdrücklich festgelegt: »Kein Staat darf die Anwendung ökonomischer, politischer und anderer Maßnahmen praktizieren oder ermutigen, um auf einen anderen Staat mit dem Ziel Druck auszuüben, von ihm eine Unterordnung in der Ausübung seiner souveränen Rechte zu erreichen.«[203] Beides widerfuhr der heutigen Bundesrepublik Jugoslawien.

Selbst in der UN-Charta sind völkerrechtliche Normen enthalten, die strangulierende Wirtschaftssanktionen ausschließen sollten. Dazu gehören die in Artikel 2 vereinbarten Verbote der Anwendung von Gewalt sowie von Interventionen. Die staatssozialistischen und die Entwicklungsländer vertraten jahrzehntelang die Auffassung, daß ökonomische Sanktionen diesem Gewalt- und Interventionsverbot widersprechen. Nachdem erstere in Europa verschwunden und die zweiten weitgehend allein geblieben sind, bestimmen zuweilen allein die USA und ihre Verbündeten, was Völkerrecht und was Völkerunrecht ist. Als z. B. die arabischen Staaten in der ersten Hälfte der 70er Jahre während des sogenannten 4. israelisch-arabischen Krieges Erdöl als politische Waffe einsetzten und einen Ölboykott verkündeten, deklarierten die westlichen Industriestaaten, deren ökonomische Interessen davon empfindlich getroffen worden waren, diesen als Verletzung geltenden Völkerrechts. Derartige ökonomische Nachteile waren für sie vom Boykott Jugoslawiens nicht zu befürchten, ipso facto galten sie als völkerrechtlich korrekt.

Die Sanktionsspirale war 1991 in Gang gesetzt worden. Mit der Begründung, die Regierung der jugoslawischen Föderation habe auf einen Friedensvorschlag nicht entsprechend reagiert, setzte die EG am 8. November Wirtschaftssanktionen gegen Ser-

---

202 Menschenrechte in der Welt, Dokumentation, Hrsg. Auswärtiges Amt, Bonn 1988, S. 60.
203 Resolutionen zu Grundfragen der internationalen Wirtschaftsbeziehungen, zusammengestellt von Wolfgang Spröde, Berlin 1978, S. 318.

bien und Montenegro in Kraft, denen sich die USA anschlossen. Am 30. Mai 1992 verabschiedete der UNO-Sicherheitsrat bei Stimmenthaltung von China und Simbabwe die Resolution 757, mit der schärfste Sanktionen verhängt wurden. Sie umfaßten das Verbot des Handels sowie von anderen Geschäften und finanziellen Transaktionen mit Jugoslawien, der Benutzung jugoslawischer Schiffe und Flugzeuge, die Einfrierung von jugoslawischem Auslandsvermögen, ein Überflug- und Landeverbot für jugoslawische Flugzeuge, das Verbot der Teilnahme jugoslawischer Sportler an internationalen Wettbewerben, die Einstellung jeglicher wissenschaftlich-technischer und kultureller Zusammenarbeit mit Jugoslawien. Mit weiteren UNO-Resolutionen wurden die Sanktionen im November 1992 und April 1993 noch einmal verschärft – an der montenegrischen Adria-Küste wurde eine Seeblockade errichtet, jugoslawische Verkehrsmittel im Ausland wurden beschlagnahmt.

Jugoslawien, früher von allen Seiten umworben, war, territorial amputiert und nur noch aus Serbien und Montenegro bestehend, zum Paria in der internationalen Gemeinschaft geworden. Die Wirtschaft wurde in den Ruin, ein ganzes Volk, darunter Hunderttausende Bürgerkriegsflüchtlinge, in Hunger und Elend getrieben.

Die für die Außenpolitik Verantwortlichen in Bonn konnten sich zufrieden und satt in ihren Sesseln zurücklehnen: Die Sanktionen waren zuvörderst ihr Erfolg. Teilen mußten sie ihn mit den für die Außenpolitik der Regierung eigentlich Nichtverantwortlichen, den Vertretern der SPD-Opposition. Diese gehörten – wie schon bei der Forderung nach Anerkennung Sloweniens und Kroatiens – zu denen, die vorangingen. Ihr außenpolitischer Sprecher Karsten Voigt hatte schon am 8. Oktober 1991, sich im Gewirr der jugoslawischen Widersprüche und Konflikte verirrend, einen »Staatsstreich des serbischen Blocks gegen die verfassungsmäßige Ordnung« ausgemacht und von den EG-Außenministern gefordert: »Statt Sanktionen immer nur anzudrohen, hätten längst einschneidende Sanktionen durchgeführt werden müssen. Statt den Mund immer nur zu spitzen, müssen sie endlich auch einmal pfeifen.«[204]

---

204 Pressedienst Die SPD im Deutschen Bundestag, 8.10.1991.

Bei der Regierung wurden mit solchem Oppositionsverlangen offene Türen eingerannt. Die EG-Verbündeten dagegen sträubten sich, dem Drängen Bonns nachzugeben. Erst als dieses zum erpresserischen Druck wurde, stimmten sie einem Teil der geforderten Sanktionen zu. Am 6. November 1991 konnte der deutsche Kanzler höchstselbst vor dem Bundestag verkünden: »Ich begrüße, daß die EG-Außenminister am 4. November 1991 wirtschaftliche Sanktionsmaßnahmen beschlossen haben. Dabei geht es vor allem darum, das serbische Lager von der Aussichtslosigkeit seiner Gewaltpolitik zu überzeugen. Dieser Beschluß ist nicht zuletzt aufgrund unserer beharrlichen Überzeugungsarbeit, auch gegenüber unseren EG-Partnern, zustande gekommen.«[205]

Wie sanft und behutsam die Bundesrepublik ihre »beharrliche Überzeugungsarbeit« geleistet hatte, war der Rede von Außenminister Genscher zu entnehmen, der in der selben Parlamentsdebatte erklärte: »Wir *erwarten*, daß am Freitag das Paket von Sanktionen ... in Kraft gesetzt wird. Wir *erwarten*, daß alle Mitgliedsstaaten der Europäischen Gemeinschaft, die bekanntlich am Montag alle zugestimmt haben, am Freitag mit uns dieses Paket in Kraft treten lassen. Ich möchte nicht verschweigen, daß bei einem anderen Verhalten eine schwerwiegende Krise in der Europäischen Gemeinschaft entstehen würde.«[206]

Der bundesdeutsche Erwartungskatalog war damit bei weitem nicht erschöpft. Der Außenminister fuhr fort: »Wir *erwarten* aber auch, daß über diese Maßnahmen hinaus nunmehr auch die anderen Staaten den Vorschlägen zustimmen, die die Bundesregierung schon im letzten Monat und zuletzt am letzten Montag vorgelegt hat, nämlich gegen diejenigen, die sich dem Friedensprozeß verweigern, ein umfassendes Handelsembargo einschließlich eines Ölembargos und eines Embargos für Kohle und Stahl zu verhängen ... Wir *erwarten* weiter, daß, unter Koordinierung der Kommission der Europäischen Gemeinschaft, durch Zusammenwirken unserer Staaten der Kapital- und Zahlungsverkehr für diejenigen Republiken blockiert wird, die den Friedensprozeß verweigern.

---

205 Stenografisches Protokoll der 53. Sitzung des 12. Deutschen Bundestages am 6.11.1991, S. 4367.
206 Ebd., S.4383.

Wir *erwarten*, daß keine Exportlizensen mehr für sensitive Güter und Technologien gegeben werden. Wir *erwarten* die Suspendierung der wissenschaftlich-technischen Zusammenarbeit. Wir *erwarten* die Suspendierung der bilateralen Abkommen, die sich mit dem Verkehr auf der Straße, zu Wasser und in der Luft befassen.«[207]

Als die internationale Gemeinschaft nicht bereit war, den Bonner Erwartungen in allen Punkten zu entsprechen, beschloß die Bundesregierung im Alleingang weitere Sanktionen, die am 10. Dezember 1991 in Kraft traten. Parallel dazu arbeitete sie unverdrossen an der internationalen Embargofront, so lange, bis Genscher-Nachfolger Kinkel mit stolzer Brust vor dem Bundestag am 27. Juli 1992 feststellen konnte, daß die »UN-Sanktionen gegen Serbien und Montenegro« »nicht zuletzt auf unser Betreiben« beschlossen wurden.[208]

Wie anders doch verhielt sich der »ehrliche Makler«, wenn es um Kroatien ging! Als die kroatische Armee im Sommer 1995 mit der Operation »Gewittersturm« in die serbisch besiedelte, unter UN-Schutz stehende Krajina einmarschierte und Hunderttausende Serben vertrieb, stellte sich die Bundesrepublik in den Vereinten Nationen schützend vor Zagreb, und Außenminister Kinkel erklärte gar, »daß vielleicht durch die eingetretene Situation neue Chancen für politische Friedensverhandlungen gegeben sind«.[209] Ein knappes Jahr danach brüstete sich der scheidende Botschafter Bonns in Zagreb, Horst Weisel, schon in aller Öffentlichkeit damit, daß sich die Bundesrepublik »konsistent und kräftig« allen Sanktionsforderungen gegen Kroatien widersetzt habe.[210]

Der deutschen Embargopolitik in der Jugoslawienkrise lag ein schlichtes und einprägsames Raster zugrunde: Sanktionsverhängung gegen die Serben, Sanktionsverhinderung gegenüber Kroatien, Embargostopp für die Moslems. Wiederholt setzte sich die

---

207 Ebd., S. 4384.
208 Stenografisches Protokoll der 101. Sitzung des 12. Deutschen Bundestages am 22.7.1992, S. 8609.
209 Interview mit Klaus Kinkel, Kölner Stadtanzeiger, 9.8.1995.
210 Interview mit Horst Weisel im Globus, zitiert nach Sächsische Zeitung, 2.8.1996.

Bundesrepublik für die Aufhebung des Waffenembargos gegenüber den Moslems in Bosnien-Herzegowina ein. Zuweilen bediente sie sich dabei auch diplomatischer Kunstgriffe, so, als sich Helmut Kohl im Sommer 1993 auf dem EG-Gipfel in Kopenhagen auf einen Brief von USA-Präsident Clinton berief, der ihn persönlich um Unterstützung in dieser Sache gebeten habe.

Der Kunst- erwies sich als Fehlgriff. Die USA dementierten, eine derartige Aufforderung an Bonn gerichtet zu haben, und die EG-Partner wiesen das Ansinnen des Kanzlers zurück. Vor allem Frankreich und Großbritannien vertraten die Auffassung, daß Waffenlieferungen nach Bosnien nur zu weiterem Blutvergießen führen würden. Dieses Mal ließen sich die EG-Partner nicht scharf machen, trotz persönlichem Einsatz blieb Kohl isoliert, was er nach dem Gipfel selbst und zutreffend in die Worte kleidete: »Wir stehen allein.«[211]

Lange währte das Bonner Alleinsein indes nicht. Schon kurz danach einigten sich die USA und die Bundesrepublik, das von der UNO beschlossene Waffenembargo offiziell beizubehalten, aber seine Mißachtung, z. B. durch iranische Waffenlieferungen an die bosnischen Moslems, nicht zu beachten. Der frühere Bosnien-Vermittler Richard Holbrooke, bis März 1996 Abteilungsleiter für Europa und Kanada im US-Außenministerium, meinte dazu in einem Interview mit der »Frankfurter Rundschau« vom 14. Juni 1996 ziemlich offenherzig: »Tatsächlich wußte jeder, daß Waffen durchkamen ... Aber wenn man heute auf die Details schaut, sind sie – wie Bismarck einst von der Wurstherstellung und Gesetzgebung sagte – kein schöner Anblick ... Die seit April 1994 faktisch bestehende, aber geheime Politik des nicht Hinsehens wurde im Herbst offizielle US-Politik. Dadurch kam es zwischen den USA und Frankreich sowie Großbritannien zu den schärfsten Spannungen seit Suez 1956. Ich wurde damals Abteilungsleiter, und die US-europäischen Beziehungen zu erhalten, glich einem Bronco-Ritt bei einer Wildwestshow. Während dieser Periode verstanden nur die Deutschen unsere Position, Kanzler Kohl, Außenminister Kinkel...«[212]

---

211 Der Spiegel, 26/1993, S. 30.
212 Frankfurter Rundschau, 14.6.1996.

Warum auch sollten Deutsche die US-amerikanische Position nicht verstehen, wenn sie selbst von Beginn des Bürgerkrieges an für Rüstungsnachschub nach Kroatien und später nach Bosnien-Herzegowina sorgten? Fernsehmagazine wie »Monitor« und »Kennzeichen D« haben wiederholt über deutsche Waffenlieferungen, vor allem aus den Arsenalen der NVA der DDR, in das Krisengebiet auf dem Balkan unterrichtet. Nicht ausbleibende Dementis von der Hardthöhe konnten wenig ausrichten, denn selbst die Amerikaner machten im Gegensatz zu ihrer geheimen Politik in Sachen iranischer Waffenlieferungen aus den Details der deutschen »Wurstherstellung«, sprich deutschen Waffenlieferungen auf den Balkan, kein Geheimnis. Bereits Anfang 1993 spielten sie deutschen Friedensinitiativen – aus welchen Gründen auch immer – eine von der »Defense & Foreign Affairs Strategic Policy« veröffentlichte detaillierte Aufstellung derartiger Lieferungen zu. Unter der Überschrift »Illegale deutsche Waffen nach Kroatien und Bosnien heizen den Balkankonflikt an« hieß es in der seit 1972 von der International Media Corporation in London herausgegebenen Informationsschrift für Sicherheitsfragen: »Der Krieg in den früheren jugoslawischen Republiken wird durch ein massives und komplexes System von Waffenlieferungen per Schiff nach Kroatien und Bosnien-Herzegowina, finanziert und organisiert von Deutschland, angeheizt. *Defense & Foreign Affairs Strategic Policy* hat ein weitgefächertes System von Waffenlieferungen per Schiff aufgedeckt, denen es mit der stillschweigenden Billigung (und zuweilen offensichtlich der direkten Unterstützung) der Regierungen Deutschlands und Österreichs, und möglicherweise anderer Staaten, gestattet wird, nach Kroatien und Bosnien zu gelangen. Deutschland hat auch die Reise von deutschen Bürgern nach Kroatien und Bosnien, die gegen die serbischen Bewohner dieser zwei früheren jugoslawischen Staaten kämpfen, bewußt ignoriert. All diese Aktivität verstößt sowohl gegen deutsche und österreichische Gesetze als auch gegen das internationale Embargo gegen Waffenlieferungen in die Konfliktzone ...«[213]

---

213 »Defense & Foreign Affairs Strategic Policy«, 31.12.1992.

Die Aufstellung beginnt mit dem 4. Oktober 1991 und endet im Juli/August 1992. Wahllos seien an dieser Stelle drei von 17 aufgelisteten Lieferungen herausgegriffen:

»4. Oktober 1991: Ein Konvoi von drei Lastkraftwagen mit Anti-Panzerwaffen und 40.000 Militäruniformen erreicht, von Bielefeld, Deutschland kommend, die kroatische Hauptstadt Zagreb ...

Mitte Januar 1992: Waffen und Militärausrüstungen im Werte von 5.000.000 DM werden per Schiff in den Hafen von Rijeka gebracht. Sie befinden sich in einem Container von 17,5 Tonnen. Zu ihrem Inhalt gehören Nachtsichtgeräte für Scharfschützen, Nachtsicht-Ferngläser, IC-Feldstecher, optische Zielgeräte, Radios für Fahrzeuge, mobile Radioanlagen und eine große Menge von Munition verschiedenen Kalibers. Drei Tonnen dieser Waffen wurden sofort an die bei Šibenik stationierte 113. Brigade der kroatischen Armee geschickt ...

10.-13. April 1992: Weitere 60 Panzer aus Deutschland (wiederum wird angenommen, daß es sich um frühere ostdeutsche Panzer aus der »T«-Serie handelt) werden im Hafen von Koper ausgeladen und im Lager von Kukuljanovo in der Nähe von Rijeka gelagert ...«[214]

Bis zum heutigen Tag gibt es keinen Hinweis darauf, daß sich eine Untersuchungskommission des Bundestages mit diesen und den vielen anderen Informationen über den Bruch des Waffenembargos befaßt, obwohl das Parlament jahrelang nicht müde wurde, die Umgehung des gegen Restjugoslawien verhängten Embargos zu beklagen und den Einsatz deutscher Militärs und Zollbeamten bei der Abriegelung Serbiens und Montenegros zu würdigen. Aber in diesem Fall ging es schließlich weniger um Waffen als vielmehr um Rohstoffe, Heizmaterial, Nahrungsgüter und Medikamente!

Auf dem Kopenhagener Gipfel hatte Kinkel seinen Kanzler mit dem Clinton-Brief-Kunstgriff bei dem Anliegen, das Waffenembargo gegen die Moslems offiziell aufzuheben, schlecht beraten. Er hätte wissen müssen, daß gerade in der Diplomatie blinder Eifer nur schaden kann, hatte er doch selbst ein Jahr zuvor eine schmerzhafte Bauchlandung vollzogen, als er sich im Übereifer offen für eine gefährliche Ausweitung und Internationalisierung

---

214 Ebd.

des Bürgerkrieges in Bosnien ausgesprochen hatte. Im Südwestfunk antwortete er auf die Frage, ob auch er eine Islamisierung des Krieges befürchte: »Ich finde, daß es absolut verständlich ist, daß die islamische Welt den bedrängten Moslems zu Hilfe kommt. Das ist doch mehr als normal. In den islamischen Ländern werden zunehmend Überlegungen angestellt, wie man helfen kann. Es wird natürlich auch für Freiwillige geworben, die sich als kämpfende Einheiten zur Verfügung stellen – in der Türkei beispielsweise und anderen Ländern; das wissen wir. Das hat sich alles noch nicht so artikuliert, wie andere Dinge in diesem Konflikt sich artikuliert haben. Aber ich bin ziemlich sicher, daß die islamische Welt nicht zulassen wird, daß die eigenen Glaubensbrüder dort sozusagen abgeschlachtet werden.«[215]

Als diese Äußerung verständlicherweise national und international auf Protest stieß, mußte Kinkel statt zum islamischen Angriff zum diplomatischen Rückzug blasen. Schon tags darauf teilte er im Morgenmagazin des Westdeutschen Rundfunks mit, er sei »da mit einer Äußerung etwas mißverstanden worden«. Um zu erklären, was er eigentlich gesagt habe, behauptete Kinkel etwas erklärt zu haben, was er nicht gesagt hatte: »Ich habe deutlich und klar gesagt: Es gibt ein stärker erkennbares islamisches Interesse an den Ereignissen im früheren Jugoslawien. Und es ist ja mehr als verständlich, denn natürlich wollen die islamischen Länder nicht mitansehen, wie einfach ihre Glaubensbrüder abgeschlachtet werden. Aber ich habe ausdrücklich erklärt, um Gottes willen, dieses Engagement muß kanalisiert werden, richtig kanalisiert werden und darf eben nicht zu militärischen Eingriffen führen, sondern muß zu anderer Hilfe führen. Ich habe darüber gesprochen, daß wir Erkenntnisse haben, daß Freiwillige beispielsweise in der Türkei, in anderen Ländern sich melden. Das wollen wir eben gerade nicht, sondern wir wollen, daß die islamischen Länder sich politisch engagieren, um friedlich den Konflikt in den Griff zu bekommen, und mithelfen in Genf und überall sonst. Also, um Gottes willen keine Ermunterung zum Eingreifen; im Gegenteil.«[216] Ein klassisches Dementi.

---
215 Fernseh-/Hörfunkspiegel des Bundespresseamtes vom 2.9.1992.
216 Fernseh-/Hörfunkspiegel des Bundespresseamtes vom 4.9.1992.

Der Ruf nach ausländischem bewaffnetem Eingreifen in den jugoslawischen Bürgerkrieg war am Rhein schon sehr frühzeitig erklungen. Bereits Anfang November 1991 erklärte Wolfgang Schäuble, damals noch Bundesinnenminister, auf einem Deutschlandtag der Jungen Union, die Europäische Gemeinschaft müsse in Jugoslawien »notfalls auch militärisch eingreifen, um das Blutvergießen zu beenden«.[217] Norbert Gansel, zu dieser Zeit Vorsitzender des außenpolitischen Arbeitskreises der SPD, bezeichnete diese Äußerung als »leichtfertig und unverantwortlich«. »Ein militärisches Eingreifen würde«, so meinte er, »das Blutvergießen nur noch vergrößern. Ein solches Eingreifen ist völkerrechtlich nicht zulässig und militärisch nicht möglich.«[218]

Bekanntlich sind Gansel und die Seinen dieser Haltung nicht treu geblieben. Schritt für Schritt marschierten sie in Richtung derjenigen, die immer offener dazu aufriefen, in Jugoslawien einzumarschieren oder wenigstens einzufliegen. Noch kein Jahr war seit der Gansel-Kritik an Schäuble vergangen, da berichtete die »Frankfurter Allgemeine Zeitung« folgendes über eine Erklärung des Ex-Ministers und SPD-Abgeordneten Andreas von Bülow: »Wenn man mit ›massiver Luftintervention‹ den Serben die Lufthoheit nehme, sei mit einem Abnehmen der Kämpfe zu rechnen. Es müsse verhindert werden, daß die NATO mit Bodentruppen in einen langen Krieg ›mit Partisanenelementen‹ verwickelt werde. Doch solle die jugoslawische Armee mit gezielten Luftangriffen auf den Nachschub für die Artillerie ausgeschaltet werden.«[219]

Wo war der Unterschied zu Bülows Bundestagskollegen in der CDU/CSU-Fraktion geblieben? Er hatte sich verflüchtigt wie später beim Asylkompromiß. Karl Lamers forderte eingedenk deutscher Balkantraditionen im Ersten und Zweiten Weltkrieg ein Ultimatum: »Wenn die Serben den Waffenstillstand ... bis heute um 24 Uhr nicht einhalten, müssen die EG-Außenminister erneut zusammenkommen und einen schnellen Militäreinsatz zum Schutz der Menschen in Bosnien vorbereiten.«[220] Sein Parteifreund Gerster, eigentlich innenpolitischer Fraktionssprecher,

---

217 dpa, 2.11.1991.
218 Pressedienst Die SPD im Deutschen Bundestag, 3.11.1991.
219 Frankfurter Allgemeine Zeitung, 8.8.1992.
220 Süddeutsche Zeitung, 22.7.1992.

erwies sich auch außenpolitisch als Scharfschütze: »Wenn ein Angriff, dann schnell. Dann aber keinen Dauerkrieg mit Landtruppen, sondern einen gezielten Schlag gegen Luftwaffe, Flugplätze und gegen die Raketenbasen der Serben.«[221]

Es waren schon illustre Kreise, die sich für militärische Schläge gegen die Serben einsetzten. Mitunter agierten sie in personellen Zusammenschlüssen, deren selbsloses, humanistisches Anliegen schlechterdings nicht anzuzweifeln war. So bei dem, der im Februar 1993 in der Hamburger »Die Zeit« eine Annonce finanzierte, in der auf einem Drittel der Zeitungsseite unter der fetten Überschrift in großen Balken »Wer jetzt nicht handelt, macht sich mitschuldig« ein »begrenzter militärischer Einsatz von Nato-Luftstreitkräften zur präzisen Zerschlagung der wichtigsten serbischen Angriffswaffen« gefordert wurde.[222] Die Liste der Unterzeichner glich einer parteiübergreifenden Aufstellung bekannter Friedensbringer. Zu ihnen gehörten: Stefan Schwarz, CDU-MdB; Horst Niggemeier, SPD-MdB; Christian Schwarz-Schilling, Bundesminister a. D.; Oskar Prinz von Preußen aus Berlin; Ferdinand Fürst von Bismarck: Heinz Eggert, Sächsischer Innenminister; J. A. Graf von Kielmansegg; Claus Kuhnke, Brigadegeneral a. D.

Wenige Wochen danach erläuterte Stefan Schwarz, daß das militärisch alles »ganz einfach« sei. Vom bosnischen Armeechef habe er 107 Ziele erfahren, darunter sieben Brücken über die Drina, die – offenkundig gehörten sie zu den annoncierten »wichtigsten serbischen Angriffswaffen« – bombardiert werden müßten. Was man im einzelnen über Truppenstärken wissen müsse, »habe ich alles in meinem Büro liegen«. Diese zutiefst pazifistischen Äußerungen machte das CDU-Mitglied des Verteidigungsausschusses des Bundestages auf der Jahresversammlung der Gesellschaft für bedrohte Völker in Hannoversch Münden, deren Teilnehmer ihm auch starken Beifall spendeten, als er dazu aufrief, auf London und Paris Druck auszuüben, um diese für eine Militärintervention zu gewinnen.[223]

---

221 Zitiert nach Knut Mellenthin: Der jugoslawische Bürgerkrieg und die internationale Politik, Material der PDS-Bundestagsgruppe, S. 11.
222 Die Zeit, 19.2.1993.
223 Siehe Bericht der Frankfurter Rundschau, 24.5.1993.

Zwei Jahre später, selbst innerhalb der NATO waren begrenzte Luftschläge noch immer heftig umstritten, wurden in Deutschland längst weitergehende Forderungen aufgestellt: »Statt über Luftangriffe müßte meines Erachtens über ein anderes Konzept nachgedacht werden. So provozierend das auch klingen mag: Es geht um die vollständige Entwaffnung aller Kriegsparteien und um die Demilitarisierung dieses Landes, um auch langfristig einen Frieden auf dem Balkan zu sichern. Dazu müßten die Eliteeinheiten der europäischen und nordamerikanischen Armeen Bosnien-Herzegowina in einer gemeinsamen Aktion besetzen und die gesamte Bevölkerung beziehungsweise die diversen Streitkräfte entwaffnen.« Der das schrieb, und zwar in der »Welt« vom 26. Februar 1994, Tilman Fichter war Referent für Schulung und Bildung beim Parteivorstand der SPD. Er forderte nicht nur militärische Aktionen gegen die bosnischen Serben, sondern wollte gleich auch der Armee Jugoslawiens den Krieg erklären.

»Sollten die Nationalkommunisten in Serbien,« so schrieb er, »eine solche supranationale Hilfsaktion in Bosnien militärisch vereiteln, dann wäre ein Militärschlag der Nato gegen die großserbisch dominierte ex-jugoslawische Volksarmee nicht mehr zu vermeiden. Ein solcher (regional nach wie vor begrenzter) Krieg wäre jedoch ... ›weiß Gott kein einfacher Blauhelm-Einsatz‹ mehr. In einer solchen Situation müßte die Nato den Serben klarmachen, daß ihre Armee jetzt gegen die gesamte Nato-Streitmacht zu kämpfen hätte.«

Für Tilman Fichter bestand kein Zweifel daran, daß dieser Streitmacht auch Soldaten der Bundeswehr angehören sollten. Auf die selbst gestellte Frage: »Dürfen sich deutsche Truppen – fünfzig Jahre nachdem Hitlers Armee in Jugoslawien gehaust hat – an einer Miltäraktion beteiligen?« lautete die Antwort: »... Eindeutig: ja. Denn der versuchte Völkermord der Deutschen und Österreicher in Auschwitz an den europäischen Juden verpflichtet geradezu die Demokraten in Deutschland (beziehungsweise in Österreich) zu einem eindeutigem Engagement für Menschenrechte und die bürgerlichen Freiheiten.«[224]

---

224 Tilman Fichter: »In der neuen Heimat der Weltmoral? – Deutschland, die Völkergemeinschaft und der bosnische Krieg. Die Gewalt entwaffnen«, in: Die Welt, 26.2.1994.

Der SPD-Parteivorstand sah keine Notwendigkeit, sich öffentlich von den kriegshetzerischen Äußerungen seines Schulungs- und Bildungsreferenten zu distanzieren, die, wohlgemerkt, in einer Phase gemacht wurden, in der selbst die CDU/CSU-FDP-Regierung noch vor einem Einsatz deutscher Truppen auf jugoslawischem Territorium zurückschreckte und der Generalinspekteur der Bundeswehr, Klaus Naumann, darauf hinwies, daß es für den Bürgerkrieg in Bosnien-Herzegowina »keine militärische Lösung« gebe.

Was allerdings die Zurückhaltung der Bundeswehrführung anbelangt, so war diese wohl eher taktischer Natur. Die Bundeswehrtheoretiker entwarfen und propagierten seit langem schon Kriegsszenarien, die langjährige Balkanerfahrungen deutscher Militärs verrieten. Eines davon war in der Zeitschrift »Europäische Sicherheit«, in der ersten Nummer des Jahrganges 1993, erschienen. Sein Autor, Jürgen Rose, entwickelte in der von der Gesellschaft für Wehr-und Sicherheitspolitik in Hamburg herausgegebenen Publikation, zu deren Vorgängern die nicht unbekannte »Wehrkunde« zählte, folgende »militärische Optionen für eine Intervention«: »Zunächst benötigt eine Interventionstruppe die Luftherrschaft. Dazu sind in einer verbundenen Luftkriegsoperation, wie sie die westlichen Luftwaffen durchzuführen nachweislich in der Lage sind, die Luftstreitkräfte der Kriegsparteien in der Luft und auf ihren Basen zu vernichten sowie die ortsfesten Luftverteidigungsstellungen zu zerstören. Eine derartige Aktion wäre, da die gegnerischen Luftstreitkräfte nur sehr schwach sind, relativ risikolos durchzuführen und nur mit geringen Kollateralschäden verbunden. Dies würde ein deutliches politisches Zeichen setzen, das unter Umständen schon ausreichte, zu einem dauerhaften Waffenstillstand zu gelangen.

Sollte die politische Zielsetzung durch diese Aktion nicht erreicht werden, so könnte man die militärischen Aktionen eskalieren: Zum einen ließen sich mit Kampfhubschraubern insbesondere Kampfpanzer und andere gepanzerte Fahrzeuge sowie Artilleriestellungen, Transportkolonnen etc. effektiv und unter weitestgehender Vermeidung von zivilen Kollateralschäden angreifen. Mit einer Flotte von ca. 200 bis 300 Kampfhubschraubern, unterstützt von Kampfflugzeugen, wäre die effektive Unterbindung geordneter militärischer Bewegungen und Operationen größerer Verbände auf dem Schlachtfeld möglich. Ein gewisses Risiko für den Einsatz der Hubschrauber stellen Gefechtsfeldflugabwehrsysteme verschiedenster Art dar, doch läßt sich deren Wirksamkeit mit entsprechenden Gegenmaßnahmen technischer und taktischer Art begrenzen, Verluste an Hubschraubern müssen jedoch einkalkuliert werden. Darüber hinaus ist der Einsatz von Kampfhubschrauberverbänden denkbar, die Luftpatrouillen fliegen und gezielt Jagd auf kleinere bewaffnete Einheiten oder Banden machen.

Eine weitere Eskalationsmöglichkeit, falls die bisher dargestellten Optionen wirkungslos bleiben sollten, würde der gezielte Angriff auf symbolische und infrastrukturelle Ziele darstellen.«[225]

»Gezielt Jagd auf Banden machen« – so ganz neu ist das im Wortschatz deutscher Militärs nicht. Auch wenn es bei früheren Jugoslawieneinsätzen noch keine Kampfhubschrauber gab, weckt es die möglicherweise schwach gewordene, aber doch nicht völlig verdrängte Erinnerung an den Aufruf des OKW-Chefs Keitel zur Niederschlagung des »verbreiteten Bandenkrieges«, an die Befehle deutscher Generale zur Liquidierung des »Bandenunwesens« in jugoslawischen Partisanengebieten, an die in vielen Gebieten Jugoslawiens für deutsche Wehrmachtsangehörige angebrachten, mit einem Totenkopf versehenen Schilder »Achtung Bandengebiet. Nur im Geleit fahren«.

Als die NATO zwei Jahre später, im Spätsommer 1995, einen wesentlichen Teil der »militärischen Optionen für eine Intervention« umsetzte und in wenigen Tagen über 2.000 Luftangriffe gegen militärische und nichtmilitärische Ziele der bosnischen Serben, vor allem gegen Kommunikationszentren, Brücken und Kasernen, flog, konnten sich bundesdeutsche Politiker und Medien erneut rühmen, auch dazu einen wesentlichen Beitrag geleistet zu haben. Zwar war die NATO-Entscheidung zum massiven militärischen Eingreifen in den bosnischen Bürgerkrieg von den USA ausgegangen und von innenpolitischen Erwägungen der Clinton-

---

225 Jürgen Rose: »Über Willen, Macht und Widerstreben. Optionen zur Kriegsbeendigung auf dem Balkan«, in: Europäische Sicherheit, 1/1993, S. 43/44.

Regierung bestimmt, aber im Gegensatz zu Frankreich und Großbritannien, die zögerten und immer wieder Einwände vorbrachten, hatte Deutschland unter der Kanzlerschaft Kohls es kaum erwarten können, an der Seite der NATO-Partner Kriegspartei auf dem Balkan zu werden. Und noch dann, als die Bombenteppiche auf serbisch kontrollierte Gebiete in Bosnien herniedergingen, Tomahawk-Raketen gegen Banja Luka flogen, Kasernen, aber auch Brücken und Wohnhäuser in Flammen aufgingen, neben Militärs auch Zivilisten den Angriffen zum Opfer fielen, reichte es maßgeblichen Kräften der Kanzlerfraktion nicht aus. Sie beklagten, daß nur zwei Drittel der anvisierten Ziele getroffen worden seien und forderten eine geographische Ausweitung der Angriffe.

KAPITEL 6
Alle Dinge in der Welt haben ihre Ursache

Diplomaten wird nachgesagt, die Sprache vor allem dazu zu nutzen, die Wahrheit zu verschleiern. In dieser Hinsicht erweist sich der Bundesminister des Auswärtigen, Klaus Kinkel, nicht selten als ein exzellenter Diplomat. Im März 1993 veröffentlichte er in der »Frankfurter Allgemeinen Zeitung« einen Grundsatzartikel unter der Überschrift »Deutsche Außenpolitik in einer sich neu ordnenden Welt«. Darin umreißt er die Aufgabe der bundesdeutschen Außenpolitik mit den Worten: »... Nach außen gilt es etwas zu vollbringen, woran wir zweimal zuvor gescheitert sind: im Einklang mit unseren Nachbarn zu einer Rolle zu finden, die unseren Wünschen und unserem Potential entspricht ...«[226] Ein schmuckloser, scheinbar leicht verständlicher Satz. Doch sein Sinn bleibt nebulös, fragwürdig. Wann ist Deutschland zweimal daran gescheitert, seine internationale Rolle mit deutschen Wünschen und deutschem Potential in Übereinstimmung zu bringen? Doch nicht etwa im Ersten und im Zweiten Weltkrieg? Was hier scheiterte, zweimal, die Errichtung einer Vorherrschaft, zumindest in Europa, kann doch von einem deutschen Außenpolitiker nicht im Ernst als Aufgabe genannt werden, die es »zu vollbringen« gilt. Oder doch? Dann müßte der Satz logischerweise beginnen: »Nach außen gilt es etwas zu vollbringen, woran wir im Ersten und Zweiten Weltkrieg gescheitert sind ...« Das wollen wir Kinkel doch nicht unterstellen; aber was hat er gemeint? Der Artikel verrät jedenfalls nicht, was zweimal scheiterte, auch gibt er keinen exakten Aufschluß darüber, welche Rolle den deutschen »Wünschen und Potential« entspricht. Des Satzes Sinn bleibt unklar, dunkel, ein Rätsel.

Für viele Beobachter der deutschen Außenpolitik war auch deren erste selbständige Aktion nach der staatlichen Vereinigung, das Vorgehen in der Jugoslawienkrise, rätselhaft. Zu ihnen gehör-

---

226 Frankfurter Allgemeine Zeitung, 19.3.1993.

te der Direktor des Amerikanischen Institutes für Deutsche Gegenwartsstudien der Johns Hopkins Universität, der Historiker Robert Gerald Livingston. Nach Abschluß der bundesdeutschen Kampagne zur schnellen Anerkennung Sloweniens und Kroatiens brachte er folgende Sätze zu Papier: »Diese erste außenpolitische Initiative des neuen Deutschlands zeigte, daß das vereinte Deutschland sich erheblich von der alten Bundesrepublik unterscheidet ... Erstmals setzte es auch seine wirtschaftliche Macht ein, um politische Ziele zu erreichen. Und schließlich widersetzte dieses Deutschland sich nicht nur den Wünschen der Vereinigten Staaten, sondern auch denen des UNO-Generalsekretärs, des Sicherheitsrats und beinahe aller seiner Partner in der Europäischen Gemeinschaft, deren Zustimmung zur Anerkennung der abtrünnigen Republiken es nur durch erheblichen Druck erreichte.

Dieser Kurs wich von allen außenpolitischen Maximen der alten Bundesrepublik ab. Weder diente er dem Status quo noch der Förderung von Stabilität, noch der Anerkennung bestehender Grenzen. Auch die Scheu vor der Einmischung in die inneren Angelegenheiten anderer Länder hat dieses Deutschland verloren. Unheimliches kündigte sich an ... Anders als die alte Bundesrepublik zeigte sich das vereinte Deutschland bereit, große Risiken zu übernehmen. Deutschlands Politik der Anerkennung Kroatiens drohte die Europäische Gemeinschaft zu spalten, in Jugoslawien zu weiterem Blutvergießen und zur Eskalation des Bürgerkrieges zu führen ...«[227]

Livingston billigt diese »Politik im Alleingang«, aber die Gründe verwundern ihn, was er auch nicht verhehlt: »Das Motiv, so energisch, entschlossen und beinahe rücksichtslos zugunsten der Unabhängigkeit Kroatiens vorzupreschen, gibt Rätsel auf.«[228]

Wenn es allerdings schon schwer ist, das Motiv für das deutsche Vorpreschen bei der Anerkennung Kroatiens zu sehen, um wieviel schwieriger ist es dann, die Beweggründe für das gesamte Vorgehen der Bundesrepublik in der Jugoslawienkrise herauszufinden. Das fortwährende Schüren des Konfliktes, die in allen

---

227 Robert Gerald Livingston: »Guten Morgen, Deutschland«, in: Der Spiegel, 4/1992.
228 Ebd.

Situationen einäugige Politik, die Dämonisierung einer Konfliktpartei und der schon paranoid anmutende, allgegenwärtige Serbenhaß entziehen sich geradezu einer rationellen Begründung. Sucht man trotzdem in den Reden und Erklärungen der bundesdeutschen Politiker nach den Gründen, so stößt man auf ein weites Feld: Verteidigung der Menschenrechte, Schutz des Lebens und der Würde der Menschen, Beendigung des Blutvergießens, Durchsetzung des Selbsbestimmungsrechtes, Friedenssicherung. Das sind höchst edle Motive, aber warum, wenn sie aufrichtig gemeint sind, veranlaßten sie die Bundesrepublik und andere Staaten, in Jugoslawien Alarm zu schlagen, die Weltgemeinschaft zu mobilisieren und sich mit allen Kräften und Mitteln einzumischen, während anderen furchtbaren kriegerischen Konflikten, z. B. denen in Liberia, im Sudan, in Sri Lanka, Afghanistan, Berg-Karabach, Tschetschenien, nicht einmal ein Bruchteil dieser selbstlosen Aufmerksamkeit zuteil wurde?

Als die Jugoslawische Volksarmee im »Operettenkrieg« 1991 in Slowenien die Außengrenzen der noch bestehenden Föderation unter Kontrolle nehmen wollte, wurden die Sezessionisten verteidigt und die Anhänger des Fortbestandes Jugoslawiens der Aggression geziehen, attackiert und bedroht. Als Jelzin die russische Armee in Marsch setzte, um in der Russischen Föderation die Unabhängigkeitsbestrebungen der Tschetschenen im Blut zu ersticken, erklärte der US-amerikanische Außenminister Christopher schon 1994: »Wir müssen es Präsident Jelzin überlassen, es ist seine innere Angelegenheit. Wir wollen nicht, daß Rußland auseinanderfällt.«[229] Und zwei Jahre später, der Krieg gegen die tschetschenische Zivilbevölkerung hatte unzählige Opfer gefordert, bekräftigte Kinkel: »Unsere Zurückhaltung (in Tschetschenien – R. H.) war von Anfang an dadurch geprägt, daß es sich um einen inneren Konflikt gehandelt hat.«[230]

Was für ein Unterschied zum Herangehen an die zerfallende und schließlich zerbrochene jugoslawische Föderation! Die hehren Ziele, wie die Verteidigung der Menschenrechte, der Schutz des Selbstbestimmungsrechtes und die Beendigung des Blutver-

---

229 ARD-Fernsehen, 1.9.1996.
230 Ebd.

gießens, können es also wohl doch nicht gewesen sein, die das Vorgehen der bundesdeutschen Außenpolitik in der Jugoslawienkrise bestimmten.

Aber da alle Dinge in der Welt, wie Johann Gottfried Herder zurecht meinte, ihre Ursache haben, so gab es auch für diese Politik tatsächliche Gründe, Triebfedern, die es zu untersuchen gilt.

Der bereits erwähnte und vor einem Rätsel stehende US-amerikanische Historiker Livingston erweist sich dabei, zumindest teilweise, als hilfreich. Auf der Suche nach den Motiven für die eilige Anerkennung Sloweniens und Kroatiens wurde er fündig. Er sieht in ihr einen »Schritt zur Schaffung einer neuen deutschen Einflußsphäre in Mittel- und Osteuropa ... Deutscher Einfluß kehrt zurück in eine Region, in der er lange Tradition hat: vom Ural bis zur Oder und von der Ostsee bis zur Adria. Verglichen mit Deutschland, spielen andere westliche Staaten auf dieser Bühne nur Nebenrollen.

Bei der Etablierung von Kroatien und Slowenien als unabhängige Staaten geht es aber nicht nur um Frieden auf dem Balkan, sondern um die Stellung Deutschlands in Europa. In dramatischer Weise verdeutlicht sie einerseits Deutschlands gewichtige Rolle in der Europäischen Gemeinschaft und stellt andererseits seine Einflußsphäre in Osteuropa wieder her.«[231]

Dem Wesen nach nicht viel anders sieht das Heinz-Jürgen Axt, Privatdozent an der Technischen Universität Berlin. Zwei der von ihm genannten Gründe, in denen er ein »Stück Wahrheit« sieht, bestätigen die Einschätzung des US-amerikanischen Motivsuchers. Axt, der auch externer Mitarbeiter der angesehenen Stiftung Wissenschaft und Politik in Ebenhausen ist, schreibt: »Erstens, nach der Vereinigung vollzieht sich eine Renationalisierung der deutschen Außenpolitik, und diese strebt eine globale Führungsrolle an. Zweitens, Bonn möchte zwar nicht den europäischen Rahmen seiner Politik aufgeben, wohl aber in Europa nicht nur wirtschaftlich, sondern auch außen- und sicherheitspolitisch den Ton angeben.«[232]

---

231 Robert Gerald Livingston: »Guten Morgen Deutschland«, in: Der Spiegel, 4/1992.
232 Heinz-Jürgen Axt: »Hat Genscher Jugoslawien entzweit?« in: Europa-Archiv, 12/1993, S. 351.

Den beiden Einschätzungen ist zu diesem Aspekt wenig hinzuzufügen. Höchstens ein kleines Zitat aus der »Frankfurter Allgemeine Zeitung«, die schon 1991 schrieb: »Es kann als sicher gelten, daß Slowenien und Kroatien – nach errungener Selbständigkeit – politisch, wirtschaftlich und kulturell den Anschluß an ... Deutschland suchen werden. Käme es dazu, würden sich die politischen Gewichte, die seit dem Zusammenbruch der kommunistischen Regimes im östlichen Europa ohnehin verschoben sind, noch weiter vom Westen in die Mitte Europas verlagern, als deren politischen Schwerpunkt man in Paris das neue ›große‹ Deutschland sieht.«[233]

Bestärkt von Livingston, Axt, der »FAZ« und offenkundig auch Paris, können wir also zunächst festhalten: Eine der Triebfedern des neuen ›großen‹ Deutschlands in der Jugoslawienkrise war das Streben nach Macht, Einfluß und Führungsrolle auf dem Balkan, in Ost- und in ganz Europa. Die Bonner Motivation darauf zu beschränken, wäre allerdings eine grobe Vereinfachung. Auch andere Momente spielten eine Rolle, sehr rationale und scheinbar irrationale, historische, religiöse und ideologische.

Seit jeher war der deutsche Einfluß im katholischen Slowenien und Kroatien größer als im orthodoxen Serbien, fühlten sich die Herrschenden in Deutschland mehr zum »westeuropäischen Zagreb« als zum »osteuropäischen Belgrad« hingezogen, was seinen Höhepunkt in der Etablierung des Ustascha-Staates durch das Dritte Reich fand. Diese unselige Allianz wurde 1945 von der Antihitlerkoalition, zu deren Sieg die Kroaten einen geachteten Beitrag leisteten, zerschlagen. Aber auch danach blieben die Verbindungen der westdeutschen Republik zur kroatischen Teilrepublik enger als die zur serbischen. Ein Zufall war es jedenfalls nicht, daß selbst in den zehn Jahren, in denen es zwischen der Bundesrepublik Deutschland und Jugoslawien keine diplomatischen Beziehungen gab, in Zagreb ein bundesdeutsches Generalkonsulat fortbestand. Ebensowenig war es zufällig, daß die faschistische Ustascha-Emigration über Jahrzehnte in der Bundesrepublik einen ihrer wichtigsten Stützpunkte aufbaute, von dem aus sie ihre terroristischen Aktionen gegen Jugoslawien plante und durchführ-

---

233 Zitiert nach Junge Welt, 8.7.1995.

te. Dem Historiker Helmut Kohl ist ausnahmsweise beizupflichten, wenn er kurz nach der Anerkennung Kroatiens erklärte: »Es gibt eine besonders intensive Beziehung zwischen den Deutschen und den Kroaten, das hat sehr viel mit der Geschichte zu tun.«[234]

Mit der Geschichte, um bei des Kanzlers Wortwahl zu bleiben, hat auch der antiserbische Komplex deutscher Politiker und Militärs zu tun. Schlimm genug, daß die Serben in diesem Jahrhundert zweimal dazu beigetragen hatten, den deutschen Vormarsch auf dem Balkan zu stoppen. Nun zu Beginn der 90er Jahre waren es ausgerechnet die Serben, die sich nach dem Zusammenbruch des Realsozialismus in Europa nicht dem Diktat ausländischer Mächte beugen wollten, statt bürgerliche Oppositionsparteien die Sozialisten wählten und widerspenstig als letzte auf dem europäischen Kontinent die verschlissene, aber immer noch rote Fahne nicht einziehen wollten. Daß die wiedererstarkten Tschetniks Antikommunisten waren und führende serbische Kräfte in Bosnien auf antikommunistische Positionen übergegangen waren, konnte das Feindbild nicht trüben. Die Serben waren nicht nur Serben, sie galten auch noch als Kommunisten. Konnte es da noch eine Frage sein, auf wessen Seite ein freiheitlich-demokratischer Rechtsstaat zu stehen hatte? Obwohl die Fronten so schon a priori klar waren, gab ein Papier des Auswärtigen Amtes vom Mai 1991 – zu diesem Zeitpunkt sprachen sich KSZE und EG noch nachdrücklich für den Fortbestand des einheitlichen jugoslawischen Staates aus – zusätzliche Hilfestellung zur Bestimmung der deutschen Position. In der aus gutem Grund »Positionspapier« genannten Ausarbeitung wurde das Wesen des Konfliktes zwischen Slowenien und Kroatien einerseits und den Serben andererseits so umrissen: »Es geht vor allem um einen Kampf der Marktwirtschaft gegen zentralistische Kommandowirtschaft, von demokratischen Pluralismus gegen Einparteienherrschaft, von Rechtsstaatlichkeit gegen militärische Repression.«[235]

An dieser Einschätzung des Konfliktes änderte sich auch im Laufe des Bürgerkrieges nichts. Im Gegenteil, sie erwies sich als ein kräftiger Hebel, um den Westen auf bundesdeutsche antiserbi-

---

234 Helmut Kohl in der ARD-Sendung »Farbe bekennen« vom 15.1.1992.
235 Zitiert nach Die Zeit, 8.3.1996, S. 13.

sche Positionen zu bringen. Folgerichtig schrieb die namhafte US-Zeitschrift »Political Affairs«: »Alle abgefallenen Republiken sind auf den kapitalistischen Weg eingeschworen, während die Bevölkerung der bei Jugoslawien verbliebenen Republiken (Serbien und Montenegro), trotz massiver USA-Finanzhilfe für die Opposition, auch 1993 sozialistische Kandidaten unterstützt hat. Der Haß des Westens ist aber nicht nur auf die sozialistische Wahl, sondern auch auf den Widerstand der Serben gegen die neue Weltordnung zurückzuführen.«[236]

Wo antisozialistische Intentionen die Politik beeinflussen, sind meist auch antirussische im Spiel. Das Ende des Kalten Krieges hat daran wenig geändert. Ost-West-Bruderküsse im Kreml kaschieren nur den westlichen Versuch, den Einfluß des östlichen Partners zurückzudrängen, nicht zuletzt auf dem Balkan. So betrachtet, war es eine diplomatische Glanzleistung, daß es dem Westen unter maßgeblicher Beteiligung der deutschen Diplomatie gelang, auch Rußland, den traditionellen Verbündeten Serbiens, im Verlauf des Bürgerkrieges auf seinen antiserbischen Kurs zu bringen.

Seit mehr als einem Jahrhundert betrachtet Rußland Serbien und Montenegro als wichtige Stützen seines Einflusses auf dem Balkan. Auch zu Zeiten der Existenz der Sowjetunion und der Sozialistischen Föderativen Republik Jugoslawien war das nicht anders. Trotz scharfem Streit bis hin zum Abbruch aller Beziehungen und wiederkehrendem Zwist betrachteten sich Russen und Serben sowie Montenegriner als »slawische Brüder« – eng verbunden durch friedlichen Handel und siegreiche Kriege, Nähe der Kultur, Sprache und Religion. Wer Rußlands Positionen auf dem Balkan schwächen und eigene ausweiten wollte, der mußte Serbien schwächen. Mehr noch: Zu den Zielen russischer und sowjetischer Außenpolitik gehörte es, sich, gestützt auf Serbien und Montenegro, zeitweilig mit Hilfe der SFRJ, Zugang zum Adriatischen Meer zu verschaffen. Von Teilergebnissen, wie der Errichtung eines Reparatur- und Versorgungsstützpunktes für die sowjetische Kriegsflotte in Rijeka, abgesehen, ist das bisher nie gelungen. In den Augen von NATO-Militärstrategen ist diese

---

236 Political Affairs, 7/1993.

Gefahr auch mit dem Verschwinden der Sowjetunion nicht dauerhaft gebannt. Sie befürchten, und das nicht zu Unrecht, daß die Großmacht Rußland nach Überwindung seiner jetzigen Schwäche an seine traditionelle Balkanpolitik, einschließlich des Strebens nach direktem oder indirektem Zugang zur Adria, anknüpfen wird. Der sicherste Weg, das zu verhindern, ist die Schwächung Serbiens. Das unablässige Einschlagen auf dieses Land und der Versuch, Montenegro mit seiner Adriaküste aus Restjugoslawien herauszusprengen und durch die Unterstützung der Moslems im serbischen Sandschak einen zusätzlichen Sperriegel zwischen Serbien und Montenegro zu schaffen, hatten und haben so stets eine antirussische Komponente. Die Ironie der Geschichte besteht darin, daß das erschöpfte Rußland unter Jelzins torkelnder Führung und die unterwürfige Außenpolitik Kosyrews den Serben in entscheidenden Momenten die Unterstützung versagten, gegen eigene Interessen handelten und eine nur mühsam verdeckte antirussische Politik beförderten.

Außenpolitik kann ein sehr widerwärtiges Geschäft sein. Hinter großen Worten von Menschenrechtsschutz und Friedenssicherung verbergen sich, wie die deutsche Politik in der Jugoslawienkrise zeigt, historische Ressentiments und ideologische Unversöhnlichkeit, atavistische Rachsucht und langfristiges politisches Kalkül. Gleiche wortreiche Tarnung suchen auch innenpolitische Erwägungen, die Einfluß auf das Handeln der außenpolitischen Akteure nehmen.

Bisherige Untersuchungen kommen in der Regel zu dem Schluß, daß das rigorose Vorgehen der deutschen Außenpolitik im Jugoslawienkonflikt auch auf den Druck der öffentlichen Meinung zurückzuführen sei. In einer von der Bundeszentrale für politische Bildung herausgegebenen Publikation wurde diese Auffassung in dem Satz zusammengefaßt: »Die Bundesregierung wäre mit ihrer Anerkennungspolitik weniger forsch gewesen, hätte es nicht diesen massiven öffentlichen Druck gegeben.«[237] In der Zeitschrift »Liberal« kam der ebenfalls mit den Motiven der

---

237 Hans-Georg Ehrhart: »Peacekeeping im Jugoslawienkonflikt und die Folgen für die sicherheitspolitische Kooperation in Europa«, in: Aus Politik und Zeitgeschichte, Beilage zur Zeitschrift Das Parlament, 6/1995, S. 14.

deutschen Jugoslawienpolitik befaßte Alexander Mühlen sogar zu der Einschätzung, daß die öffentliche Meinung ausschlaggebend gewesen sei. Er schrieb: »Ausschlaggebend dürfte vielmehr eine in der deutschen Mentalität als überaus positiv zu bewertende Entwicklung gewesen sein, nämlich das gewachsene Verantwortungsgefühl nach der glücklich gewonnenen Wiedervereinigung für den Frieden in Europa und ein glaubhaftes Entsetzen über jede Art von militärischer Aggression und Gewaltanwendung.«[238] Auch der schon zitierte Heinz-Jürgen Axt sieht in der öffentlichen Stimmung ein wesentliches Element für das deutsche Vorgehen.

Die Verfechter dieser Auffassung vergessen jedoch hinzuzufügen, daß antijugoslawische und antiserbische Stimmung nicht von selbst wachsen, sondern von Politikern und Medien, allen voran die von Peter Handke nicht grundlos als »zentrales europäisches Serbenfreßblatt« bezeichnete »FAZ«, geschaffen und geschürt worden war. Hätten die genannten Autoren Recht, dann wäre die bundesdeutsche Regierung zumindest Opfer ihrer eigenen Politik geworden.

Aber die Bonner Diplomatie war in der Jugoslawienkrise kein passives Opfer. Sie war Akteur, dessen Handlungen von eigenen Motiven bestimmt waren. Zu diesen gehörte innenpolitisches Kalkül, worüber auch der Bundeskanzler in der Öffentlichkeit wohlweislich schwieg. Nur seinen guten Freunden vertraute er es unter dem Siegel der Verschwiegenheit an. Zu ihnen zählte Bren Scowcroft, nationaler Sicherheitsberater des USA-Präsidenten Bush. Scowcrofts Verschwiegenheit reichte jedoch nicht weit, und so berichtete er im Oktober 1996 in einem Interview, daß Kohl ihm zwei Gründe für die auch seitens der USA beklagte überstürzte Anerkennung Kroatiens genannt habe: Erstens, die Anwesenheit von 700.000 Jugoslawen, davon 500.000 Kroaten, in Deutschland, und zweitens, bevorstehende wichtige Wahlen in der Bundesrepublik. Auf die Frage des Interviewers, ob Scowcroft damit sagen wolle, daß Kohl aus wahltaktischen Erwägungen handelte, erwiderte Scowcroft unmißverständlich: »So hat er es erklärt.«[239]

---

238 Alexander Mühlen: »Die deutsche Rolle bei der Anerkennung der jugoslawischen Sezessionsstaaten«, in: Liberal, 34/1992, S. 53.
239 Interview mit Bren Scowcroft, ARD-Fernsehen, 8.10.1996.

Auch das gehörte zu den wahren Motiven der deutschen Außenpolitik in der Jugoslawienkrise. Keiner von den bisher angeführten Beweggründen, weder die machtpolitischen und historisch bedingten noch die ideologischen und innenpolitischen, wurde von den Regierenden offen genannt. Und von den vielen, die sie nannten, traf nur einer zu. Mit ihm trommelten sie ohne Unterlaß, überzeugt von der Rolle, um nicht zu sagen historischen Mission, die Deutschland nach der Vereinigung zu erfüllen habe: Die Bundesrepublik müsse sich endlich als normaler Staat verhalten und der ihr zugewachsenen größeren Verantwortung gerecht werden.

Wie erinnerlich, war es Außenminister Genscher, der bei der Unterzeichnung des Zwei-plus-Vier-Vertrages diese Töne angeschlagen hatte. In der Folgezeit, als das wieder große Deutschland, zu dem der Vertrag den Weg frei machte, enstanden war, wurden sie im immer schnelleren Wechsel wiederholt, und während der Jugoslawienkrise bildeten sie das Grundgefüge der Bonner Argumentation. In der Bundesrepublik gab es fast keine politische Bühne, auf der die Angehörigen des rheinischen Regierungschors nicht das Stück mit dem Normalitäts- und Verantwortungstremolo zu Gehör brachten. Doch was verstanden sie unter wiedergewonnener Normalität und Verantwortung der größer gewordenen Bundesrepublik? Etwa die Verdopplung des deutschen Anteils an der Entwicklungshilfe, um endlich auf die den Vereinten Nationen zugesagten 0,7 Prozent des Bruttosozialproduktes zu gelangen? Die Einstellung der Waffenexporte und rigorose Abrüstungsmaßnahmen, um den Frieden sicherer zu machen? Die verfassungsrechtliche Verankerung des Gelöbnisses, daß vom deutschen Boden niemals mehr Krieg ausgehen wird?

Nichts von alledem. Normalität und gewachsene Verantwortung wurden ausschließlich militärisch verstanden. Für die Regierenden bedeuteten sie die Überwindung letzter aus der Niederlage im Zweiten Weltkrieg herrührender Beschränkungen und Verwandlung der Bundesrepublik in eine normale militärische Großmacht, die das Recht hat, auch außerhalb des Bündnisgebietes, letztlich überall in der Welt einzugreifen, Krieg zu führen. Die deutsche Öffentlichkeit darauf vorzubereiten und dem Ziel auch praktisch möglichst nahe zu kommen, dafür waren der Bürgerkrieg auf dem Balkan ein geeigneter Anlaß und Jugoslawien ein weites Testfeld.

Vor allem Militärs waren es, die wiederholt dazu beitrugen, das Gerede von Normalität und gestiegener Verantwortung zu dechiffrieren. Zwar hielten sie sich militärisch exakt und pflichtbewußt in der Regel an die gewohnte Terminologie, die das Wort »Krieg« meidet und statt dessen »Frieden«, »Friedensicherung« und »Friedenserzwingung« sagt, aber deutlich waren sie schon. So der höchste bundesdeutsche Militär, der damalige Generalinspekteur der Bundeswehr und jetzige Vorsitzende des NATO-Militärausschusses, General Klaus Naumann, der Anfang 1995 hervorhob, daß Deutschland das Land in Europa sei, »das sicherheitspolitisch mehr als jedes andere Land Gewinn aus dem Ende der bipolaren Konfrontation gezogen hat« und zur Begründung anführte: »Deutschland ist vereint, seit dem 31. August letzten Jahres (1994 – R. H.) frei von Besatzungstruppen und damit vollständig souverän. Zum ersten Mal seit den Tagen Richelieus, zum ersten Mal seit 300 Jahren, erleben wir die Gunst, nicht mehr Gegenstand externen Drucks, sei es von Ost, sei es von West zu sein. Unser Land hat damit die Möglichkeit, politisch zu agieren statt zu reagieren, und es kann auf der festen Basis seiner eingegangenen Bindungen in NATO und Europäischer Union mitgestalten. Darin liegt die gestiegene Verantwortung Deutschlands.«[240]

Nun wollen wir den General nicht mit der Frage behelligen, was er denn meint, wenn er sagt, daß Deutschland seit den Tagen Richelieus bis 1994 – also auch 1914 bis 1918 und 1933 bis 1945 – die Gunst versagt blieb, nicht Gegenstand externen Drucks zu sein; auch so schon ist seine Definition der gestiegenen Verantwortung Deutschlands aufschlußreich. Die Begriffsbestimmungen seiner militärischen Kollegen, die die gleiche Vorliebe für das Wort »Verantwortung« auszeichnet, sind es nicht minder. Das vom Bundesministerium der Verteidigung herausgegebene »Weißbuch 1994 zur Sicherheit der Bundesrepublik Deutschland

---

240 Klaus Naumann: »Sicherheit in Europa – Konsequenzen für die Bundeswehr«, in: Europäische Sicherheit, 1/1995, S. 8.

und zur Lage und Zukunft der Bundeswehr« ist dafür ein beredtes Beispiel. In ihm wird u. a. festgestellt: »Deutschland hat von dem revolutionären politischen Wandel in Europa am meisten gewonnen ... Der sicherheitspolitische Umbruch hat die strategische Lage Deutschlands grundlegend verbessert. Zugleich aber muß Deutschland neue internationale Verantwortung übernehmen; denn es besitzt aufgrund seiner politischen und wirtschaftlichen Stärke eine Schlüsselrolle für die Fortentwicklung der europäischen Strukturen und ist aufgerufen, zur Lösung der weltweiten Zukunftsaufgaben beizutragen ... Deutschland fällt damit die Chance zu, ein mitbestimmender Faktor und eine gestaltende Kraft für Frieden und Fortschritt in Europa und in der Staatengemeinschaft zu werden. Es muß sich seiner gewachsenen Verantwortung stellen ... Der deutsche Beitrag zur Sicherung des Friedens wird ... künftig primär politisch und wirtschaftlich und nicht militärisch sein. Beim Einsatz von Streitkräften wird Deutschland nur mit Verbündeten und Partnern zusammen im Rahmen einer Mission der Vereinten Nationen handeln. Jeder Fall wird vor dem Hintergrund deutscher Wertvorstellungen und Interessen mit Blick auf die politischen Zielsetzungen, Risiken und möglichen Folgen gewissenhaft geprüft und im Bewußtsein der Verantwortung vor der Geschichte verantwortlich abgewogen und entschieden.«[241]

Es ist schon beruhigend zu hören, daß über den weltweiten Einsatz deutscher Streitkräfte am Ende dieses Jahrhunderts nach »deutschen Wertvorstellungen« entschieden wird. Immerhin hatte schon zu seinem Beginn kein Geringerer als Wilhelm II. den patriotischen Dichter Emanuel Geibel und seinen schönen Vers »Und es mag am deutschen Wesen einmal noch die Welt genesen« zitiert. Und was die »deutschen Interessen« anbelangt, so sind sie auch nicht unbekannt. Im November 1992 wurden In- und Ausland mit den Verteidigungspolitischen Richtlinien darauf aufmerksam gemacht, daß deutsche Interessen, »vitale Sicherheitsinteressen«, auch in der Aufrechterhaltung des freien Welt-

---

241 Weißbuch 1994 zur Sicherheit der Bundesrepublik Deutschland und zur Lage und Zukunft der Bundeswehr, herausgeggeben vom Bundesministerium der Verteidigung.

handels und des ungehinderten Zugangs zu Märkten und Rohstoffen in aller Welt im Rahmen einer gerechten Weltwirtschaftsordnung liegen.

In der Sondersitzung des Bundestages vom 22. Juli 1992 über eine Beteiligung der Bundesmarine an Embargoüberwachungsmaßnahmen von WEU und NATO in Jugoslawien gab der deutsche Außenminister eine Erklärung ab, die hinsichtlich geschickten Gebrauches friedenspolitischer Termina und strammer militärpolitischer Aussage wenig zu wünschen übrig ließ. U. a. führte er aus: »Die internationale politische Verantwortung der Bundesrepublik Deutschland ist seit der Wiedervereinigung gewachsen. Dies gilt namentlich für die mit unserem Beitritt zur Satzung der Vereinten Nationen übernommene Verpflichtung, die in der UN-Charta angelegten Instrumente kollektiver Friedenssicherung nach Kräften zu unterstützen. *Nicht zuletzt aus diesen Gründen hat die Bundesregierung für sich die Verpflichtung hergeleitet, der aktiven Friedenssuche für Jugoslawien ganz überragende Bedeutung beizumessen.*«[242]

Spätestens zu diesem Zeitpunkt war es klar: Der Konflikt in Jugoslawien hatte für die Bundesregierung eine »ganz überragende Bedeutung«, um den deutschen Anspruch auf Teilnahme an den UN-Instrumenten kollektiver Friedensicherung, also an »friedenserhaltenden« (peace-keeping) »und friedensschaffenden« (peace-enforcement) Aktionen durchzusetzen. Der schreckliche Bürgerkrieg auf dem Balkan war der Hebel, mit dem die Verfassungseinschränkungen für den weltweiten Einsatz der Bundeswehr aus den Angeln gehoben und die Tür für eine völlig neue deutsche Militärrolle geöffnet werden sollte. Dieses sehr konkrete militärpolitische Ziel, verborgen hinter den allgemeinen Reden von gestiegener Verantwortung, war ein gewichtiges, und spätestens ab 1992 das entscheidende Motiv für das Vorgehen der Bundesrepublik in der Jugoslawienkrise.

Natürlich, gerade mit Hilfe des Krieges in Jugoslawien zu einer tiefgreifenden Zäsur in der Geschichte der Bundesrepublik und ihrer Armee zu gelangen und eine deutsche militärische In-

---

[242] Stenografisches Protokoll der 101. Sitzung des 12. Deutschen Bundestages am 22.7.1992, S. 8610.

terventionspolitik zu begründen, war kein leichtes Unterfangen. Einerseits war unter den Deutschen das Entsetzen über die Greuel des Bürgerkrieges groß und unter dem Einfluß einseitiger Medienberichterstattung schrie Volkes Stimme förmlich nach gewaltsamer Beendigung »serbischer Aggressionen«; andererseits hatte Deutschland gerade in Jugoslawien eine Spur der Gewalt hinterlassen und alle Befragungen bestätigten, daß eine große Mehrheit in der Bundesrepublik eine Beteiligung deutscher Soldaten an einer ausländischen Militärintervention und an Kampfeinsätzen in Jugoslawien ablehnte.

Also mußte behutsam, Schritt für Schritt vorgegangen werden. Das zuständige Mitglied im Kabinett, Bundesverteidigungsminister Volker Rühe, war sich dessen wohl bewußt. Er war sich darüber im klaren, daß es nach einer 40jährigen Zurückhaltung der Bundesrepublik, erzwungen vor allem durch die Existenz eines zweiten deutschen Staates, nicht leicht sein würde, die eigene Bevölkerung und das Ausland an weltweite Einsätze deutscher Soldaten zu gewöhnen. So erklärte er schon im Juni 1992 vor der Versammlung der Westeuropäischen Union, daß sich »40 Jahre außenpolitische Erfahrungen nicht über Nacht abschütteln« lassen, um anschließend zu präzisieren: »Das Hineinwachsen in eine größere internationale Verantwortung muß ein organischer Prozeß sein, der Zeit braucht.«[243] Als Chef der Hardthöhe waren ihm die Kraft und die Grenzen von Kommandos vertraut, und so erklärte er im gleichen Jahr: »Niemand sollte erwarten, daß die Übernahme neuer Aufgaben in der Außenpolitik über Nacht geschieht. Die in 40 Jahren gewachsenen Instinkte der Menschen lassen sich nicht einfach wegkommandieren.«[244] Aber er wäre kein erfahrener und nüchtern kalkulierender Politiker, und das ist er zweifellos, wenn er in dieser Situation nicht auch das passende Rezept gefunden hätte, das er in die Worte kleidete: »Deswegen müssen wir Schritt für Schritt vorgehen. Es geht auch nicht nur darum, die Soldaten, sondern die ganze Gesellschaft auf diese

---

243 Zitiert nach Stenografischem Protokoll der 151. Sitzung des 12. Deutschen Bundestages am 21.4.1993, S. 12964.
244 Zitiert nach Arthur Heinrich: »In 100 Tagen in eine andere Republik«, in: Blätter für deutsche und internationale Politik, 9/1992.

neuen Aufgaben vorzubereiten. Bei Blauhelmeinsätzen ist das schon gelungen ...«[245]

Vier Jahre später, als mit Hilfe des Schrittmachers jugoslawischer Bürgerkrieg viele Schritte getan waren und Rühe zu den deutschen IFOR-II-Einheiten schon wie selbsverständlich bemerkte: »Natürlich sind das Kampftruppen«, würdigte »Die Welt« die Arbeit des Ministers: »Besonders der deutsche Verteidigungsminister hat die wohl schwierigste Aufgabe in der Bonner Politik geschultert, die Politiker, wie aber auch das Volk und die Soldaten selbst schrittchenweise an den Gedanken zu gewöhnen, daß Deutschlands nach der Vereinigung gewonnene Souveränität nicht mehr erlaubt, so zu tun, als sei es der Juniorpartner der USA oder aller ehemaligen Westalliierten. Die Stationen dieses Gewöhnungsprozesses sind bekannt: Kambodscha, Somalia und nun Bosnien.«[246]

In der Tat, in Bosnien, in Jugoslawien – vielmehr als mit dem Lazarett in Kambodscha und den verunglückten Nachschubdiensten und Brunnenbau in Somalia – wurde die internationale Militärrolle Deutschlands »schrittchenweise« verändert, wobei so manches Schrittchen ein ziemlicher Schritt in Richtung militärischer Großmacht war:

Am 4. Juli 1992 beteiligt sich die deutsche Luftwaffe mit Transall-maschinen erstmals an der internationalen Luftbrücke Zagreb-Sarajewo. Mit zwei Flugzeugen werden zunächst humanitäre Hilfsgüter von Deutschland über Zagreb eingeflogen. Am 10. Juli des gleichen Jahres wird ein Lufttransportstützpunkt mit 34 Soldaten in Zagreb eingerichtet. Ab 18. Juli 1992 unterstützt die Bundesmarine die Maßnahmen zur Embargoüberwachung von WEU und NATO gegen Jugoslawien. An den Überwachungsaufgaben in der Adria nehmen zwei Schiffseinheiten mit rund 550 Mann Besatzung teil. Zur gleichen Zeit beginnen drei deutsche Seefernaufklärer mit der »Aufklärung und Lagebilderstellung« im Adriaraum. Das Kommando der Marineflieger, bestehend aus 70 Mann Besatzung und Bodenpersonal, wird auf Sardinien stationiert. Zur Embargoüberwachung auf der Donau werden vier Bundesgrenzschutz- bzw. Polizeiboote und rund 50 Zoll- und Polizei-

---

245 Ebd.
246 Die Welt, 5.10.1996.

beamte entsandt. Angehörige der Bundeswehr beteiligen sich ab Oktober 1992 im Rahmen des NATO-Frühwarneinsatzverbandes (NAEW) an der Luftraumüberwachung des Bürgerkriegsgebietes.

Am 2. April 1993 beschließt die Bundesregierung den ersten Kampfeinsatz der Bundeswehr nach dem Zweiten Weltkrieg und billigt die Teilnahme deutscher Besatzungsmitglieder an den Einsätzen der NATO-AWACS-Flugzeuge, die in der Operation »Deny Flight« (Flugverbot) außerhalb des geographischen Geltungsbereiches der NATO eingesetzt werden. Damit nehmen deutsche Soldaten in den darauffolgenden Monaten wiederholt an NATO-Luftangriffen auf serbische Ziele teil.

Am 26. Juni 1995 teilt die Bundesregierung mit, daß die Bundeswehr zur Unterstützung der von EU und NATO gebildeten Schnellen Eingreiftruppe eingesetzt wird. Zu ihren Aufgaben gehört die Unterstützung von NATO-Luftangriffen durch Flugzeuge vom Typ »Tornado«, die Bereitstellung von Lufttransportkräften und der Aufbau eines Feldlazeretts an der kroatischen Adriaküste. Zwei Monate später klären die »Tornado«-Flugzeuge auch die Ziele in den serbischen Gebieten auf, auf die die NATO wochenlang massive Luftangriffe fliegt.

Am 6. Dezember 1995 schließlich stimmt der Bundestag mit 543 gegen 107 Stimmen dem Antrag der Regierung zur deutschen Beteiligung an den militärischen Maßnahmen zur Absicherung des Daytoner Abkommens zu. Im Einsatzbeschluß des Bundeskabinetts werden die Eckpunkte des Einsatzes deutscher Soldaten im zerbrochenen Jugoslawien präzise festgelegt:

»1.a) Verstärkung der bereits in Kroatien eingesetzten Sanitätskomponente;

b) Bereitstellung von land- und luftgestützten Transportkräften einschließlich erforderlicher Eigensicherung;

c) Bereitstellung von Pionierkräften einschließlich erforderlicher Eigensicherung;

d) Bereitstellung von Lufttransportkräften (Transall);

e) Bereitstellung der bereits eingesetzten Tornado-Flugzeuge der Luftwaffe und Flugzeuge Breguet Atlantique der Marine;

f) Beteiligung an maritimen Operationen durch Schiffe und Seeaufklärer ...

2. Die Bereitstellung der deutschen Kräfte zur Unterstützung der multinationalen Friedenstruppe schließt den zeitlich begrenzten Einsatz der in Kroatien stationierten Kräfte in Bosnien-Herzegowina ein.

3. Personal und Führungsunterstützungskräfte für internationale Hauptqartiere im früheren Jugoslawien können bereits verlegt werden, bevor die unter Ziffer 1. genannten Voraussetzungen erfüllt sind.

4. Der Umfang des deutschen Kontigents wird eine Größenordnung von rund 4.000 Soldaten haben. Abhängig von der Lageentwicklung vor Ort können zusätzliche Kräfte bereitgestellt werden, vor allem zur Sicherung.

5. Der deutsche Beitrag ist auf längstens zwölf Monate befristet – dies entsprechend dem Vertragswerk von Dayton und der Beschlußlage des NATO-Rates.«[247]

Nun war es endlich vollbracht, das schwierige Werk der Ausweitung des militärischen Auftrages der Bundeswehr, der Wiederauferstehung Deutschlands als Militärmacht mit globalem Aktionsradius. Die am Vortag stattgefundene Debatte des Bundestages hatte der Bedeutung des Beschlusses entsprochen. Die Befürworter des Einsatzes deutscher Truppen im früheren Jugoslawien waren sich, im schlecht verhohlenen Jubel die einen und mit spürbar schlechtem Gewissen die anderen, einig: »Wir alle spüren, daß dies ein besonderer Tag, daß dies eine besondere Stunde ist. Es ist eine Entscheidung, die einen Einschnitt im Leben unseres Volkes bedeutet. Es ist eine Entscheidung, die weit in die Zukunft hineinreicht« (Helmut Kohl, Bundeskanzler). »Wir treffen heute eine weitreichende Entscheidung ... Die Sozialdemokratie ist sich in dieser historischen Situation ihrer internationalen Verantwortung bewußt und wird trotz mancher Bedenken dem heute zu beschließenden Einsatz der Bundeswehr zustimmen« (Rudolf Scharping, Fraktionsvorsitzender der SPD). »Niemandem fällt diese Entscheidung leicht. Jeder spürt und jeder weiß, daß das eine Entscheidung ist, mit der wir – jeder – schwere Verantwortung übernehmen« (Wolfgang Schäuble, Fraktionsvorsitzender der CDU/CSU). »Das Signal an Europa und die Welt, das heute von

---

247 dpa, 7.12 1995.

der Entscheidung des Deutschen Bundestages ausgeht, muß sein: Deutschland praktiziert Verantwortung und Mitverantwortung ... Es ist eine historische Entscheidung« (Klaus Kinkel, Bundesminister des Auswärtigen). »Der Deutsche Bundestag trifft heute eine sehr wichtige, für das Land sehr weitreichende Entscheidung ... Wir werden Ihrem Antrag zustimmen« (Joseph Fischer, Fraktionsvorsitzender von Bündnis 90/Die Grünen).[248]

Vergessen waren an diesem entscheidendem Tag die Beteuerungen von gestern und vorgestern. Und was hatte man nicht alles erklärt, von der gleichen Tribüne aus, von der man nun für den Kampfeinsatz in Jugoslawien plädierte: »Ich muß hier aber auch noch einmal deutlich sagen, daß eine deutsche Beteiligung an Friedenstruppen in Jugoslawien nicht in Betracht kommt, aus Respekt vor unserer Verfassung nicht, aber auch als Konsequenz aus der gemeinsamen Geschichte Deutschlands und Jugoslawiens nicht« (Günter Verheugen, Bundesgeschäftsführer der SPD, am 15. November 1991).[249] »Deswegen ist doch ganz klar – darüber braucht man wirklich nicht zu sprechen; ich habe es immer wieder gesagt, auch die Bundesregierung hat es gesagt – daß es in Europa – wie man auch über einen Truppeneinsatz in Jugoslawien entscheiden mag – einige Gebiete gibt – dazu gehört mit Sicherheit auch Jugoslawien –, bei denen man sich nicht vorstellen kann, daß dort deutsche Soldaten eingesetzt werden. Das ist keine Diskriminierung der Deutschen; das ist ein Akt politischer Vernunft« (Helmut Kohl, Bundeskanzler, am 27. November 1991).[250] »Es sind Einzelmeldungen geäußert worden ..., wonach es darum gehe, jetzt auch Bodentruppen in Jugoslawien einzusetzen. Ich will hier für die F.D.P. ganz eindeutig erklären: Das kommt nicht in Frage. Erstens sehe ich die verfassungsrechtlichen Voraussetzungen dafür nicht geschaffen ... Zweitens sagen Ihnen auch alle Militärexperten, daß das barer Unsinn wäre. Man muß nur an die Geschichte des Auftritts deutscher Truppen im damaligen Jugo-

---

248 Stenografisches Protokoll der 76. Sitzung des 13. Deutschen Bundestages am 6.12.1995, S. 6631-6696.
249 Stenografisches Protokoll der 58. Sitzung des 12. Deutschen Bundestages am 15.11.1991, S. 4857.
250 Zitiert nach der Rede von Hans-Ulrich Klose auf der 101. Sitzung des 12. Deutschen Bundestages am 22.7.1992, Stenografisches Protokoll, S. 8614.

slawien während des Weltkrieges zurückdenken. Selbst 40 Divisionen waren nicht in der Lage, dort einen Partisanenkrieg zu befrieden« (Hermann Otto Solms, Fraktionsvorsitzender der FDP, am 22. Juli 1992).[251] »Eine militärische Option in Jugoslawien kommt für mich nicht in Frage«[252] und »Für uns bleibt es dabei, keine deutschen Truppen dort einzusetzen, auch keine deutschen Kampfflugzeuge«[253] (Volker Rühe, Bundesminister der Verteidigung, am 22. Juli 1992 bzw. am 21. April 1993).

Die große Mehrheit der Abgeordneten stimmte für die Beteiligung der Bundeswehr an den IFOR-Truppen unter NATO-Kommando im früheren Jugoslawien. Nur die PDS stimmte geschlossen dagegen. Nach ihrer Auffassung stellte der Einsatz der Bundeswehr auf dem Balkan, der allein schon aus historischen Gründen abzulehnen sei und einen Kampfauftrag im Ausland einschließe, »einen weiteren Schritt in Richtung einer Militarisierung der deutschen Außenpolitik« dar.[254]

Die Tür zu einer völlig neuen deutschen Militärrolle war aufgestoßen. Seitdem steht sie sperrangelweit offen. Noch in der Dezemberdebatte 1995 hatten Rühe und Kinkel übereinstimmend und im Brustton der Überzeugung beteuert, daß es sich bei der Entsendung der Bundeswehreinheiten um einen auf ein Jahr begrenzten Einsatz handeln würde. Auch das erwies sich als »Geschwätz von gestern«. Das Jahr war noch nicht vergangen, da wurden neue Pläne geschmiedet und Fakten geschaffen. Aus der »Umsetzungstruppe« (implementation force – IFOR) wurde die »Stabilisierungstruppe« (stabilisation force – SFOR), deren Entsendezeit schon auf eineinhalb Jahre festgelegt wurde. Gegenüber der IFOR verdoppelte sich der Anteil der Bundeswehr am Gesamtverband der SFOR, ihre Einheiten wurden erstmals unmittelbar in Bosnien stationiert und deutsche Offiziere nahmen Schlüsselpositionen in der Kommandostruktur ein. Die nächste Truppe, ihre Einsatzzeit ist unbegrenzt, sollte »Abschreckungstruppe«

---

251 Stenografisches Protokoll der 101. Sitzung des 12. Deutschen Bundestages am 22.7.1992, S. 8627.
252 Ebd., S. 8640.
253 Stenografisches Protokoll der 151. Sitzung des 12. Deutschen Bundestages am 21.4.1993, S. 12947.
254 13. Deutscher Bundestag, Drucksache 13/3127.

(deterrence force – DFOR) heißen. Da befürchtet wurde, daß dieser martialische Name nicht nur die Konfliktparteien, sondern auch die Gegner des NATO-Einsatzes zusätzlich »abschrecken« würde, blieb es bei der Bezeichnung SFOR.

Der bravouröse Kampfeinsatz »unserer Bundeswehrhelden« im März 1997 zur Rettung deutscher und anderer Staatsbürger aus Tirana, durchgeführt mit in Rajlovac bei Sarajewo stationierten Soldaten und Hubschraubern aus dem Kontigent in der SFOR-Mission und ohne Legitimation von Parlament oder UNO, bestätigte den Nutzen deutscher Truppenpräsenz auf dem Balkan. Zugleich offenbarte er »die groteske Situation, daß nach den derzeit geltenden rechtlichen Verfahren die Bundeswehr leichter für internationale Interventionen einzusetzen ist als für die Verteidigung Deutschlands«.[255]

Zukünftig wird die Bundeswehrführung bei derartigen Gelegenheiten auf das neu aufgestellte »Kommando Spezialkräfte« (KSK) zurückgreifen können, das als Kern der auf über 50.000 Mann veranschlagten Krisenreaktionsstreitkräfte für globale Einsätze vorgesehen ist. Von den Soldaten dieses Kommandos werden u. a. Fallschirmspringen und Tropentauglichkeit verlangt; zu ihren Aufgaben dürfte nicht nur, wie es der Öffentlichkeit mitgeteilt wird, die Befreiung von Geiseln gehören, sondern, wie das Bundeswehrblatt »Truppenpraxis« berichtete, auch das Ausschalten von Kommandozentralen und wichtigen Fernmeldeeinrichtungen in »der Tiefe des gegnerischen Gebietes«. Derartige Kommandounternehmen hinter den feindlichen Linien hat es in der deutschen Militärgeschichte schon viele gegeben. Zu ihnen zählt auch die Operation »Rösselsprung« im Mai 1944, mit der das SS-Fallschirmjägerbataillon 500 gemeinsam mit der Division »Brandenburg« versuchte, im jugoslawischen Drvar den Obersten Stab der Tito-Armee zu vernichten. Vergeblich.

Gegenwärtig werden deutsche Soldaten in der »Jägerkaserne« im erzgebirgischen Schneeberg für den Einsatz auf dem Balkan vorbereitet.

Die hier stationierten Gebirgsjäger erfahren wenig über das Wüten der Hitlerwehrmacht in Jugoslawien. Einer ihrer bisheri-

---

255 Hans Arnold: »Bundeswehr als Bundesmacht?«, in: taz, 21.3.1997.

gen obersten Kommandeure, Generalmajor Rainer Jung, dagegen weiß viel über die deutschen Gebirgsjäger, z. B. daß sie sich im Zweiten Weltkrieg »für das Vaterland geopfert haben« und heute »als unsere Truppe in Bosnien an erster Stelle »ihren Auftrag erfüllen.[256]

Neue Aufträge werden nicht ausbleiben, nicht nur für die Gebirgsjäger. Schon während der Teilnahme deutscher Einheiten an der IFOR-Truppe erklärte Verteidigungsminister Volker Rühe im Zentrum für Innere Führung in Koblenz, daß die Bundeswehr künftig damit rechnen muß, jederzeit zur Bewältigung einer politischen Krise in einen Auslandseinsatz entsandt zu werden.[257] Und als im November 1997 wieder einmal ein neuer Golfkrieg drohte, ging er in die Vergangenheit zurück und einen Schritt weiter: »Wenn es jetzt eine Golfkriegssituation gäbe, so wie damals, würde Deutschland sich beteiligen, und ich hätte dafür die Möglichkeit. Denn Sie scheinen ganz vergessen zu haben, daß ich in den letzten Jahren Krisenreaktionskräfte aufgebaut habe, die eingesetzt werden können ... Deutschland würde sich anders verhalten als 1991.«[258]

Wahrlich frohe Botschaften für deutsche Militärs, ermöglicht durch – Ehre wem Ehre gebührt – ein meisterhaftes Taktieren bei der Verfolgung des langfristigen militärpolitischen Zieles im Jugoslawienkonflikt. Die Bundesregierung hat den Bürgerkrieg auf dem Balkan zielstrebig genutzt, um die politischen, moralischen und rechtlichen Beschränkungen für weltweite Einsätze deutscher Soldaten schrittweise zu durchbrechen. Wieviele Schritte werden noch folgen – und wieviele sind es bis zum Abgrund?

---

256 Zitiert nach Neues Deutschland, 18.10.1997.
257 Zitiert nach Die Welt, 2.10.1996.
258 Zitiert nach Neues Deutschland, 13.11.1997.

KAPITEL 7
Vom Grotesken zum Schrecklichen ist es nur ein Schritt

Wie nah der Abgrund, wie gering die Entfernung ist, die die Bundeswehr von neuen weitaus riskanteren Einsätzen als in Bosnien-Herzegowina trennt, zeigt der Konflikt in der zu Serbien und damit zur Bundesrepublik Jugoslawien gehörenden Provinz Kosovo und Metohien. Nur knapp ist der Balkan hier im Frühjahr 1998 einer neuen Katastrophe entgangen.

Die Gefahr besteht fort. An potentiellen Kriegsteilnehmern neben Jugoslawien fehlt es nicht: Albanien, das zu seinen »Brüdern und Schwestern« in Kosovo steht; Mazedonien mit seinen 400. bis 500.000 albanischen Bewohnern; Griechenland, in dem Hunderttausende Albaner ständig oder zeitweilig leben und dessen eigene Minderheit in Albanien mehr Rechte einfordert; die Türkei, die mit Albanien in einem Beistandspakt verbunden ist und sich auf dem Balkan als Vorkämpfer für die Rechte nationaler Minderheiten ausgibt; Bulgarien, das sich mit dem »Bruderland« Mazedonien eng verbunden fühlt; die moslemisch-kroatische Föderation in Bosnien-Herzegowina, deren extremistische Kräfte noch immer auf eine Chance zur Abrechnung mit den Serben warten. Die NATO steht bereit, Frieden zu erzwingen, auf ihre Weise und selbstverständlich mit bundesdeutscher Beteiligung. Welchen Marschbefehl werden in diesem Fall die in Bosnien-Herzegowina bei Rajlovac stationierten Einheiten der Bundeswehr erhalten – Priština, die Hauptstadt Kosovos, oder Niš, das strategisch bedeutende Industrie- und Kulturzentrum Südserbiens, oder Kruševac, die alte serbische Königsstadt, oder gleich gar Kragujevac?

Im Frühjahr war der Kelch an den deutschen Soldaten und Offizieren noch einmal vorübergegangen. Doch die NATO ist, wie ihr Generalsekretär Javier Solana bereits Mitte März 1998 verkündete, bereit, bei Bedarf, so im Falle einer Flüchtlingskrise in Kosovo, schnell und klar zu handeln, und die Westeuropäische

Union (WEU), der europäische Arm des Bündnisses, erklärte kurz danach ihre Einsatzbereitschaft für eine derartige Krisenmission. Und das deutsche Bundesministerium für Verteidigung verfaßt bereits »Lageberichte zum Kosovo«. Erneut steht die Bundesregierung an der Spitze derer, die für eine ausländische Militärintervention eintreten, mit den gleichen verlogenen Begründungen wie in Bosnien, aber dieses Mal gegen einen souveränen europäischen Staat.

Die Langzeitfolgen einer Militärintervention für den europäischen Frieden sind nicht abzusehen, den innerjugoslawischen Konflikt kann sie nicht lösen. Die Positionen der Konfliktparteien stehen sich diametral gegenüber. Nationalistische Kräfte auf beiden Seiten schüren Hader und Unversöhnlichkeit. Nationaler Haß macht blind und erschwert einen Interessenausgleich. Ausländische Einmischung schafft trügerische Hoffnungen und verschärft den Konflikt.

Die Führer der Albaner in Kosovo fordern staatliche Unabhängigkeit, die Belgrader Führung besteht auf der territorialen Integrität der Republik Serbien und Jugoslawiens.

Die Albaner verweisen darauf, daß sie mittlerweile rund 90 Prozent der Bevölkerung von Kosovo ausmachen und ihnen das Selbstbestimmungsrecht nicht mehr länger vorenthalten werden dürfe. Nach der 1990 erfolgten Annahme der neuen Verfassung der Republik Serbien schlug die albanische Mehrheit der Parlamentsabgeordneten in Priština endgültig den Kurs auf die Lostrennung Kosovos von Serbien ein. Nach einem Referendum und Wahlen wurde die Provinz zum souveränen und unabhängigen Staat »Republik Kosovo« mit eigenem Präsidenten, Parlament und Regierung erklärt. Letztere wurde im deutschen Exil, in Stuttgart, etabliert. Viele serbische Einrichtungen, einschließlich Schulen und Krankenhäuser, wurden boykottiert. Während der Präsident der nur von Tirana anerkannten »Republik Kosovo«, Ibrahim Rugova, gewaltfreien zivilen Ungehorsam zur Durchsetzung des separatistischen Programms proklamierte, treten andere Führer für einen radikaleren Kurs bis hin zum bewaffneten Kampf ein. Wie weit Forderungen albanischer Nationalisten inzwischen gehen, ist in einem in Tirana veröffentlichten Appell eines

»Koordinierungsrates zur Vereinigung aller Albaner« vom 15. Juli 1995 nachzulesen. Sie beinhalten die »Revision der Beschlüsse der Berliner und Londoner Konferenzen 1878 und 1912/13, die Zuerkennung der nationalen Rechte für alle orthodoxen ethnischen Albaner, die in Griechenland leben und nicht den Mut haben, sich zu ihrer albanischen nationalen Zugehörigkeit zu bekennen, die Rückkehr von 200.000 Albanern in ihre ethnischen Territorien nach Griechenland, die Anerkennung der Albaner als staatsbildendes Element in Ostalbanien (Mazedonien), die Anerkennung Kosovos als unabhängiger Staat und das Selbstbestimmungsrecht für die Albaner in Montenegro.«[259]

Angesichts der Weigerung der Albaner, die ihnen gemäß der neuen Verfassung eingeräumten geringeren Autonomierechte wahrzunehmen, regiert Belgrad in Kosovo mit einer Zwangsverwaltung, was zu zahlreichen Verletzungen garantierter Menschenrechte führt. Die Abtrennung Kosovos wird kategorisch abgelehnt. Die Serben berufen sich dabei sowohl auf völkerrechtliche und historische Tatsachen als auch auf die demographische Entwicklung dieses Gebietes. Sie unterstreichen, daß der Raum des heutigen Kosovo und Metohien der politische, kulturelle und wirtschaftliche Mittelpunkt des mittelalterlichen Serbiens war und heute integraler Bestandteil Serbiens und der jugoslawischen Föderation ist, deren Grenzen laut gültigem internationalen Recht unantastbar sind. Nach ihrer Auffassung ändert daran auch der Umstand nichts, daß die Albaner inzwischen die Bevölkerungsmehrheit bilden. Während albanische Führer neuerdings von einer »ethnischen Vertreibung der Albaner« sprechen, erklären die Serben, daß »die Geschichte Serbiens und die Geschichte von Kosovo und Metohien die Geschichte einer fortwährenden ›ethnischen Säuberung‹ von Serben aus diesem Raum ... ist«.[260]

Zum Beweis wird serbischerseits angeführt, daß die erzwungene Abwanderung der Serben nicht nur während der Herrschaft der Osmanen, sondern auch danach erfolgte. Zwischen 1876 und 1912 sowie 1945 bis 1991 hätten jeweils rund 150.000 Serben und Montenegriner das Gebiet verlassen müssen. Dagegen habe

---

259 Bashkimi i shqiptareve, 1.1.1995.
260 Sonderausgabe der Belgrader Politika, Juni 1993.

sich in der Nachkriegszeit die Zahl der Albaner in Kosovo verdreifacht: von 480.000 (1948) auf 1.607.000 (1981). Aufgrund einer außerordentlich hohen Geburtenrate – der natürliche jährliche Bevölkerungszuwachs, der höchste auf dem europäischen Kontinent, liegt bei 25 pro Tausend – hat sich dieses Wachstum auch in den letzten Jahren fortgesetzt. Die Serben sind zahlenmäßig ebenso wie die dort lebenden 150.000 Moslems und 150.000 Roma, Türken und Kroaten zu einer Minderheit geworden, ein Umstand, der die serbische Führung seit langem mit großer Sorge erfüllt.

Belgrads Oppositionspolitiker, wie der vom Westen lange Zeit mit einem Glorienschein versehene Drašković oder der Chef der Radikalen Partei, Šešelj, inzwischen stellvertretender Ministerpräsident in Serbien, forderten, dieser Entwicklung mit drakonischen Maßnahmen zu beggenen. In einem Memorandum der »Vaterländischen Führung der Serbischen Radikalen Partei« vom Oktober 1995 wurde z.B. ein neues Staatsbürgerschaftsgesetz verlangt, mit dessen Hilfe der Anteil der albanischen Bevölkerung verringert werden sollte.

In der Ablehnung derartiger Maßnahmen sind sich die serbische Regierung in Belgrad und die albanischen Führer in Kosovo ausnahmsweise einig. Das ändert allerdings nichts an der Tatsache, daß die nationalen Beziehungen zwischen Serben und Albanern durch unterschiedliche Traditionen und Glaubensbekenntnisse – die Albaner bekennen sich mehrheitlich zum Islam – durch Gewalt und Gegengewalt, durch gegenseitige Intoleranz, Haß- und Rachegefühle zutiefst gestört sind und die nationalen, sozialen, ökonomischen und politischen Widersprüche mittlerweile ein scheinbar unentwirrbares Knäuel bilden.

Vor allem bleibt die Frage: Was wiegt am Vorabend des neuen Jahrtausends schwerer, die sich wandelnde nationale Zusammensetzung, das ethnische, um nicht zu sagen das völkische Prinzip oder staats- und kulturgeschichtliche Fakten und Prinzipien des Völkerrechts? Bisher geben die Mehrheit der Serben und die der Albaner darauf unterschiedliche Antworten.

Der Ausweg aus dem tragischen Konflikt der Angehörigen zweier Völker, die im Ergebnis der Geschichte auf dem gleichen

Raum zusammenleben müssen, kann nur über Gespräche, über friedliche Vereinbarungen gefunden werden. Eine vernünftige Alternative dazu gibt es nicht. Der politische Dialog zwischen den Parteien hätte spätestens 1990/91 aufgenommen werden können, wenn sich ausländische Kräfte nicht ständig in den Konflikt eingemischt und die separatistischen Führer in Kosovo nicht immer wieder zu Unnachgiebigkeit und zur Aufrechterhaltung realitätsferner Forderungen ermuntert hätten. Die Geschichte dieser Einmischung allein seitens der Bundesrepublik Deutschland könnte inzwischen ganze Bände füllen, aber auch wenige Seiten illustrieren sie zur Genüge:

Bundesdeutsche Politiker verbreiten über Kosovo Propagandabilder, die mit der vielschichtigen Realität wenig zu tun haben und die historisch entstandenen, einander überlagernden ökonomischen, sozialen und nationalen Probleme außer Acht lassen. Freimut Duve schrieb schon 1991 in einem einflußreichen Nachrichtenmagazin: »Serbien beansprucht Kosovo als serbisches Land und hat im Namen des Selbstbestimmungsrechts der Völker die brutale Serbisierung des gesamten Lebens dort begonnen. Es gibt kaum noch albanische Lehrer, den Albanern ist jedwede Mitwirkung an ihren Angelegenheiten untersagt.«[261]

Wahr ist in diesen Sätzen lediglich, daß *Serbien Kosovo beansprucht*, aber nicht *als serbisches Land*, sondern als Autonome Provinz Kosovo und Metohien innerhalb seiner anerkannten Grenzen. Aus dem Umstand, daß die neue Verfassung der Republik Serbien die republiksähnlichen Rechte des Gebietes beschnitt, Kosovo jedoch weiterhin Autonomie, einschließlich Provinzparlament und -regierung, einräumte und die Gleichstellung aller Bürger der Republik unabhängig von ihrer nationalen Zugehörigkeit festlegte, leitete er eine *brutale Serbisierung des gesamten Lebens* ab. In dieser Einschätzung ließ er sich auch nicht dadurch beirren, daß die Albaner wie alle anderen nationalen Minderheiten in Serbien das verfassungsmäßige Recht haben, sich politisch zu organisieren, in alle staatlichen Organe, von der Gemeinde bis zur Föderation, gewählt zu werden, eigene Kultur-

---

261 Freimut Duve: »Vom Ende der Souveränität«, in: Der Spiegel, 23.9.1991.

institutionen zu gründen, sich in ihrer Muttersprache von der Schule bis zur Universität zu bilden, Zeitungen und Zeitschriften herauszugeben – gegenwärtig erscheinen in der Provinz über 50 Periodika, darunter zwei Tageszeitungen in Albanisch. Dafür verkehrte er die von den albanischen Führern veranlaßte Nichtwahrnehmung der reduzierten Autonomierechte, den albanischen Boykott der staatlichen und gesellschaftlichen Einrichtungen, der Wahlen sowie des Bildungs- und Gesundheitswesens in ihr Gegenteil, in die Behauptung, *den Albanern ist jede Mitwirkung an ihren Angelegenheiten untersagt.* Und schließlich ließ er als krönenden Abschluß auch noch *die albanischen Lehrer*, die *es kaum noch gibt*, verschwinden. Die Tatsache, daß albanische Lehrer dem Aufruf separatistischer Führer zum Boykott des Unterrichtes, der nach den allgemeingültigen Lehrplänen der Republik Serbien und selbstverständlich in albanischer Sprache stattfinden sollte, gefolgt sind, fand er einer Erwähnung nicht wert. Hauptsache, die albanischen Lehrer waren verschwunden und die Serbisierung Kosovos bewiesen.

Diese Art der Beschreibung der Lage in Kosovo bildete keine Ausnahme, sie entsprach lediglich dem vorherrschenden Grundmuster der in vielfältigen Variationen gebotenen Darstellung eines überaus komplizierten und unseligen Konfliktes, der den Menschen in Kosovo, Albanern und Serben, Unsicherheit, Unfrieden und Leid bringt. Einseitige Betrachtungsweise und Entstellung der Entwicklung in der südserbischen Provinz waren nicht gerade dazu angetan, bei den Führern der Kosovo-Albaner zumindest ein gewisses Maß an Bereitschaft zu einem realistischen, auf einen gerechten Ausgleich orientierten Herangehen zu fördern.

Im Gegenteil, sie wurden stimuliert, auf unrealistischen Forderungen zu beharren. Die deutsche Bundesregierung richtete ihre Anschuldigungen und Appelle ausschließlich an die Belgrader Führung, und nicht selten wurde sie dabei von der SPD-Opposition übertroffen; so auch, als der Bundestag im Dezember 1995 die Beteiligung der Bundeswehr an den IFOR-Truppen in Bosnien-Herzegowina debattierte. Anstatt mäßigend zu wirken und alle Konfliktseiten zum unumgänglichen Einlenken aufzurufen, übertraf Fraktionschef Rudolf Scharping seinen Vorredner Kanzler Kohl hinsichtlich einseitiger Betrachtungsweise und erklärte: »Mit dem Friedensschluß von Dayton sind noch lange nicht alle schwelenden Konflikte im ehemaligen Jugoslawien beseitigt. Das gilt für die ungelösten Probleme in Ostslawonien, in der Vojvodina, im Sandschak, in Mazedonien und vor allen Dingen im Kosovo. In allen diesen Teilen des ehemaligen Jugoslawiens wird es vor allem auf den guten Willen und auf die Kompromißbereitschaft der Regierung in Belgrad ankommen. Die offene Frage, ob diese Konflikte friedlich beigelegt werden können oder ob dort neue Konflikte ausbrechen, wird im wesentlichen in Belgrad entschieden. Es ist also notwendig, politischen Druck aufrechtzuerhalten ...«[262]

Auch den Bericht über diese Bundestagsdebatte konnte das sogenannte Kontakt- und Informationsbüro der albanischen Kosovo-Administration in Bonn beruhigt nach Priština geben, deutsche Regierung und SPD-Opposition hielten an ihrem Kurs der einseitigen Druckausübung auf die Serben fest, auch weiterhin waren ehrliche deutsche Maklerdienste nicht zu befürchten. Bei dieser Haltung Deutschlands und anderer NATO-Staaten, vor allem der USA, konnte es nicht verwundern, daß sich unter den Kosovo-Albanern auch die Kräfte ermuntert fühlten, die extreme Positionen vertreten und die staatliche Unabhängigkeit Kosovos mit Gewalt, Terror und Bomben erzwingen wollen.

Nach zahlreichen terroristischen Anschlägen auf Polizeistationen und -fahrzeuge ebenso wie auf albanische »Kollaborateure« traten sie im November 1997 erstmals in der Öffentlichkeit auf, und wenige Wochen später konnte man in großen deutschen Tageszeitungen über sie Berichte lesen, die Korrespondenten vor Ort verfaßt hatten und die streckenweise wahren Heldenepen glichen. Die »Frankfurter Rundschau« leitete ihren mit »Wo immer sie hinkommen, sie werden bewirtet« überschriebenen Bericht aus Priština mit folgendem Absatz ein: »Die Gesichter haben sie mit schwarzen Mützen vermummt. Auf den Schultern leuchtet das albanische Nationalwappen, der schwarze Doppeladler auf rotem

---

[262] Stenografisches Protokoll der 76. Sitzung des 13. Deutschen Bundestages am 6.12.1995, S. 6637 f.

Hintergrund. Sie tragen Armeeuniformen und halten ihre automatischen Waffen in Anschlag. An einer Straße im Bezirk von Skenderaj (Srbice), eine Stunde Fahrt von Priština entfernt, sind sie in Stellung gegangen. Auf einem Fahrzeug ist ein größeres Geschütz aufgebaut, als würde jeder Zeit mit einem Angriff aus der Luft gerechnet. Die kleine Einheit ist eine Phantom-Organisation, die nach Anschlägen auf serbische Polizeistationen oder albanische Kollaborateure regelmäßig die Verantwortung übernahm – per Fax.«[263]

Die »Frankfurter Allgemeine« hatte Detailliertes über die Taten der »Untergrundarmee« zu berichten. Unter der Schlagzeile »Auf dem Amselfeld gehört die Nacht den vermummten Kämpfern mit ihren Kalaschnikows« teilte sie mit: »Eine ›Ushtria Clirimitare es Kosoves‹, abgekürzt UCK, bekannte sich seinerzeit erstmals zu einem Anschlag gegen serbische Polizisten. Es folgten zahlreiche weitere Attentate gegen serbische Funktionäre und albanische Kollaborateure des serbischen Regimes. Dabei kamen etwa zwei Dutzend Menschen ums Leben. Bisher gibt es mehr als 40 Kommuniques, in welchen sich die ›Befreiungsarmee Kosovo‹ zu Anschlägen bekennt. Zuletzt übernahm die UCK sogar die Verantwortung für zwei Bombenanschläge im Westen Mazedoniens.«[264]

Die Frankfurter Blätter wußten auch zu berichten, woher die »Befreiungsarmee« Waffen und Geld erhält. Während die »Rundschau« schrieb: »Die Grenze zum ›Mutterland‹ Albanien im Süden oder nach Mazedonien ist durchlässig. Von dort gelangen fast täglich neue Waffen in die Hände der UCK«, informierte die ›Allgemeine‹: »Die UCK ist ein Phantom, aber ein wirklich existierendes. Es gibt sie, und sie schlägt zu, vereinzelt und gezielt ... Geld kommt vor allem von den Gastarbeitern und von anderen Quellen aus Deutschland und der Schweiz.« Bei diesen Geld- und Waffenquellen konnten auch Erfolge nicht ausbleiben, die »Die Welt« so vermeldete: »Seit November letzten Jahres gibt es in 52 Dörfern der Region Drenica keinen einzigen serbischen Uniformierten mehr, nicht einmal Patrouillen. Manchmal werden Autofahrer an Checkpoints gestoppt und nach ihren Papieren gefragt. Aber nicht von Serben. Sondern von Kämpfern einer gewissen

---

263 Frankfurter Rundschau, 15.1.1998.
264 Frankfurter Allgemeine Zeitung, 23.1.1998.

Kosovo-Befreiungsarmee (KBA). Sie haben die Region Drenica ›befreit‹, zumindest haben sich die Serben daraus zurückgezogen.«[265] Den Namen »Drenica« sollte man sich merken.

In keinem der Berichte der drei großen deutschen Tageszeitungen, ganz zu schweigen von den natürlich ausgebliebenen offiziellen Verlautbarungen aus Bonn, gab es ein Wort der Verurteilung der terroristischen Aktionen von separatistischen Kräften, deren Ziel die gewaltsame Veränderung der Grenzen eines der Unterzeichnerstaaten aller wichtigen KSZE-Dokumente ist. Einen Aufschrei der Entrüstung, Proteste und massive Drohungen gab es erst dann, als Anfang März 1998 nach neuerlichen Anschlägen ein massiver Einsatz der Polizei gegen die Zentren der »Befreiungsarmee« in der Region Drenica erfolgte. In den Kämpfen, die von beiden Seiten mit großer Härte geführt wurden, verloren 60 Menschen, darunter auch unschuldige Frauen und Jugendliche, ihr Leben. Getötet wurden zahlreiche Angehörige der »Befreiungsarmee«, aber auch einige der Sicherheitsorgane. »Die Welt«, die gerade noch die Erfolge der »Befreiungsarmee« in Drenica geschildert hatte, beklagte umgehend die Massaker an albanischen Zivilisten und die »Frankfurter Allgemeine« verstieg sich zu der Feststellung: »Daß es sich bei den Opfern um ›albanische Terroristen‹ gehandelt habe, wie es die offizielle serbische Darstellung der Vorfälle will, ist eine abenteuerliche Behauptung.«[266] Den Bericht dazu allerdings titelte sie: »Bewunderung für die Befreiungsarmee der Kosovo-Albaner.«

Wieder einmal war ein Anlaß gefunden, die Serben an den Pranger zu stellen. Und die Bewunderer der Befreiungsarmee ließen es nicht bei der Verurteilung der »Massaker«, des »Eroberungsdrangs« und der »Schandtaten« von Milošević und Serbien bewenden. Einige von ihnen, dieses Mal ging nicht die »Frankfurter Allgemeine«, sondern »Die Welt« voran, schlugen von Anfang an die Kriegstrommel und verlangten: »Vor allem muß Milošević klargemacht werden, daß ein offener Krieg im Kosovo über kurz oder (leider) lang den Westen doch militärisch auf den Plan riefe. Ob die Europäer einen solchen Einsatz diesmal allein

---
265 Die Welt, 20.1.1998.
266 Frankfurter Allgemeine Zeitung, 4.3.1998.

besorgen oder wieder nicht ohne die Führung der Amerikaner auskommen, ist dabei zweitrangig.«[267]

Aus der Sicht dieser Interventionsbefürworter, zu denen sich noch viele andere gesellen sollten, stand dem militärischen Eingreifen ein kleines Hindernis im Weg, aufgerichtet ausgerechnet von den USA. »Der gravierendste Fehler«, so meinte »Die Welt«, »war jüngst die Verurteilung der albanischen ›Kosovo-Befreiungsarmee‹ durch den US-Gesandten Robert Gelbard; er nannte die Gruppe ›terroristisch‹. Das mag zutreffen, aber zwischen Belgrad und den USA galt bislang die Sprachregelung, einseitige serbische Gewalt würde nicht geduldet.« Aber um einen Ausweg war das Blatt nicht verlegen. Auf die Frage »Was ist zu tun?«, hatte es die Antwort parat: »Drohungen genügen nicht ... Der UNO-Sicherheitsrat muß sich der Sache annehmen; NATO-Truppen stehen in Bosnien bereit. Ab jetzt heißt weiteres Zaudern weiteres Blutvergießen.«[268]

Wer die bundesdeutsche Haltung zum jugoslawischen Bürgerkrieg verfolgt hatte, den konnte die neuerliche antiserbische Kampagne nicht verwundern. Verwunderung, Überraschung gar mußte die Haltung des Chefs der deutschen Diplomatie, Klaus Kinkel, auslösen. Seit Beginn seiner Amtszeit hatte er sich – auch bei mehrfachen Treffen mit dem »Präsidenten« der »Republik Kosovo« von keinem seiner europäischen Kollegen darin übertreffen lassen, die Position einiger Führer der Kosovo-Albaner zu stärken und den Konflikt zu schüren. Als dieser jedoch Anfang März 1998 eskalierte, schlug er plötzlich ungewohnt moderate Töne an.

Noch am 7. März hatte ihn die Belgrader Nachrichtenagentur in einem scharfen Kommentar beschuldigt, mit seinen geheimen und öffentlichen Aktionen »offenkundig einen neuen Kriegsbrand auf dem Balkan, und möglicherweise darüber hinaus, herbeizurufen«. »Kinkels prinzipienlose und schädliche Aktivität gegen die grundlegenden Lebensinteressen Serbiens und der BR Jugoslawien«, so die Agentur, »war faktisch spürbar seit er, Mitte Mai 1992, seinen Lehrer Hans-Dietrich Genscher, der am unmittelbarsten an der Zerschlagung der SFRJ teilnahm, in der Funktion

---

267 Die Welt, 13.3.1998.
268 Die Welt, 6.3.1998.

des Chefs der deutschen Diplomatie nachfolgte.« Unverhüllt stellte der Kommentator die Frage, ob Kinkel in seiner »Politik der nationalen und territorialen Aufsplitterung« inspiriert ist »von der alten gut bekannten Doktrin der Erweiterung des Lebensraumes nach Ost- und Südosteuropa?«[269]

Ähnliche, wenn auch in einem anderen Zusammenhang gemachte aber nahezu zeitgleiche Erklärungen des türkischen Ministerpräsidenten Yilmaz hatten in Bonn einen Sturm der Entrüstung hervorgerufen. Der Tanjug-Kommentar fand kaum Erwähnung. Statt dessen gab Kinkel zwei Tage später zahlreiche Interviews, deren gemäßigte Intonation nur erstaunen konnte. Noch beim Frühstück konnten die Hörer der »Informationen am Morgen« des »Deutschlandfunks« vernehmen, wie der deutsche Außenminister auf die Journalistenfrage: »Wie würden Sie das, was sich in diesen Tagen in Kosovo abspielt, bezeichnen? Ist das noch ein normaler Antiterroreinsatz?«, antwortete: »Ich kann nur sagen, es scheint alles unverhältnismäßig zu sein. Ich glaube, man muß es von beiden Seiten sehen. Einmal sind da die Kosovo-Albaner, die sich lange Jahre still gewehrt haben und jetzt offensichtlich zu militanten Mitteln greifen, was gefährlich ist. Und es ist auf der anderen Seite ein unverhältnismäßiger Polizeieinsatz, so sehe ich das jedenfalls. Und deshalb müssen wir alles tun, um ein neues Bosnien zu vermeiden.« Kinkel sprach sich für »eine Konflikteindämmung«, »eine regionale Stabilisierung« und »eine Verhandlungslösung« aus und auch dafür, »daß wir alles tun, um den kosovoalbanischen militanten Einsatz scharf zu verurteilen, Waffenschmuggel zu vermeiden ...«[270] Und kurz danach erstaunte er die Beobachter der deutschen Außenpolitik noch mehr, als er in einem weiteren Interview erklärte: »Wir Deutschen, wir alle haben da eine glasklare Haltung: Das Kosovo gehört zu Belgrad. Niemand will dort irgendwelche Grenzveränderungen oder Separation ... Herr Rugova, das habe ich ihm mehrmals gesagt, muß sich weiterhin um eine friedliche Lösung bemühen. Er muß die militant-terroristischen Kräfte um Gottes Willen bremsen.«[271]

---

269 Tanjug, Belgrad, 7.3.1998.
270 Interview mit Klaus Kinkel im Deutschlandfunk, 9.3.1998.
271 Interview mit Klaus Kinkel, Der Spiegel, 12/1998.

Was war geschehen? Was veranlaßte Kinkel zu solch zurückhaltender, ausgewogener Haltung, zum Verzicht auf die bisherige krude einseitige Parteinahme? War er sich bewußt, wie nah sich die brennende Lunte dem Pulverfaß näherte? Dachte er an die Auswirkungen einer Explosion auf den europäischen Frieden oder zumindest auf die in Bosnien-Herzegowina stationierten Bundeswehreinheiten? Ging es ihm allein darum, daß, wie er selbst sagte, »im Kosovo die Situation sich beruhigt und friedlich bleibt wegen eines zu vermutenden weiteren Flüchtlingsstroms« oder plagte ihn die Erinnerung an die scharfe internationale Kritik an der deutschen Vorreiterrolle bei der überstürzten Anerkennung Sloweniens und Kroatiens?

Wir wissen es nicht, und er selbst wird vorerst keine Aufklärung geben. Tatsache ist, daß er trotz aller schönen Reden eilig und bereitwillig auf den dieses Mal von den USA initiierten Droh- und Erpressungskurs eingeschwenkt ist. Zu diesem leistete er einen, mit geradezu schwäbischer Redlichkeit formulierten Beitrag: »Ich weiß doch, was Milošević und die Serben brauchen: Hilfe beim Zugang zu Weltbank und Weltwährungsfonds, Unterstützung bei der dringend erforderlichen Umschuldung, Handelspräferenzen mit der EU und bilaterale Hermeskredite ... Die Serben sollen ihren Platz in Europa haben. Aber dazu müssen sie in der Kosovo-Frage mitwirken.«[272]

Im Klartext hieß das: Bist du in Kosovo nicht willig, dann werde ich dafür sorgen, daß deine durch jahrelange Sanktionen auf das Schwerste geschädigte Wirtschaft von einer normalen internationalen Kooperation ausgeschlossen bleibt und auch weiterhin stranguliert wird. Zwar bezeichnete der deutsche Außenminister die Bundesrepublik Jugoslawien nicht wie der preisgekrönte ARD-Korrespondent Brebeck als »Schrottstaat«, aber im Wissen um die Folgen der Sanktionen behandelte er sie so. Unbeirrbar und verläßlich spielte er seinen Part auch in dem neuen antiserbischen Spektakel, in dem beständige Drohungen und widersinnige Forderungen nahezu groteske Züge annahmen.

Die bereits aus der ersten Hälfte der 90er Jahre gut bekannten Jugoslawien- und Serbienspezialisten in Politik und Medien for-

---

272 Ebd.

derten die jugoslawische Regierung auf, Kosovo die Autonomie zu gewähren, und wußten nur zu gut, daß diese längst in der serbischen Verfassung festgeschrieben ist und von den Kosovo-Albanern nur deshalb nicht wahrgenommen wird, weil ihre Führer die volle staatliche Unabhängigkeit und die Lostrennung von Jugoslawien erreichen wollen. Ultimativ verlangten sie von der Zentralregierung Gespräche mit den Albanern in Kosovo aufzunehmen, obwohl deren Vertreter diese seit Jahr und Tag abgelehnt haben. Sie treten verbal (noch) für die territoriale Integrität Jugoslawiens ein, aber durch immer neue Anklagen und Ultimaten an Belgrad ermunterten sie die Kräfte in Kosovo, die diese Integrität zerstören wollen. Sie verurteilen Terror und terroristische Anschläge überall auf der Welt – im spanischen Baskenland, auf Korsika, in Nordirland, in Israel und Sri Lanka und sonstwo, von der RAF und deren Nachfolgeorganisationen in Deutschland einmal ganz abgesehen, aber den Kampf gegen Terroristen in Kosovo brandmarken sie als »Terror«. Sie prangern pausenlos das serbische Terrorregime und die Massaker an der friedlichen Bevölkerung in Kosovo an, aber lehnen jede Forderung nach einem Abschiebestopp von Asylsuchenden aus diesem Gebiet mit dem Hinweis ab, daß ihnen in ihrem Herkunftsland keine Gefahr drohe.

Spätestens seit den Dramen eines Samuel Becket und Eugène Ionesco weiß man, daß auch die Worte »grotesk« und »widersinnig« steigerungsfähig sind. Das absurde Theater in der Kosovokrise bestätigte es ein weiteres Mal, als die sogenannte internationale Kontaktgruppe, bestehend aus den USA, Großbritannien, Frankreich, Rußland, Italien und Deutschland, am 25. März 1998 der Bundesrepublik Jugoslawien das Ultimatum stellte, innerhalb von vier Wochen mit den Kosovo-Albanern einen Dialog zu beginnen.

Zur Erinnerung: Belgrad ist seit Jahren zum umfassenden Dialog mit den Kosovo-Albanern bereit, die albanischen Führer lehnten alle Angebote ab. Als ein solcher Dialog ausnahmsweise einmal zustande kam und der damalige serbische Präsident Slobodan Milošević und der Führer der Kosovo Albaner, Ibrahim Rugova, am 1. September 1996 einen Vertrag über die Normalisierung im Bildungswesen unterzeichneten, wurde dieser mit

Unterstützung der USA und der EU albanischerseits auf Eis gelegt. Nachdem die Krise eskalierte, entsandte die serbische Regierung eine hochrangige Verhandlungsdelegation nach Priština, aber die albanische Seite weigerte sich, am Verhandlungstisch Platz zu nehmen. Der Präsident Serbiens, Milan Milutinović, rief sie daraufhin erneut auf, unverzüglich und ohne Bedingungen in einen politischen Dialog einzutreten. Er bot sich als Garant dieser Gespräche an. Auch der Präsident Jugoslawiens, Slobodan Milošević, ernannte dafür einen Sonderbeauftragten. Allein von Anfang März bis Ende April 1998 warteten die Abgesandten Belgrads in Priština ein Dutzend mal auf albanische Gesprächspartner. Alles vergeblich, die Führer der albanischen nationalen Minderheit verharrten in ihrer Verweigerungshaltung.

In dieser Situation hätte jeder vernünftige Mensch annehmen müssen, daß die internationale Kontaktgruppe auf die Kosovo-Albaner einwirkt, damit der überfällige Dialog beginnen konnte. Doch das Gegenteil geschah: Die zum Dialog bereite Seite wurde ultimativ unter Androhung von Sanktionen zum Dialog aufgefordert, der den Dialog verweigernden Seite wurde für den Fall des Nichtzustandekommens der Gespräche die Bestrafung ihres politischen Widersachers in Aussicht gestellt. So geschah es dann auch. Nach Ablauf des widersinnigen Ultimatums wurde die Sanktionsschraube gegen Belgrad wieder einmal angezogen.

»Verkehrte Welt«, möchte man rufen, doch was wie eine Groteske anmutet, ist die reale Welt, in der es, wie schon Sir Arthur Conan Doyle wußte, vom Grotesken zum Schrecklichen nur ein Schritt ist. Das von der NATO auf der Kosovo-Bühne mit Rußland in einer Komparsenrolle aufgeführte absurde Theaterstück kann leicht zu einem schrecklichen Drama werden; in einer Welt, wie sie nach dem Zusammenbruch des Realsozialismus in Europa entstanden ist. Nicht Fairneß und Gerechtigkeit, sondern Macht und Unrecht regieren sie. Vom »neuen Zeitalter der Demokratie, des Friedens und der Einheit«[273], das laut der »Charta von Paris« angebrochen sein soll, sind wir meilenweit entfernt.

Als die »Charta von Paris« im November 1990 verabschiedet wurde, bekannten sich alle Unterzeichnerstaaten zum Prinzip der

---

273 20 Jahre KSZE. 1973-1993, Hrsg. Auswärtiges Amt, Bonn 1993, S. 144.

territorialen Integrität. Als sich im Jahr danach die Krise in der SFRJ zuspitzte, sprachen sie sich für die Einheit der jugoslawischen Föderation aus und warnten vor Alleingängen sezessionistischer Kräfte. Erst unter deutschem Druck wurde diese Position aufgegeben, eine antiserbische Kampagne inszeniert und die Zerstörung Jugoslawiens vorangetrieben.

In der Kosovokrise muß eine Antihaltung gegen die Serben nicht erst geschaffen werden, ihnen ist das Kainsmal schon eingebrannt worden. Noch erklären Außenminister Kinkel, seine amerikanische Kollegin und seine europäischen Kollegen: »Kosovo gehört zu Belgrad. Niemand will dort irgendwelche Grenzveränderungen oder Separation.« Es bleibt nur die Hoffnung, daß diese Haltung länger hält als die von 1991 zur Einheit der früheren jugoslawischen Föderation. Die Folgen der damaligen Wende in der Jugoslawienpolitik der Bundesrepublik Deutschland sind bekannt – vor allem in Bosnien-Herzegowina werden sie noch lange zu besichtigen sein.

KAPITEL 8
Test mißlungen, Durchbruch erzielt

Die Bundesrepublik hat im Jugoslawienkonflikt ihr militärpolitisches Ziel – die Ausweitung des Aktionsradius der Bundeswehr – erreicht. Doch nicht einmal bei den Regierenden stellte sich ein Gefühl des Triumphes ein. Zu offensichtlich ist das Fiasko, das die bundesdeutsche Außenpolitik im ehemaligen Jugoslawien erlitten hat. Jugoslawien war gewissermaßen zum Testgebiet auserkoren worden, auf dem die Bundesrepublik ihre neue weltpolitische Rolle erproben wollte.[274] Der Test ist mißlungen.

Die Schandflecke großdeutscher Balkanpolitik in der Vergangenheit sind nicht getilgt, aber das schneidige Vorgehen der Kohlregierung in der Jugoslawienkrise hat dafür gesorgt, daß der Außenpolitik des wieder größer gewordenen Deutschlands von ihrer ersten selbständigen außenpolitischen Aktion an der Makel der Großmannsucht und des verantwortungslosen Vorpreschens anhaftet. Dieser wird auch durch eine Reihe von blamablen Pannen nicht ansehnlicher, die sich ihre Protagonisten leisteten, so z. B. als das Auswärtige Amt bestätigen mußte, daß der zur strikten Neutralität verpflichtete Chef der deutschen Delegation für die EU-Kommission in Bosnien, Christoph von Bezold, für den Bundesnachrichtendienst (BND) gearbeitet hat.

Der blinde Eifer, den Genscher und Kinkel, gestützt und vorangetrieben von ihren SPD-Opponenten Voigt und Gansel, gegenüber Jugoslawien an den Tag legten, hat letztlich auch nicht den erhofften Zugewinn an entscheidendem Einfluß auf dem Balkan gebracht, gar nicht zu reden von versprochener und erstrebter Partnerschaft in leadership mit den USA. Nach den verheerenden Ergebnissen deutscher Anerkennungseile mußte sich die Bonner Diplomatie, häufiger als ihr lieb war, zeitweilig zurückhalten und

---
274 Siehe Hans Voss: »Bonns Balkanpolitik stößt an Grenzen. Mißlungener Versuch der Bundesrepublik, ihre neue weltpolitische Rolle zu erproben«, in: Neues Deutschland, 7.11.1995.

ins Glied zurücktreten, als die USA das Kommando in Bosnien übernahmen. Symptomatisch dafür waren die Tage auf dem US-amerikanischem Militärstützpunkt in Dayton, wo die Clinton-Regierung den Ton angab und die Verbündeten, einschließlich der Bundesrepublik, zur reinen Staffage in der »US-Wahlkampf-Show« machten. Kinkels Beschwerde, »es werde der Eindruck erweckt, als hätten die Europäer nichts beigetragen« und er werde »nicht zulassen«, daß der europäische Beitrag »dermaßen in den Hintergrund gerückt wird«[275], blieb propagandistisch folgenlos. Von ihrem Inhalt her war sie nicht unbegründet. Es wäre unfair und historisch falsch, die ausländische Militärintervention in den bosnischen Bürgerkrieg, die zu Dayton führte, und den dort paraphierten unvollkommenen Vertrag allein den USA anzulasten. Kinkel ist zuzustimmen: Der europäische und der bundesdeutsche Beitrag darf nicht »in den Hintergrund gerückt« werden.

Mit dem Dayton-Vertrag wurden die vierjährigen Kriegshandlungen eingestellt. Die Waffen wurden zum Schweigen gebracht. Das ist zweifelsohne ein Ergebnis, das auch die schärfsten Kritiker des Vertrages anerkennen. Miserabel steht es dagegen um die Umsetzung der politischen Vereinbarungen, die die Grundlage für eine dauerhafte Beendigung des Bürgerkrieges legen sollten. Hauptziel der Autoren des Daytoner Abkommens war die Schaffung eines einheitlichen Staates Bosnien und Herzegowina, der sich aus zwei gleichberechtigten Teilen, »Entitäten«, zusammensetzen soll: der moslemisch-kroatischen Föderation Bosnien und Herzegowina und der Republika Srpska. Während die militärischen Festlegungen die ehemaligen Bürgerkriegsparteien entlang der Grenzen ihres Machtbereiches trennen sollen, sehen die politischen die Vereinigung, die Aufhebung dieser Grenzen vor, damit die Moslems, Kroaten und Serben »multiethnisch und multikulturell« zusammenleben sollen. Beide Ziele schließen einander aus, die Quadratur des Kreises erwies sich auch in Dayton als unlösbare Aufgabe.

Nach Auffassung des ehemaligen US-Außenministers Henry A. Kissinger erwies sich die Vision, mittels der politischen Abmachungen von Dayton Freizügigkeit zwischen den ethnischen

---

275 Zitiert nach Der Spiegel, 27.11.1995.

Regionen herzustellen und vertriebene Minderheiten zurückzuführen, als »Luftschloß«. Ihm stellt er die traurige Realität gegenüber: »Von Freizügigkeit keine Spur, Post und Telefonverkehr zwischen den ethnischen Enklaven existiert nicht. Jede ethnische Gruppe hat ihre eigene Währung, gibt eigene Auto-Kennzeichen und Pässe aus. Serben mit kyrillischen Kennzeichen laufen ebenso Gefahr für Leib und Leben in mehrheitlich von anderen Gruppen bevölkerten Gebieten, wie Kroaten und Moslems, wenn diese ihre Enklaven verlassen ...

Durch ökonomischen und politischen Druck haben wir mit vorgehaltener Pistole eine Ehe zwischen Kroaten und Moslems unter dem Etikett ›bosnische Föderation‹ gestiftet ... Die Realität spricht diesem Mythos Hohn. Denn die Grenzlinien zwischen Kroaten und Moslems in dieser ›Föderation‹ sind genauso undurchlässig wie die zwischen der Föderation und den Serben. Kein Kroate betritt moslemisches Hoheitsgebiet; kein Moslem arbeitet in der Verwaltung des kroatischen Teils der Föderation. Und nur verschwindend wenige Kroaten leben noch in Sarajewo, der Hauptstadt der Föderation, die ethnisch gesäubert wurde, nachdem die Moslems nach Unterzeichnung des Dayton-Abkommens dort wieder die Oberhand gewannen ...

Weit hergeholt ist die Idee, daß am gegenwärtigen Zustand nur ein paar bösartige, blinde Fanatiker schuld seien, und daß sich die ethnischen Gruppen schon irgendwie arrangieren würden, wenn man die Kriegsverbrecher entweder vor das Haager Tribunal stellen oder ins Exil abschieben würde ...

Es ist höchst unwahrscheinlich, daß in Bosnien ein multi-ethnischer Staat entsteht – es sei denn, nach einem neuen Waffengang und auch dann nur, wenn eine der Gruppen einen überwältigenden Sieg erringt ...«[276]

Den Ausweg aus dieser trostlosen und gefährlichen Lage sieht Kissinger darin, den politischen Teil des Dayton-Abkommens aufzugeben, die politische Entwicklung den ethnischen Parteien zu überlassen und die Rolle der USA darauf zu beschränken, den Waffenstillstand an den Grenzen zu garantieren.

---

276 Henry A. Kissinger: »Für Bosnien sollten wir keine Soldaten opfern«, in: Welt am Sonntag, 21.9.1997.

In Deutschland fand diese nachdenkenswerte Anregung so gut wie keine Resonanz. Hier wird noch immer das Argument verbreitet, daß eine Aufgabe des politischen Teils des Dayton-Abkommens der Belohnung einer »Aggression«, selbstredend der serbischen, nach dem Modell der Zerstücklung der Tschechoslowakei durch Hitler gleichkomme. Der Ex-USA-Außenminister weist diese Analogie zurück und betont: »Hitler vergewaltigte einen anerkannten souveränen Staat; Bosniens Bürgerkrieg wurde ausgelöst durch den fehlgeschlagenen Versuch des Westens, mit einem multi-ethnischem Gebilde zu experimentieren.«[277]

Dieses 1991 begonnene und maßgeblich von der deutschen Außenpolitik initiierte »Experiment« hat die Moslems, Serben und Kroaten in Bosnien-Herzegowina in einen Bürgerkrieg getrieben, der durch ausländische Einmischung extrem in die Länge gezogen wurde. Es ist überfällig, dieses »Experiment« zu beenden.

Angesichts der nun einmal geschaffenen Lage wird es nicht möglich sein, die ausländischen Truppen von heute auf morgen abzuziehen oder, wie Kissinger der Sache nach suggeriert, den politischen Teil des Dayton-Abkommens ohne Umschweife in den Papierkorb zu werfen. Als unumgänglich wird es sich jedoch erweisen, einen Ansatz zu finden für eine schrittweise Beseitigung des bosnischen Konfliktherdes, dessen Feuer nur oberflächlich gelöscht ist und aus dessen Glut jeder Zeit neue Flammen schlagen können. Folgende Eckpunkte scheinen dabei unverzichtbar zu sein:

Erstens, die zukünftige Sicherung und Überwachung der Waffenruhe in Bosnien-Herzegowina muß der Organisation der Vereinten Nationen übertragen werden. Dabei handelt es sich nicht darum, die oliv-grünen Helme der unter NATO-Kommando stehenden Soldaten durch blaue zu ersetzen. Erforderlich ist eine Korrektur von grundsätzlicher Bedeutung für die internationale Staatengemeinschaft. Die Oberhoheit der UNO ist wiederherzustellen; nicht der NATO-Militärpakt, sondern die Weltorganisation muß die entscheidende Rolle spielen.

Hauptargument für den Einsatz der NATO war die angebliche Hilflosigkeit der UNO bei der Beendigung des Bürgerkrieges. In

---

277 Ebd.

Wirklichkeit waren es vor allem die Hauptmächte der NATO selbst, die ein entschlossenes und effektives Handeln der Weltorganisation verhinderten. Die fortdauernde Anwesenheit der NATO zementiert die Entmachtung der UNO und die angemaßte Rolle der NATO als Weltpolizei. Falls die UNO in Bosnien-Herzegowina nicht schnellstmöglich wieder in ihre Rechte als für Frieden und Sicherheit zuständige Weltorganisation eingesetzt wird, wächst die Gefahr, daß das von den USA geführte Militärbündnis in der Zukunft überall auf dem Globus nach eigenem Belieben schaltet und waltet. Die Ablösung der NATO- durch Blauhelmsoldaten ist um so dringender, da sich die ersteren wiederholt in innere Angelegenheiten der zwei Teilstaaten in Bosnien-Herzegowina eingemischt haben, was in keiner Weise vom Daytoner Abkommen gedeckt wird.

Zweitens, die noch immer praktizierte Politik der einseitigen Parteinahme, die der ausländischen Einmischung zugrunde liegt, muß endlich beendet werden. Sie hat in der Vergangenheit den Nationalisten und Extremisten in die Hände gespielt. Ihre Fortsetzung verlängert den Konflikt. Es ist dem nationalen Ausgleich, der Versöhnung und dem Frieden nicht dienlich, wenn Finanzhilfen an die Republika Srpska vertragswidrig an deren Bereitschaft zur Wiedereingliederung in den Staat Bosnien-Herzegowina gekoppelt werden, wenn alle Bewohner dieser Republik mit der ultimativen Forderung nach Auslieferung tatsächlicher oder vermeintlicher Kriegsverbrecher in Geiselhaft genommen werden, wenn durch ausländische Truppen die sonst so heilige Pressefreiheit außer Kraft gesetzt, unliebsame Fernseh- und Rundfunksender besetzt oder gewaltsam geschlossen und wenn Wahlen manipuliert werden, wie es z. B. im September 1996 geschah, als etwa 400.000 moslemische Stimmen in Säcken und ohne notwendige Begleitdokumente nachträglich in die Republika Srpska gebracht wurden.[278]

Drittens, das Nachrüstungsprogramm der USA für die Moslems ist zu stoppen bzw. rückgängig zu machen. Frieden wird nicht durch neue Waffen, sondern durch kontrollierte Abrüstung

---

278 Siehe Interview von Marko Winter mit Prof. Aleksa Buha, Außenminister der Republika Srpska, in: Neues Deutschland, 28.10.1996.

geschaffen. Insgesamt beläuft sich das Aufrüstungsprogramm auf 300 Millionen Dollar. Allein das US-Frachtschiff »Condor« brachte Ende 1996 45 Panzer, 80 gepanzerte Fahrzeuge, 15 Hubschrauber, 46.100 Sturmgewehre und 800 Panzerabwehrwaffen nach Bosnien. Weitere 200 Millionen Dollar stellen solche demokratischen Musterstaaten wie die Türkei, Saudi-Arabien, Kuwait, Malaysia und die Vereinigten Arabischen Emirate für militärische Ausbildungshilfe, an der sich auch die Bundeswehr beteiligt, zur Verfügung.

Als 1996 in Wien die Obergrenzen für die Stärke der Streitkräfte der moslemisch-kroatischen Föderation und der Republika Srpska und die Zahl ihrer schweren Waffen vereinbart wurden, wurde ein Verhältnis von 2:1 zu Gunsten der Föderation festgelegt. Wie Militärexperten errechnet haben, wird aufgrund der »Nachrüstung« 1998 ein Verhältnis von 3:1 und damit moslemisch-kroatische Angriffsfähigkeit erreicht werden. Selbst Henry A. Kissinger – und noch einmal sei er zitiert – befürchtet, daß die Moslems unter dem Schirm der NATO wieder aufrüsten, »um in einer Entscheidungsschlacht zu obsiegen und eine weitere Runde ethnischer Säuberungen einzuleiten«.[279]

Viertens, die Zuständigkeit des Internationalen Tribunals zur Verfolgung von Kriegsverbrechen für das ehemalige Jugoslawien ist auf alle Verbrechen gegen die Menschlichkeit, gleich in welchem und von welchem Land sie begangen werden, auszuweiten. Sollte sich das, wie zu befürchten ist, gegenwärtig als undurchführbar erweisen, so ist es ein Gebot der Gerechtigkeit und der Vernunft, das Gericht baldmöglichst aufzulösen. In seiner jetzigen Form trägt der Gerichtshof mit seinen 11 Richtern, jeweils 150 Mitarbeitern im Büro des Staatsanwaltes sowie in der Gerichtsschreiberei und seinem Jahresbudget von rund 60 Millionen Mark in keiner Weise zur Versöhnung zwischen den Bürgerkriegsgegnern in Bosnien bei und wird statt dessen als Instrument der Propaganda und Druckausübung mißbraucht. Ultimative Forderungen, wenn diese oder jene Person nicht an das Tribunal ausgeliefert würde, könne es keine Konfliktlösung im ehemaligen Jugoslawien geben, blockieren einen Friedensprozeß.

---

279 Henry A. Kissinger: »Für Bosnien sollten wir keine Soldaten opfern«, in: Welt am Sonntag, 21.9.1997.

Zudem: Die Bildung des Tribunals ist unter Völkerrechtlern umstritten. Kein Staat dieser Erde hat der UNO Strafhoheit übertragen. Der Sicherheitsrat ist nicht befugt, Verfassungen anderer Staaten außer Kraft zu setzen und internationale Gesetze zu erlassen, mit denen er sich diese Hoheit durch eigene Beschlüsse aneignet. Ein solches Vorgehen ist um so fragwürdiger, wenn man bedenkt, wer im Sicherheitsrat nach dem Ende der bipolaren Blockkonfrontation den entscheidenden Einfluß ausübt. Wer z. B. in Vietnam millionenfachen, bis heute nicht gesühnten Tod zu verantworten hat, hat auch das moralische Recht verwirkt, über die Kriegsschuld anderer zu richten. Wer Mitschuld am Bürgerkrieg in Bosnien trägt, kann sich nicht zum obersten Richter über Schuld und Sühne in diesem Land aufschwingen. Das gilt in einem besonderem Maße für die Bundesrepublik Deutschland.

Dessen ungeachtet brüstete sich Außenminister Kinkel schon vor Jahren: »Bei der Londoner Friedenskonferenz im August 1992 bin ich mit dem Vorschlag, einen Strafgerichtshof einzurichten, erstmals auf breitere Gegenliebe gestoßen. Anschließend ist es mir gelungen, die Europäer auf diese Linie festzulegen.«[280] Da einigen Kräften in der Bundesrepublik Justitia in Den Haag nicht effektiv genug arbeitet, haben sie deren Zepter mittlerweile in die eigenen Hände genommen. Deutsche Behörden führen mehrere Dutzende von Ermittlungsverfahren gegen mögliche Kriegsverbrecher aus dem ehemaligen Jugoslawien. Das erste Urteil mit einer Strafe von fünf Jahren Freiheitsentzug wurde am 23. Mai 1997 gesprochen: vom Bayerischen Obersten Landesgericht gegen einen Serben.

Woher nimmt die deutsche Justiz das Recht, Bürger des ehemaligen Jugoslawien wegen Kriegsverbrechen strafrechtlich zu verfolgen – angesichts der bleibenden historischen Schuld Deutschlands an den 1,7 Millionen jugoslawischen Opfern im Zweiten Weltkrieg und angesichts der Tatsache, daß die von Deutschen auf jugoslawischem Boden verübten Kriegsverbrechen in der Bundesrepublik niemals verfolgt wurden und ungesühnt blieben?

Über Schuld und Unschuld im Bürgerkrieg in Jugoslawien müssen die betroffenen Völker – die Moslems, die Serben und die

---

280 Interview mit Klaus Kinkel, Generalanzeiger, 27.2.1993.

Kroaten – selbst richten. Ob sie hart oder milde urteilen, ob sie bestrafen oder freisprechen ist ihre ureigenste Sache. Nicht fremder, sondern eigener Richterspruch hilft dem Bürgerfrieden.

Fünftens, die Wirtschafts- und Wiederaufbauhilfe für das vom Bürgerkrieg zerstörte Land muß verstärkt und zukünftig beiden Landesteilen, den Moslems, Serben und Kroaten gleichermaßen gewährt werden.

1997 liegt das Volumen der Gesamthilfe weit unter dem, das bei Abschluß des Daytoner Abkommens zugesagt worden war, und nur zwei Prozent gingen an die Republika Srpska. Wie Beauftragte deutscher Hilfsorganisationen berichteten, hatten diese de facto die Weisung des Auswärtigen Amtes, keine Projekte auf serbischem Gebiet durchzuführen. Statt den Geboten der Humanität und der Gerechtigkeit nachzukommen und dabei auch Wiedergutmachung für die schlimmen Folgen von Genschers Einmischungspolitik zu leisten, wurde die Drohung von Bundeskanzler Kohl, den Serben »keine deutsche DM« – Entwicklunshilfeminister Spranger steigerte sie später auf »keinen Pfennig« – Aufbauhilfe zu geben, verwirklicht.

Im Ergebnis dieser Fortsetzung der Politik der einseitigen Parteinahme auf humanitärem Gebiet entwickeln sich die beiden bosnischen Teilstaaten völlig unterschiedlich. Nach UNO-Angaben beträgt das monatliche Pro-Kopf-Einkommen in der moslemisch-kroatischen Föderation 172 Mark, in der Republika Srpska 35 Mark. Diese Schere öffnet sich von Monat zu Monat weiter, dem alten Konfliktstoff wächst neuer zu.

Ungenügende und zudem selektive Wiederaufbauhilfe verschärft das Flüchtlingsproblem. Während des Bürgerkrieges ist mehr als die Hälfte der 4,3 Millionen Bewohner von Bosnien-Herzegowina vertrieben worden oder ist geflohen. Ihre Rückkehr in die Heimatorte wird nicht nur durch nationale Intoleranz, die dem Zuzug von Angehörigen anderer Volksgruppen entgegensteht, erschwert. 60 Prozent der Häuser sind zerstört, die Arbeitslosigkeit erreicht in der Föderation eine Quote von 50 und in der Republika Srpska von 80 Prozent. 90 Prozent der Bevölkerung bedürfen humanitärer Hilfe. Ein großer Teil der Flüchtlinge lebt nach wie vor in Lagern. Unter den Flüchtlingen in der Republika

Srpska befinden sich 150.000, die ihre Heimat in Kroatien verloren haben und denen eine Rückkehr verweigert wird. Noch immer sind auf bosnischem Territorium mehr als eine Million Minen vergraben.

Die Flüchtlingsfrage kann solange nicht gelöst werden, solange der Wiederaufbau und die Wiederherstellung der Wirtschaft – in beiden Landesteilen – nicht energischer vorangetrieben werden. Den Menschen in Bosnien unabhängig von ihrer nationalen Zugehörigkeit bei der Überwindung materieller Not und der Kriegsfolgen zu helfen, bleibt eine vorrangige Aufgabe.

Die genannten Eckpunkte bedeuten noch keine grundsätzliche Korrektur des Daytoner Abkommens. Im Gegenteil, ihre Verwirklichung würde dazu beitragen, die vom Abkommen nicht gedeckte Einmischungspraxis zu beenden und seine Kernbestimmungen, die Einstellung der Bürgerkriegshandlungen, auf festere Grundlagen zu stellen. Um den Konflikt dauerhaft zu lösen, bedarf es weitergehenderer Schritte. Ihr Ausgangspunkt können nicht Wunschträume und an fremden Interessen orientierte Projekte, sondern müssen die bestehenden Realitäten sein. Kissinger hat sie geschildert. Zu ergänzen ist nur: Wie die jugoslawische Föderation ist auch »Jugoslawien im kleinen« zerfallen. Nach den Massenfluchten und -vertreibungen im Bürgerkrieg und im Gefolge der Territorialaufteilung gemäß dem Daytoner Abkommen existiert das multiethnische Bosnien-Herzegowina nicht mehr. In der Republika Srpska beträgt der Bevölkerungsanteil der Kroaten und Moslems nicht einmal mehr zwei Prozent, in der moslemisch-kroatischen Föderation liegt der Anteil der Serben nicht höher. Auch Moslems und Kroaten in der Föderation leben weitgehend separiert voneinander. Wo sie zwangsweise zusammenleben sollen, flammen alte Konflikte – Mostar hat es wiederholt gezeigt – wieder auf. Keine der herrschenden nationalen Parteien will die faktisch bestehende staatliche Dreiteilung von Bosnien-Herzegowina verändern, es sei denn durch Ausdehnung ihres eigenen Herrschaftsbereiches, was zwangsläufig zu neuem Krieg führen würde.

Das sind, ob sie einem gefallen oder nicht, die Realitäten. Und eine realistische Politik sollte sie berücksichtigen und sich ihrer vertraglichen Absicherung und völkerrechtlichen Anerkennung nicht länger in den Weg stellen. Ob sich drei Nationalstaaten oder zwei Staaten, ein serbischer und ein moslemisch-kroatischer mit der Perspektive eines späteren Anschlusses an die jeweiligen Mutterländer, bilden, darüber haben ausschließlich die Moslems, Serben und Kroaten in den jeweiligen Gebieten zu entscheiden. 1993 hatten die Bosnien-Vermittler Owen und Stoltenberg Lösungsvorschläge erarbeitet, die in diese Richtung wiesen. An den Maximalforderungen der Bürgerkriegsparteien und durch die von Washington geschaffene moslemisch-kroatische Föderation scheiterten sie. Fortdauer des Bürgerkrieges und ausländische Militärintervention, deren Beendigung auch heute nicht abzusehen ist, waren die Folge. Irgendwann, und möglichst nicht zu spät, sollte man daraus die Lehren ziehen.

Die künstliche und auf äußerer Gewalt beruhende Aufrechterhaltung der Fiktion eines Einheitsstaates birgt die Gefahr neuer gewaltsamer Konflikte in sich; eine anerkannte, den Realitäten entsprechende Mehrstaatlichkeit dagegen die Hoffnung auf eine Verringerung der nationalen Reibereien, gewaltsamer Auseinandersetzungen und damit auf ein geregeltes Nebeneinander als Voraussetzung späteren Miteinanders, in Bosnien-Herzegowina und im ganzen ehemaligen Jugoslawien. Reinhard Mutz vom Hamburger Institut für Friedensforschung meint: »Die Zweistaatlichkeit Bosnien-Herzegowinas könnte den Konflikt entzerren. Sie wäre kein Unglück.«[281] »Kein Unglück« ist noch lange kein Glück, aber besser als die Torheit, wegen eines vermeintlichen Glücks erneut zu den Waffen zu greifen.

Dayton hat die Waffen zum Schweigen, aber keinen sicheren Frieden gebracht. Nur eine Neuorientierung der Politik, eine Korrektur der bisherigen, dem Dayton-Abkommen zuwiderlaufenden Praxis und am Abkommen selbst können das Land aus der Sackgasse führen und eine neue Katastrophe verhindern, deren Folgen nicht absehbar wären. Denn nirgendwo in Europa überlagern sich so viele Konfliktpotentiale wie auf dem Territorium des zerschlagenen Jugoslawien: Trotz Militärbündnis in der NATO und Part-

---

281 Reinhard Mutz: »Frieden oder Feuerpause«, in: Berliner Zeitung, 6.8.1996.

nerschaft in der Europäischen Union setzt sich das Ringen der westeuropäischen Mächte und der USA um die Vorherrschaft in diesem Raum und auf der ganzen Balkanhalbinsel fort, verdeckt zwar, mit bündnistreuem Augenaufschlag und heftigen Tritten gegen das Schienbein des Partners. Eine Reihe islamischer Staaten versucht weiterhin, auf dem Balkan, vor allem in den von Moslems besiedelten Gebieten Bosnien-Herzegowinas, Serbiens und Mazedoniens, Fuß zu fassen. Die Rivalität zwischen den USA und Westeuropa einerseits und Rußland andererseits im Kampf um Macht und Einfluß ist nur äußerlich eingedämmt, sobald Moskau wieder zu Großmachtkräften gekommen ist, wird sie mit um so größerer Schärfe zu Tage treten.

Schließlich und nicht zuletzt hat der innerjugoslawische Konflikt auch außerhalb Bosniens so manche Rechnung offen gelassen. Lodert der Brand in Bosnien-Herzegowina wieder auf, können die Flammen in Windeseile andere Konfliktherde entzünden, und umgekehrt, wie es der Kosovokonflikt befürchten läßt. Hier liegt neben Bosnien auch weiterhin der gefährlichste Sprengsatz für die Sicherheit auf dem Balkan. Ihn über Dialog und Verhandlungen zu entschärfen, ist vor allem Aufgabe der Serben und der Albaner. Es geht um ihre ureigensten inneren Angelegenheiten. Trotzdem können europäische Staaten helfen, Brücken der Verständigung zu schlagen. Allerdings nicht mit einseitigen erpresserischen Forderungen an die Adresse Belgrads, die nur dazu geeignet sind, den Konflikt anzuheizen und schon gar nicht mit aggressiven Militärschlägen der NATO.

Wenn EU- und OSZE-Staaten angesichts eindeutiger historischer und völkerrechtlicher Fakten die territoriale Zugehörigkeit Kosovos zu Serbien und damit zur Bundesrepublik Jugoslawien anerkennen, dann müssen daraus auch die entsprechenden Konsequenzen gezogen werden, die da lauten: Einstellung der militärischen Droh- und Gewaltpolitik, Beendigung jedweder Ermunterung separatistischer Kräfte, Verzicht auf jegliche Einmischung in die inneren Angelegenheiten Jugoslawiens. Wer tatsächlich zur Beruhigung der Lage und dazu beitragen will, daß in Kosovo umfassende Autonomierechte für die albanische Bevölkerung gewährleistet und wahrgenommen werden, der muß seine eigene politische Glaubwürdigkeit wiederherstellen und endlich die unrühmliche Politik der einseitigen Parteinahme beenden.

Natürlich: Frieden und Sicherheit auf dem Territorium, das einmal Sozialistische Föderative Republik Jugoslawien hieß, hängen nicht allein von äußeren Mächten und auch nicht von der UNO und der OSZE, von der NATO und der EU ab. Die Gestaltung des zukünftigen Zusammenlebens in Bosnien-Herzegowina ist wie im gesamten ehemaligen Jugoslawien Sache der dort lebenden Völker, der Serben, Kroaten, Moslems, Slowenen, Albaner, Mazedonier, Montenegriner und vieler anderer. Niemand kann ihnen die Verantwortung für die eigene und die Zukunft ihrer Kinder und Enkel abnehmen. Sie selbst müssen den Weg aus dem Knäuel von Widersprüchen und Konflikten, aus nationalem Haß und Hader zu einem normalen, gutnachbarlichen Verhältnis und Miteinander finden. Ein Patentrezept dafür gibt es nicht. Aber es dürfte außer Frage stehen, daß eine stabile Lösung nicht gefunden werden kann ohne Interessenausgleich, Toleranz und Versöhnung, ohne Achtung der Rechte nationaler Minderheiten, verwirklicht in einem System kultureller und politischer Autonomie, ohne einen Übergang von nationaler Konfrontation zu allseitiger Kooperation.

Heute noch trennen die südslawischen Völker das geflossene Blut, das erlittene Leid, die einander zugefügten Grausamkeiten. Es wird Zeit brauchen, möglicherweise lange, damit die Wunden verheilen. Und wenn es gut geht, werden die Narben nicht nur Erinnerung an die Vergangenheit, die heute mancherorts noch schlimme Gegenwart ist, sondern auch Mahnung für die Zukunft sein, daß sich Bürger- und Nationalitätenkrieg, Bruderzwist und -mord nicht wiederholen dürfen. Die Völker dieses Raumes sind in einer langen Geschichte am Schnittpunkt fließender und trennender Grenzen zwischen Rom und Byzanz, römisch-katholischem und orthodoxem Einfluß, zwischen Wien und Konstantinopel, Christentum und Islam durch Höhen und Tiefen, Triumph und Leid, Siege und Niederlagen geschritten. Sie verfügen über zivilisatorische Kraft, über eine reiche Kultur und mehr als andere Völker in Europa über jahrhundertelange Erfahrungen im multinationalen und multikulturellen Zusammenleben, um sich eine friedliche Zukunft zu sichern. Widersprüche werden fortbestehen, Konfliktsituationen nicht ausbleiben, aber es gibt keinen rationellen Grund, der diese Völker zwangsläufig nach der jetzigen in neue Katastrophen stürzen, auseinander und gegeneinander treiben müßte. Dagegen gibt es nicht wenige Gründe, die einen Neubeginn, Annäherung und Kooperation befördern können.

Bahn brechen wird sich die Erkenntnis, daß sie in dem ihnen von der Geschichte zugewiesenen Balkanraum in ihrer engen nationalen Vermischung, die trotz ethnischer Säuberungen in weiten Teilen des Landes fortbesteht, auf Gedeih und Verderb aufeinander angewiesen, ja geradezu dazu verurteilt sind, friedlich zusammenzuleben oder im Bruderkrieg gemeinsam zu leiden und unterzugehen. Die tragischen Ereignisse der letzten Jahre können den Blick dafür nur schärfen.

Durchsetzen wird sich Schritt für Schritt auch die ökonomische Vernunft, die besagt, daß in Jahrhunderten gewachsene wirtschaftliche Verflechtung bis hin zu beträchtlicher Integration in den Jahrzehnten gemeinsamer staatlicher Existenz durch nationalistische Engstirnigkeit, Abkapselung und gegenseitige Zerstörung großer materieller Werte zwar unterbrochen, aber nicht auf Dauer beseitigt werden kann. Schon gar nicht in einer Zeit, in der die Entwicklung der Produktivkräfte und internationale Arbeitsteilung ökonomische Integration in Regionen und auf Kontinenten auf die Tagesordnung gesetzt haben. Selbst jetzt, da der Kriegslärm noch nicht lange verklungen ist und neue gewaltsame Konflikte drohen, zwingen wirtschaftliche Interessen und Realitäten zum Nachdenken. In allen Teilen des ehemaligen Jugoslawiens sprechen sich Ökonomen mehr oder weniger deutlich für eine Wiederherstellung früherer enger Wirtschaftsbeziehungen aus. Ihre Wortmeldungen widerspiegeln ökonomische Zwänge, die die Politik letztlich nicht außer Acht lassen kann.

So, wie man auf den gegenseitig vorteilhaften Austausch und die Zusammenarbeit in der Vergangenheit zurückblickt, so wird man sich auch an die Perioden gemeinsamer Geschichte erinnern, in denen ausländische Fremdherrschaft bekämpft und die Idee eines Zusammenschlusses der südslawischen Völker geboren wurde, in denen deutsche und italienische faschistische Eindringlinge in einem heroischen Kampf besiegt wurden, in denen ein gemeinsamer Staat errichtet wurde, in dem die jugoslawischen Völker in einem weltweit beachteten nationalen Einvernehmen Rückständigkeit und Massenarmut beseitigten und einen sehr spezifischen Weg gesellschaftlicher Entwicklung eingeschlagen hatten. Dieses Jugoslawien ist untergegangen, wie es scheint, unwiederbringlich. Aber es kann eines Tages, mit und ohne Nostalgie, verbindend wirken. Die Idee des Jugoslawentums hat furchtbaren Schaden genommen; tot ist sie nicht. Man muß kein Prophet sein, um ihre Renaissance im nächsten Jahrhundert vorauszusagen – auch wenn sie sich mit europäischen Integrationselementen verbinden wird.

Nein, auf die Dauer braucht es einem um die Fähigkeit zur Selbstbehauptung und Versöhnung, um Lebenswillen und -kraft der südslawischen Völker nicht bange zu sein. Ernste Besorgnis muß man dagegen hinsichtlich der Fähigkeit und der Bereitschaft außerbalkanischer Mächte hegen, eine Befriedung und Gesundung in Südosteuropa zu befördern.

Zu diesen gehört leider die Bundesrepublik Deutschland in ihrer derzeitigen Verfassung. Die gegenwärtige Regierung ist zu der erforderlichen grundlegenden Korrektur ihrer Bosnien- und Jugoslawienpolitik nicht bereit. Auch die bisherige Haltung der SPD gibt keine Veranlassung zur Hoffnung auf eine Wende. Trotz des offenkundigen Fiaskos ihres bisherigen Kurses hält die Bundesrepublik an der NATO als Balkan- und Weltpolizei, am Kurs der Einmischung und an der Schimäre eines bosnischen Einheitsstaates, an einseitiger Parteinahme und am selektiven Einsatz der »Wiederaufbauhilfe« als Druck- und Erpressungsmittel fest. So sind neue Fehlschläge bundesdeutscher Balkanpolitik vorgezeichnet. Aus dem Mißerfolg wächst ein Warnungszeichen. Das Fiasko wird zum Menetekel.

Dabei geht es nicht nur um Bosnien, Jugoslawien oder um den Balkan. Wer kann schon eine Garantie dafür geben, daß sich all das, was die deutsche Außenpolitik bisher in der Jugoslawienkrise vorgeführt hat – Wortbruch und nicht eingehaltene Beteuerungen, Entstellung von Tatsachen und Manipulation der Öffentlichkeit, laienhafte Analyse und übereiltes Handeln, Großmannsucht und rücksichtsloses Vorgehen gegenüber Freund und Feind – nicht an einem anderen politischen Schauplatz wiederholt?

Ein Unterschied allerdings besteht schon jetzt. Ein Einsatz der Bundeswehr muß nicht noch einmal »schrittchenweise« vorbereitet werden. In Jugoslawien wurde für sie der Durchbruch erzielt. Sie kann von Anfang an auf jedem Schauplatz in der Welt mitwirken, zu Lande, zu Wasser und in der Luft.

Als dem babylonischen König Belsazar während eines wüsten Festgelages von Menschenhand geschriebene geheimnisvolle Zeichen an der Wand erschienen, konnten selbst seine Weisen sie nicht entziffern. Erst der herbeigerufene Daniel deutete sie als »mene, mene, tekel, uparsin«, als unheilvolles Orakel »gezählt, gewogen, geteilt«, später Menetekel genannt. Das Vorgehen des staatlich vereinigten Deutschlands in Jugoslawien setzt ein Warnzeichen, das jeder verstehen kann, wenn er es denn sehen will.

Nachwort

Angeregt durch das vorliegende Buch, habe ich einen Brief gesucht und gefunden, dessen Papier schon leicht vergilbt ist und der das Datum vom 7. März 1988 trägt. Verfasser des Briefes ist der Buchautor Ralph Hartmann. Er schrieb ihn mir wenige Tage vor seiner Abreise aus Belgrad, wo er die DDR als Botschafter, zuletzt auch in der Funktion des Doyen des Diplomatischen Corps, vertreten hatte. Eine Bilanz seiner fünfeinhalbjährigen Tätigkeit ziehend, ging er auch auf die innenpolitische Entwicklung in seinem Gastland ein. Es ist außerordentlich aufschlußreich, besorgte Wertungen und zögernde Prognosen des damaligen Botschafters mit den harten, ja frappierenden Erkenntnissen des heutigen Autors zu vergleichen, exemplarisch zu sehen, wie weit entfernt und gleichzeitig nahe versuchte außenpolitische Vorausschau und spätere Realität einander waren.

Der Briefschreiber stellte fest, daß er Jugoslawien zu einem Zeitpunkt verlasse, an dem die innere Situation von tiefen gesellschaftlichen Widersprüchen gekennzeichnet sei, die sich in allen Lebenssphären spür- und sichtbar zuspitzten; er sah das Geschehen insbesondere von zwei Tendenzen geprägt: einerseits von »schwerwiegenden politischen Desintegrationsprozessen«, die die Einheit des Bundes der Kommunisten und der Föderation gefährdeten, andererseits von dem Bemühen der Mehrheit der Partei- und Staatsführung um eine Konsolidierung der ökonomischen und Gesamtlage, um eine Reform des politischen Systems zur Stärkung der Einheit der Partei und der Föderation. »Ich maße mir«, so schrieb er, »nicht an, vorauszusagen, welche der beiden Tendenzen, die nicht selten in widersprüchlicher Weise miteinander verschlungen sind, in der bevorstehenden Periode die Oberhand gewinnen wird.«

Der scheidende Botschafter, der sicher wie alle anderen Beobachter den Fortbestand des einheitlichen Staates Jugoslawien zu diesem Zeitpunkt, Beginn des Jahres 1988, nicht in Frage stellte, hoffte, daß es gelingen würde, die Lage zu konsolidieren; er befürchtete, daß das Gegenteil eintreten könnte. Doch im Widerstreit zwischen Hoffnungen und Befürchtungen siegte letztlich die Ungewißheit. Eine Konsolidierung – so meinte er – könne nur erreicht werden »über einen langen Zeitraum, in dem Rückschläge und gesellschaftliche Erschütterungen keinesfalls auszuschließen sind. Schwer kalkulierbare Risikofaktoren für die innere Stabilität in der bevorstehenden Periode bleiben die politischen Auswirkungen der Verschlechterung der sozialen Lage der Werktätigen, die weiterhin zutiefst gestörten zwischennationalen Beziehungen in Kosovo und die Desintegrationserscheinungen in der Föderation, wie sie vor allem in separatistischen Bestrebungen in Slowenien zum Ausdruck kommen.

Es versteht sich, daß die weitere Entwicklung der inneren Situation in Jugoslawien ganz wesentlich vom Verlauf der gesamten internationalen Klassenauseinandersetzung, der weiteren Gestaltung des Kräfteverhältnisses und der Stärkung des sozialistischen Weltsystems unter den herausgebildeten neuen Bedingungen abhängen wird.«

Die Hoffnungen haben getrogen, die Befürchtungen haben sich in einer Weise bestätigt, die zu diesem Zeitpunkt niemand – weder inner- noch außerhalb Jugoslawiens – auch nur geahnt, geschweige denn so vorausgesehen hatte. Zugrunde gegangen ist das, was wir vorschnell und zukunftsgläubig als »Weltsystem« bezeichneten, zerbrochen ist die jugoslawische Föderation – in einem schrecklichen und blutigen Bürgerkrieg. Untergegangen ist sie an ihren eigenen Widersprüchen und Gebrechen.

Zu Recht stellt Ralph Hartmann jedoch im vorliegenden Buch fest, daß der Zusammenbruch der Sozialistischen Föderativen Republik Jugoslawien Bestandteil des Niedergangs des Sozialismus in Ost-, Mittel- und Südosteuropa war. Die inneren Fehlentwicklungen trugen zum Scheitern des europäischen Sozialismusversuches bei, das Schicksal dieser Staaten wurde besiegelt, als der Versuch scheiterte. Geblieben sind Erfahrungen und mitunter bittere Erkenntnisse.

In diesem Kontext hat auch der Untergang der DDR sein Gewicht. Er beschleunigte die Krise in Jugoslawien. Mit der DDR verlor das Balkanland nicht nur einen bedeutenden ökonomischen und wichtigen außenpolitischen Partner, sondern auch die Möglichkeit, mit zwei deutschen Staaten ausbalancierte, gegenseitig nützliche, gleichberechtigte Beziehungen zu unterhalten. Gewissermaßen von einem Tag zum anderen sah sich Jugoslawien mit einem großen deutschen Einheitsstaat konfrontiert, dessen hegemoniale Ansprüche in der ersten Hälfte dieses Jahrhunderts auf dem Balkan unauslöschliche Spuren hinterlassen haben. Die Existenz der Deutschen Demokratischen Republik war von Josip Broz Tito als ein »Glück für die Völker Europas« bezeichnet worden. Ihr Exitus bestätigte im Umkehrschluß, wie zutreffend diese Einschätzung gerade für die jugoslawischen Völker war.

Solange die DDR existierte, setzte sie gemeinsam mit ihren Bündnispartnern bundesdeutschen Aktivitäten Grenzen. Die Bundesrepublik sah sich zu ökonomischen Zugeständnissen, zum politischen Lavieren und überhaupt zu Zurückhaltung gezwungen. Die DDR wirkte als Gegenfaktor, als politisches Korrektiv zur Bundesrepublik. Diese mußte in ihrer Außenpolitik auch gegenüber Jugoslawien mehrere Jahrzehnte lang berücksichtigen, daß es einen anderen deutschen Staat gab, der konsequent für die Anerkennung der Ergebnisse des Zweiten Weltkrieges, ebenso für Entspannung, Frieden und Abrüstung, für die Überwindung von Kolonialismus und für gleichberechtigte internationale Beziehungen eintrat. Dieses Gegengewicht ist mit der DDR verschwunden.

Befreit von den Fesseln, als die Systemkonfrontation und notwendige Berücksichtigung der Existenz eines zweiten deutschen Staates zwangsläufig wirkten, gestärkt durch den Zugewinn an Territorium, Bevölkerung und Volksvermögen der DDR, ist Deutschland zur früheren Normalität zurückgekehrt. Mehr und mehr wird nun eine deutsche Außenpolitik praktiziert, die geradezu klassisch die Priorität der Innen- über die Außenpolitik demonstriert. Mit dem Ruf nach Wahrnehmung größerer internationaler Verantwortung, die angeblich andere von ihr fordern, strebt der größere deutsche Staat nunmehr offen nach mehr internationalem Einfluß und Macht. Wie er dabei vorgeht und sich dies künftig vorstellt, zeigen die Politik und Handlungen in der Jugoslawienkrise, zeigen die ersten großen und selbständigen außenpolitischen

Aktionen der Bundesrepublik Deutschland nach der staatlichen Vereinigung. Dabei darf der Bundeswehreinsatz dort auf dem Balkan nicht vergessen werden. Es ist sicher auch nicht abwegig, an den »Eurofighter« zu erinnern sowie die jüngsten ruchbar gewordenen Vorkommnisse in der Bundeswehr zu nennen. Und ganz besonders ist wohl die, gelinde gesagt, taktlose Drängelei um einen ständigen Sitz im Sicherheitsrat der UNO zu erwähnen.

Politiker auch beider deutscher Staaten haben in den vergangenen Jahrzehnten aus offiziellen Anlässen wiederholt auf dem Avala-Berg in der Nähe Belgrads an dem von Ivan Meštrović entworfenen Grabmal des Unbekannten Soldaten Kränze niedergelegt und dabei vor allem der Hunderttausenden von gefallenen Helden des antifaschistischen Volksbefreiungskrieges und der anderen 1,7 Millionen jugoslawischen Opfer gedacht, die nach dem heimtückischen deutschen Überfall im Zweiten Weltkrieg zu betrauern waren. Dieses Zeremoniell war für mich niemals nur eine protokollarische Pflichtübung, denn der Blick vom Mausoleum aus schwarzem Granit über das weite hügelige Land erinnerte daran, welches unermeßliche Leid Deutsche in den Uniformen der SS und der Hitlerwehrmacht über die jugoslawischen Völker gebracht haben; eine Mahnung, ein- für allemal sich niemals mehr in innere Angelegenheiten anderer Völker einzumischen, niemals mehr ihren nationalen Zwist und Hader zu schüren, ihnen Ultimaten zu stellen, sie würgenden Sanktionen auszusetzen, sich über sie zum obersten Richter aufzuschwingen und ihnen gar Vorschriften für ihr Zusammenleben zu machen. Wer es dennoch tut, mißachtet die bitteren Lehren der Geschichte ebenso wie elementare Gebote des Zusammenlebens.

Im vorliegendem Buch werden nach meiner Auffassung Haltung und Aktivitäten Deutschlands im jugoslawischen Bürgerkrieg, deren Motive und Folgen umfassend und faktenreich beleuchtet. Der Leser ist herausgefordert, über das Unrecht nachzudenken, welches Deutsche den Völkern des Balkanlandes erneut am Ende dieses Jahrhunderts zugefügt haben. Die Frage, ob die deutsche Jugoslawienpolitik ein Fiasko oder ein Menetekel darstellt, beantwortet der Autor mit dem Nachweis, daß sie Fehlschlag und Warnzeichen zugleich ist. Ich sehe keinen Grund, ihm darin zu widersprechen.

Der eingangs erwähnte Brief des Botschafters an mich ist ein winziges Detail einer Außenpolitik, die Geschichte ist. Das Buch beschreibt Gegenwärtiges. Es regt zum Nachdenken an, es wird Zustimmung und Beifall finden, aber ebenso nicht wenig Widerspruch und Polemik hervorrufen. Doch all das ist Ralph Hartmann zu wünschen, denn nichts ist riskanter als über gefährliche Entwicklungen den Mantel des Schweigens zu decken oder auch nur legen zu wollen. Aber das – wir wissen es nur zu genau – gilt für die Innen- wie für die Außenpolitik, gilt für jedwedes Handeln.

Oskar Fischer

Anhang

Chronologie der Entwicklung und des Zerfalls Jugoslawiens

Anfang des 6. Jh.
: Beginn der Besiedlung der zum Oströmischen (Byzantinischen) Reich gehörenden Balkanhalbinsel durch die Slawen.

um 650
: Gründung Karantaniens, des ersten südslawischen Staates, durch die Slowenen.

748 - 814
: Eroberung der slowenischen und kroatischen Siedlungsgebiete durch die Franken. Beginn der Zweiteilung des südslawischen Raumes: Der Norden wird von Frankreich, dem Erben des Weströmischen Reiches, und der Süden von Byzanz, dem Oströmischen Reich, beherrscht.

9. Jh.
: Christianisierung des Siedlungsraumes der Serben – des heutigen Gebietes von Kosovo, Montenegro, Südwestserbien und Herzegowina – durch Ostrom.

925
: Krönung des dalmatinischen Fürsten Tomislav zum kroatischen König. Nach 200 Jahren fällt das kroatische Königreich, das in etwa die Gebiete des heutigen Kroatiens und Bosnien-Herzegowinas umfaßte, an Ungarn, um schließlich mit diesem 1526 Bestandteil des österreichisch-ungarischen Reiches zu werden.

1166 - 1196
: Unter Štefan Nemanja erringen die Serben die Unabhängigkeit von Ostrom. Zentrum des serbischen Reiches ist Raška, das heutige Kosovo.

1331 - 1355
: Unter Štefan Dušan erreicht Serbien seine größte Ausdehnung – von Belgrad bis Mittelgriechenland.

28. 6. 1389
: Schlacht auf dem Amselfeld (Kosovo Polje). Die Osmanen besiegen die Serben und erweitern die türkische Herrschaft auf große Teile des Balkans.

1463
: Eroberung Bosniens durch das Osmanische Reich. In der Folgezeit treten große Teile der Bevölkerung – Serben und Kroaten – zum Islam über.

1522 - 1526
: Beginn der Schaffung der österreichischen Militärgrenze (vojna krajina), des »Bollwerkes der Christenheit«, zum Schutz gegen ein weiteres Vorrücken der Türken. Entlang der Grenze – von der ördlichen Adria bis westlich von Belgrad –

entstehen geschlossene Siedlungsgebiete der Serben, die vor den türkischen Heeren geflüchtet waren. Für ihre ständige Verteidigungsbereitschaft erhalten sie zahlreiche persönliche Privilegien und das Recht auf Selbstverwaltung.

1690   Serbischer Aufstand gegen das Osmanische Reich. Nach seiner Niederschlagung fliehen rund 80.000 Serben aus dem Kosovo-Gebiet nach Südungarn, in das heutige autonome Gebiet Vojvodina. In die verlassenen Gebiete von Kosovo siedeln nach Norden vorrückende Albaner.

1799   Das Osmanische Reich erkennt die Autonomie Montenegros an, dessen Gebiet es auch in den vorangegangenen Jahrhunderten nicht unter Kontrolle bekommen hatte.

1804   Serbischer Aufstand unter Karadjordje Petrović gegen die Türken. 9 Jahre später wird der Aufstand niedergeschlagen.

1815   Neuer Aufstand der Serben unter Miloš Obrenović. Mit Hilfe Rußlands wird Obrenović 1830 zum Fürsten mit Sitz in Belgrad ernannt.

1848   Teilnahme der Kroaten unter Ban Josef Jelačić an der Niederschlagung des Aufstandes in Ungarn mit dem Ziel, eigene Unabhängigkeit von Ungarn zu erringen. Der Freiheitskampf schlug fehl, Kroatien wurde Österreich unterstellt und geriet nach Bildung der österreichisch-ungarischen Doppelmonarchie wieder unter ungarische Herrschaft.

1876 - 1878 Im Ergebnis des Serbisch-Türkischen und des nachfolgenden Russisch-Türkischen Krieges erlangen Montenegro und Serbien ihre Unabhängigkeit.

1878   Unter dem Vorsitz von Bismarck bestätigt der Berliner Kongreß die Unabhängigkeit Serbiens und Montenegros. Österreich wird das Recht eingeräumt, Bosnien-Herzegowina militärisch zu besetzen. Mazedonien wird an die Türkei zurückgegeben.

1878 und 1882   Aufstände in Bosnien-Herzegowina gegen die österreichisch-ungarische Fremdherrschaft.

1908   »Iljinden-Aufstand« in Mazedonien gegen die türkische Fremdherrschaft.

1908   Annexion Bosnien-Herzegowinas durch Österreich-Ungarn.

1912 - 1913 erster Balkankrieg, in dem der von Rußland unterstützte Balkanbund (Serbien, Bulgarien, Montenegro und

Griechenland) die Türkei besiegt und die türkische Herrschaft auf der Halbinsel beendet.

1913 zweiter Balkankrieg zwischen den ehemaligen verbündeten Balkanstaaten, in dessen Ergebnis Serbien vergrößert, Bulgarien verkleinert und Mazedonien zwischen Serbien, Bulgarien und Griechenland aufgeteilt wird.

28. 6. 1914 Attentat auf auf den österreichischen Thronfolger Franz Ferdinand in Sarajewo.

23. 7. 1914 Österreichisches Ultimatum an Serbien.

28. 7. 1914 Österreich erklärt Serbien den Krieg, der Erste Weltkrieg beginnt.

1. 12. 1918 Der Prinzregent Alexander Karadjordjević verkündet die Gründung des »Königreiches der Serben, Kroaten und Slowenen«.

6. 1. 1929 Auflösung des Parlamentes, Errichtung der »Königsdiktatur«, Umbenennung des Staates in »Königreich Jugoslawien«.

9. 10. 1934 Ermordung des jugoslawischen Königs Alexander durch Ustascha-Terroristen.

25. 3. 1941 Auf Druck Hitlerdeutschlands tritt Jugoslawien dem Dreimächtepakt (Deutschland, Italien, Japan) bei.

27. 3. 1941 Nach Massenprotesten in Serbien kommt es zu einem Staatsstreich, mit dem die bisherige Regierung abgelöst und der König zur Flucht veranlaßt wird.

6. 4. 1941 Beginn des deutschen Aggressionskrieges gegen Jugoslawien.

17. 4. 1941 Bedingungslose Kapitulation und Aufteilung Jugoslawiens: Slowenien wird zwischen Deutschland und Italien aufgeteilt, in Kroatien und in Bosnien-Herzegowina wird ein Vasallenstaat der Ustaschas errichtet, Serbien und Montenegro werden von Deutschland okkupiert, Kosovo fällt an das von Italien beherrschte Albanien, die Vojvodina an Ungarn, Mazedonien an Bulgarien.

4. 7. 1941 Beschluß der KP Jugoslawiens über den Beginn des bewaffneten Aufstandes.

26./ Gründung des Antifaschistischen Rates zur Volksbefreiung
27. 11. 1942 Jugoslawiens (AVNOJ) in Bihać.

29./ 2. AVNOJ-Tagung in Jajce, Bildung einer provisorischen
30. 11. 1943 Regierung unter Josip Broz Tito.

20. 10. 1944	Befreiung Belgrads durch Einheiten der Jugoslawischen Volksbefreiungsarmee und der Roten Armee.
29. 11. 1945	Abschaffung der Monarchie und Proklamation der Föderativen Volksrepublik Jugoslawien.
30. 1. 1946	Verabschiedung der Verfassung der jugoslawischen Föderation, die das Land in 6 Republiken (Slowenien, Kroatien, Serbien, Bosnien-Herzegowina, Mazedonien, Montenegro) und zwei zur Republik Serbien gehörende autonome Gebiete (Vojvodina, Kosovo) gliedert.
28. 6. 1948	Ausschluß der KP Jugoslawiens aus dem Kominformbüro.
Juni 1950	Beratung und Annahme des Gesetzes über die Arbeiterselbstverwaltung.
Juni 1961	1. Konferenz der nichtpaktgebundenen Staaten in Belgrad.
1965	Wirtschaftsreformen zur Übertragung umfangreicher wirtschaftlicher Vollmachten an die Republiken und Einführung marktwirtschaftlicher Regularien.
1971/72	»Kroatischer Frühling« – soziale und politische Unruhen in Kroatien.
21. 2. 1974	Verkündung einer neuen Verfassung, die die Rechte der Republiken und Gebiete auf Kosten der Föderation erweitert.
4. 5. 1980	Tod Titos. Übernahme der Nachfolge durch kollektive Organe, bestehend aus Vertretern aller Republiken und Gebiete, deren Vorsitz jährlich wechselt.
März 1981	Unruhen in Kosovo, in deren Mittelpunkt die Forderung nach Umwandlung des autonomen Gebietes in eine Republik steht. Verhängung des Ausnahmezustandes.
1982 und 1987	Stand-by-Abkommen mit dem Internationalen Währungsfonds.
Okt. 1986	Veröffentlichung des Entwurfs eines Memorandums der Serbischen Akademie der Wissenschaften, in dem gefordert wurde, die Diskriminierung des serbischen Volkes und der serbischen Republik innerhalb der Föderation zu beenden.
1988	Die Regierungen Sloweniens und Kroatiens verkünden die Einstellung ihrer Zahlungen an den Bundesfonds zur Förderung der unterentwickelten Gebiete.
1988/89	Änderung der Verfassungen der Föderation und der Republik Serbien. Die Rechte der autonomen Gebiete werden auf das Niveau von vor 1974 zurückgeführt. Massenproteste der

	albanischen Bevölkerung von Kosovo werden gewaltsam niedergeschlagen.
22. 1. 1990	14. und letzter BdKJ-Parteitag. Nachdem ihre Forderungen nach Beendigung des Ausnahmezustandes in Kosovo, Aufgabe des Führungsmonopols der Partei, Durchführung freier Wahlen u.a. mehrheitlich abgelehnt wurden, verlassen die Delegierten des BdK Sloweniens den Kongreß. Die Delegierten aus Kroatien solidarisieren sich mit ihnen.
April/ Mai 1990	Mehrparteienwahlen in Slowenien und Kroatien. National-restaurativ orientierte Parteien siegen.
26. 5. 1990	Abschluß des 14. Parteitages des BdKJ ohne Teilnahme der Mehrzahl der Delegierten aus Slowenien, Kroatien und Mazedonien. Faktisches Ende des bisherigen BdKJ.
Juli 1990	Auflösung des Parlamentes des Autonomen Gebietes Kosovo, nachdem dessen Abgeordnete die Unabhängigkeit von Serbien beschlossen hatten. Einführung einer Zwangsverwaltung.
25. 7. 1990	Die in Kroatien lebenden Serben gründen einen Nationalrat und fordern die Garantierung ihrer Autonomie.
9. 11. 1990	Wahlen in Mazedonien. Sieger wird die Innere Mazedonische Revolutionäre Partei.
18. 11. 1990	Wahlen in Bosnien-Herzegowina. Die Wähler entscheiden sich für ihre jeweiligen nationalen Parteien.
7. 12. 1990	Wahlsieg der aus dem BdK Serbiens und der Sozialistischen Allianz der Republik hervorgegangenen Sozialistischen Partei Serbiens.
22. 12. 1990	Verkündung der neuen Verfassung Kroatiens. Kroatien wird zum Staat des kroatischen Volkes erklärt, die Serben erhalten den Status einer Minderheit.
23. 12. 1990	Referendum über die Unabhängigkeit Sloweniens. 88,5 Prozent der Teilnehmer stimmen mit Ja.
19. 5. 1991	Referendum in Kroatien. Über 90 Prozent der Teilnehmer – die Serben boykottieren die Abstimmung – votieren für die Unabhängigkeit.
20. 6. 1991	Auf ihrer Tagung in Berlin verabschieden die Außenminister der KSZE-Staaten eine Erklärung, in der sie sich für die Beibehaltung der Einheit Jugoslawiens aussprechen.
25. 6. 1991	Unabhängigkeitserklärungen Sloweniens und Kroatiens. Beim anschließenden Versuch der Bundesarmee, die Kontrolle über

	die nördlichen Staatsgrenzen wiederherzustellen, kommt es zu begrenzten bewaffneten Auseinandersetzungen mit Einheiten der slowenischen Territorialverteidigung.
Juni/ Juli 1991	Zunahme der gewaltsamen Auseinandersetzungen zwischen den Serben der Krajina und kroatischen Milizen. Schrittweise wird die Volksarmee in die Kämpfe, vorrangig auf serbischer Seite, einbezogen.
7. 7. 1991	Annahme der sogenannten Brioni-Erklärung unter der Schirmherrschaft der EG. Das Inkrafttreten der Unabhängigkeitserklärungen Sloweniens und Kroatiens wird auf drei Monate ausgesetzt.
18. 7. 1991	Beschluß über den vollständigen Abzug der Jugoslawischen Volksarmee aus Slowenien. In Kroatien setzen sich die bewaffneten Auseinandersetzungen fort.
24. 8. 1991	Der bundesdeutsche Außenminister Genscher droht dem jugoslawischen Botschafter in Bonn mit der Anerkennung Sloweniens und Kroatiens.
8. 9. 1991	Unabhängigkeitsreferendum in Mazedonien. 72 Prozent stimmen mit Ja – Albaner und Serben boykottieren die Abstimmung.
September 1991	Die albanische Bevölkerungsmehrheit in Kosovo bekennt sich in einer Volksbefragung zu einer »Republik Kosovo«. Albanien erkennt diese als einziger Staat an. Die Regierung in Belgrad erklärt das Referendum für illegal.
8. 11. 1991	Beschluß der EG-Außenminister über die Verhängung von Wirtschaftssanktionen gegen Serbien und Montenegro.
27. 11. 1991	Kanzler Kohl erklärt im Bundestag, daß die Bundesrepublik Slowenien und Kroatien noch vor Weihnachten anerkennen werde. Kurz danach empfängt er die Präsidenten von Slowenien und Kroatien. UN-Generalsekretär de Cuéllar und der Vorsitzende der Jugoslawienkonferenz Lord Carrington warnen Bonn vor einer überstürzten Anerkennung.
16. 12. 1991	Die EG-Außenminister beschließen unter deutschem Druck die Anerkennung der Unabhängigkeit der jugoslawischen Republiken zum 15.1.1992.
23. 12. 1991	Die Bundesrepublik Deutschland erkennt Slowenien und Kroatien völkerrechtlich an.

12. 2. 1992 Serbien und Montenegro beschließen die Fortexistenz eines gemeinsamen Staates. Bosnien-Herzegowina und Mazedonien werden aufgefordert, sich diesem Schritt anzuschließen.

21. 2. 1992 Annahme der Resolution 743 im Weltsicherheitsrat über die Entsendung einer Schutztruppe von 14.000 Blauhelmen (UNPROFOR) in die von Serben bewohnten Gebiete Kroatiens.

26. 2. 1992 Gründung der »Serbischen Republik Krajina«, bestehend aus den serbisch bewohnten Gebieten in Kroatien.

März 1992 Volksabstimmungen: 94 Prozent der Beteiligten in Bosnien-Herzegowina stimmen für die Unabhängigkeit. Der serbische Bevölkerungsteil boykottiert das Referendum. In Montenegro stimmen 95,9 Prozent der Wähler für den Verbleib in Jugoslawien. In Bosnien-Herzegowina beginnen die bewaffneten Auseinandersetzungen.

6. 4. 1992 Die Bundesrepublik Deutschland erkennt Bosnien-Herzegowina als selbständigen Staat an.

7. 4. 1992 Verkündung der unabhängigen Serbischen Republik durch die Versammlung des serbischen Volkes in Bosnien.

27. 4. 1992 Annahme der neuen Verfassung der aus Serbien und Montenegro bestehenden Bundesrepublik Jugoslawien.

5. 5. 1992 Das Staatspräsidium der BR Jugoslawien legt den Oberfehl über die Armeeeinheiten in Bosnien-Herzegowina nieder und fordert die nicht von dort stammenden Soldaten auf, diese Republik zu verlassen.

24. 5. 1992 Unter Mißachtung der gültigen Verfassung wählen die Albaner in Kosovo ein Parlament sowie einen eigenen Präsidenten.

27. 5. 1992 Granatenangriff auf einem Markt in Sarajewo, der 22 Tote fordert und der serbischen Seite zugeschrieben wird.

30. 5. 1992 Der UN-Sicherheitsrat verhängt umfassende Sanktionen gegen die BR Jugoslawien.

8. 6. 1992 Beschluß des UN-Sicherheitsrates, Blauhelmeinheiten nach Sarajewo zu entsenden.

10. 7. 1992 Entsendung von Kriegsschiffen und Aufklärungsflugzeugen der NATO zur Sanktionsüberwachung. Am 15. Juli beschließt die deutsche Regierung dazu die Teilnahme von Einheiten der Bundesmarine.

Sommer/ Herbst 1992	Truppen der bosnischen Serben kontrollieren rund 70 Prozent des Territoriums von Bosnien-Herzegowina, moslemische und kroatische Truppen halten die Mehrzahl der größeren Städte und Industriezentren.
6. 10. 1992	Beschluß des Weltsicherheitsrates über ein Verbot von militärischen Flügen der Bürgerkriegsparteien über Bosnien-Herzegowina.
3. 1. 1993	Die Vermittler der UNO und der EG, Vance und Owen, unterbreiten einen Friedensplan, der die Schaffung von 10 weitgehend autonomen, ethnisch gemischten Provinzen in Bosnien-Herzegowina mit einer Zentralregierung vorsieht.
13. 1. 1993	Der serbische Präsident Milošević fordert die bosnischen Serben auf, den Vance-Owen-Plan anzunehmen.
2. 4. 1993	Beschluß der deutschen Regierung über die Teilnahme von Bundeswehrangehörigen an AWACS-Einsätzen über Bosnien-Herzegowina.
6. 5. 1993	Forderung des UN-Sicherheitsrates, Sarajewo, Zepa, Tuzla, Goražde, Bihać und Srebrenica als sogenannte Sicherheitszonen zu respektieren.
16. 5. 1993	Die Bewohner der Serbischen Republik lehnen den Vance-Owen-Plan ab, da er sie auf nicht miteinander verbundene Provinzen aufteilen würde.
20. 8. 1993	Die Vermittler von EU und UNO, Owen und Stoltenberg, unterbreiten einen neuen Friedensplan, der die Bildung einer »Union der Republiken Bosnien-Herzegowinas«, bestehend aus drei nach ethnischen Kriterien gebildeten Staaten, vorsieht.
24. 8. 1993	Verkündung der Kroatischen Republik Herceg-Bosna mit Mostar als Hauptstadt.
27. 8. 1993	Ablehnung des Owen-Stoltenberg-Planes durch die moslemische Seite. Tags darauf nimmt die Serbische Republik den Plan an.
10. 9. 1993	Das Gebiet um Bihać verkündet einen autonomen Status und strebt unter dem Moslem-Führer Abdić eine friedliche Konfliktlösung mit der serbischen Seite an.
5. 2. 1994	Erneuter, wiederum der serbischen Seite zugeschriebener Granatenangriff auf einen Marktplatz in Sarajewo, dem 68 Menschen zum Opfer fallen.
9. 2. 1994	NATO-Ultimatum an die bosnischen Serben, ihre schweren Waffen mindestens 20 km vom Stadtzentrum Sarajewos

	zurückzuziehen. Die moslemische Armee wird aufgefordert, ihre analogen Waffensysteme der Kontrolle der UNPROFOR zu unterstellen.
Mitte Febr. 1994	Russische UN-Soldaten werden nach Sarajewo verlegt. Die schweren Waffen beider Bürgerkriegsparteien werden abgezogen.
28. 2. 1994	US-amerikanische Düsenjäger schießen vier serbische Militärflugzeuge wegen Verletzung des Flugverbotes ab.
1. 3. 1994	Auf Druck der USA wird in Washington die Bildung einer moslemisch-kroatischen Föderation vereinbart, die de facto ein Kriegsbündnis gegen die Serben darstellt. Der Friedensplan von Owen und Stoltenberg ist endgültig gescheitert.
10./ 11. 4. 1994	USA-Kampfflugzeuge greifen serbische Stellungen bei Goražde an. Die bosnischen Serben brechen die Friedensgespräche und Kontakte zur UNPROFOR ab.
26. 4. 1994	Konstituierung der Internationalen Kontaktgruppe für Bosnien-Herzegowina, der Vertreter der USA, Rußlands, Frankreichs, Großbritanniens, Deutschlands und der UNO angehören.
5. 7. 1994	Die Internationale Kontaktgruppe unterbreitet einen Friedensplan, der die Bildung einer Union zwischen der moslemisch-kroatischen Föderation und der Serbischen Republik vorsieht. Mit der Begründung, der Plan zerstöre die territoriale Kompaktheit der Serbischen Republik, lehnt diese es ab, dazu ein Votum abzugeben.
1. 8. 1994	Der serbische Präsident Milošević fordert die bosnischen Serben zur Annahme des Friedensplanes auf.
28. 8. 1994	Referendum in der Serbischen Republik: Der Friedensplan wird abgelehnt. Belgrad bricht danach seine Beziehungen zur Serbischen Republik ab.
23. 11. 1994	Die NATO führt einen Luftschlag gegen serbische Raketenstellungen und Radaranlagen. Daraufhin nehmen serbische Einheiten zeitweilig mehr als 400 Blauhelmsoldaten gefangen.
1. 1. 1995	Inkrafttreten eines viermonatigen Waffenstillstandes in Bosnien-Herzegowina, der jedoch ständig gebrochen wird.
26. 4. 1995	Arbeitsaufnahme des Kriegsverbrechertribunals in Den Haag.
Anfang Mai 1995	Kroatische Truppen besetzen die UNO-Schutzzone Westslawonien, eines der vier Serbengebiete in Kroatien.

Ende Mai 1995	NATO-Kampfflugzeuge greifen serbische Stellungen bei Pale an. Serbische Truppen nehmen zeitweilig über 300 UNO-Soldaten als Geisel.
5. 6. 1995	EU und NATO beschließen gegen den Widerstand Rußlands die Bildung einer 10.000 Mann starken Schnellen Eingreiftruppe.
15. 6. 1995	Beginn einer Großoffensive der moslemischen Streitkräfte im Gebiet von Sarajewo.
30. 6. 1995	Der Deutsche Bundestag billigt die Teilnahme der Bundeswehr an der Schnellen Eingreiftruppe.
12. 7. 1995	Die serbischen Streitkräfte erobern die UNO-Sicherheitszone Srebrenica. UNO und NATO drohen mit harten Gegenmaßnahmen.
Anfang Aug. 1995	NATO-Kampfflugzeuge greifen serbische Stellungen bei Pale an. Die kroatischen Streitkräfte besetzen die unter UNO-Schutz stehende serbische Krajina-Republik. Hunderttausende Serben fliehen. Die UNO bedauert das kroatische Vorgehen.
28. 8. 1995	Dritter, erneut den Serben zugeschriebener Granatenangriff auf einen Markt in Sarajewo, dem 35 Menschen zum Opfer fallen.
30. 8. 1995	Beginn massiver NATO-Luftangriffe auf Ziele in den Gebieten der bosnischen Serben.
9. 9. 1995	Beginn des Vormarsches der Truppen der moslemisch-kroatischen Föderation.
24. 10. 1995	Die deutsche Regierung beschließt eine Beteiligung der Bundeswehr an einer internationalen Friedenstruppe für Bosnien-Herzegowina.
1. 11. 1995	Auf der US-Luftwaffenbasis bei Dayton im USA-Staat Ohio beginnen Friedensgespräche, an denen die Staatsoberhäupter von Bosnien-Herzegowina, Kroatien und Serbien, Izetbegović, Tudjman und Milošević, teilnehmen.
21. 11. 1995	In Dayton wird ein Friedensabkommen paraphiert. Bosnien-Herzegowina bleibt als Staat mit gemeinsamer Präsidentschaft, Parlament, Regierung, Zentralbank erhalten und wird im Verhältnis 51 zu 49 zwischen der moslemisch- kroatischen Föderation und der Serbischen Republik (Republika Srpska) aufgeteilt. Die Überwachung der Einhaltung des Abkommens wird einer internationalen, von der NATO geführten Streitmacht (IFOR) in einer Stärke von 63.000 Mann übertragen.

6. 12. 1995 Der Deutsche Bundestag beschließt mit den Stimmen der Regierungskoalition, der SPD und der Grünen die Teilnahme der Bundeswehr am IFOR-Einsatz und damit den größten Auslandeinsatz in der Geschichte der Bundeswehr. Lediglich die PDS stimmt geschlossen dagegen.

14. 12. 1995 Das Daytoner Abkommen wird in Paris unterzeichnet.

6. 2. 1996 Mit Hilfe der IFOR-Truppen werden acht bosnische Serben, darunter General Djukić, festgenommen und später in Den Haag als Kriegsverbrecher angeklagt.

Febr. 1996 Eine sogenannte Befreiungsarmee des Kosovo tritt mit dem Bekenntnis zu einer Serie von Terroranschlägen erstmals an die Öffentlichkeit.

14./
15. 3. 1996 In Ankara findet eine internationale Konferenz über die Aufrüstung der moslemisch-kroatischen Föderation in Bosnien-Herzegowina statt. Vereinbart wird eine Gesamtrüstungshilfe von 1,2 Mrd. DM.

31. 3. 1996 Laut Regierungsbeschluß endet der Abschiebestopp für Bosnienflüchtlinge in der Bundesrepublik Deutschland.

8. 4. 1996 Die Außenminister Mazedoniens und Jugoslawiens unterzeichnen ein Abkommen über die gegenseitige völkerrechtliche Anerkennung. Mazedonien erkennt als erster Nachfolgerstaat des ehemaligen Jugoslawiens die Bundesrepublik Jugoslawien als Rechtsnachfolgerin der SFRJ an.

17. 4. 1996 Als 11. EU-Land beschließt Deutschland die Anerkennung der Bundesrepublik Jugoslawien.

21. 4. 1996 Bei Unruhen in Priština, der Hauptstadt von Kosovo, werden fünf Serben und ein Albaner getötet. Zu den antiserbischen Gewalttakten bekennt sich die »Befreiungsarmee von Kosovo«, die die Abtrennung des Gebietes von Serbien fordert.

14. 6. 1996 In Florenz wird ein Rüstungsbegrenzungsabkommen unterzeichnet. Das Kräfteverhältnis zwischen der Bundesrepublik Jugoslawien, Kroatien und Bosnien-Herzegowina soll 5:2:2 betragen. Innerhalb Bosnien-Herzegowina darf die Republika Srpska nur halb so viel Waffen haben wie die moslemisch-kroatische Föderation.

12. 7. 1996 Der deutsche Außenminister Kinkel trifft in Bonn mit dem Oppositionsführer der Albaner in Kosovo, Ibrahim Rugova, zusammen.

7. 8. 1996	Die BR Jugoslawien und Kroatien vereinbaren die volle Normalisierung ihrer Beziehungen.
1. 10. 1996	Aufhebung der UNO-Sanktionen gegen Jugoslawien.
Dez. 1996/ Jan. 1997	Nach Unregelmäßigkeiten bei den serbischen Kommunalwahlen versucht die Opposition mit starker ausländischer, vor allem deutscher Unterstützung, Präsident Milošević und die von ihm geführte Sozialistische Partei zu Fall zu bringen.
23. 5. 1997	Das Bayerische Oberste Landesgericht verurteilt in einem Pilotprozeß einen bosnischen Serben wegen »Beihilfe zum Mord« zu 5 Jahren Haft.
3. 7. 1997	Die Staatspräsidentin der Republika Srpska, Biljana Plavšić, löst das Parlament auf. In den sich zuspitzenden innenpolitischen Auseinandersetzungen genießt sie die Unterstützung der USA und anderer NATO-Staaten.
23./ 24. 7. 1997	In Brüssel findet eine Geberkonferenz für den Wiederaufbau von Bosnien-Herzegowina statt. Über 50 Staaten sagen eine Hilfe von 1,1 Mrd. US-$ zu. Die Republika Srpska erhielt 1996 von 800 Mio US-$ 1 Prozent.
20. 2. 1998	Der NATO-Rat beschließt, den SFOR-Einsatz über den 30. Juni 1998 hinaus zu verlängern. Die Einsatzlänge soll nicht mehr begrenzt werden.
Anfang März 1998	Nach mehreren Angriffen der sogenannten Befreiungsarmee Kosovos auf Polizeieinheiten und darauffolgenden Offensiven von Sicherheitskräften, in deren Ergebnis Polizisten, zahlreiche Terroristen, aber auch Zivilpersonen ihr Leben verlieren, kommt es in Kosovo zu Massendemonstrationen, auf denen die Unabhängigkeit des autonomen Gebietes gefordert wird. Während der deutsche Außenminister Kinkel die sofortige Einberufung des Weltsicherheitsrates fordert und die USA Belgrad »schwerste Konsequenzen« androhen, lehnen Rußland und China jegliche direkte Einmischung in die inneren Angelegenheiten Jugoslawiens ab.
25. 3. 1998	Die internationale Bosnien-Kontaktgruppe stellt Jugoslawien das Ultimatum, innerhalb von vier Wochen einen Dialog mit den Kosovo-Albanern zu beginnen.
1. 4. 1998	Der Weltsicherheitsrat beschließt ein Waffenembargo gegen Jugoslawien.
23. 4. 1998	An einem Volksentscheid zur Frage einer »internationalen Vermittlung« im Kosovokonflikt beteiligen sich 73 Prozent

der Wahlberechtigten Serbiens. Von diesen lehnen rund 95 Prozent eine derartige Vermittlung ab.

15. 5. 1998 Slobodan Milošević, Präsident Jugoslawiens, und Ibrahim Rugova, Führer der Kosovo-Albander, sprechen sich bei einem Treffen in Belgrad für eine friedliche Lösung des Kosovokonfliktes aus.

Personenverzeichnis

Abdić, Fikret 246
Adžić, Blagoje 74
Albright, Madeleine 152
Alexander Karadjordjevic 39 56 241
Alić, Fikret 153
Anderson, David 105
Andrássy (Graf) 23
Axt, Heinz-Jürgen 186 187 191

Badinter, Robert 126
Baker, James 12 14
Ballin, Albert 34
Bandelow 54
Barthou, Louis 56
Bebel, August 33
Becket, Samuel 216
Beham, Mira 120
Belsazar (babylonischer König) 233
Berchthold (Graf) 24 25
Bethmann Hollweg, Theobald von 20 25 28 34
Bezold, Christoph von 219
Bismarck, Ferdinand Fürst von 178
Bismarck, Otto von 20 23 138 147 173 240
Böhme, Franz 49 54
Bony, Jérome 155
Brandt, Willy 67
Brebeck, Friedhelm 143 149 215
Breshnew, Leonid 67
Briquemont, Francis 151 152
Brkić, Miljenko 134
Brock, Peter 150 155
Broek, Hans van den 121 125
Büchmann, Georg 163 164
Bueck, Henry Axel 26

Bülow, Andreas von 177
Bülow, Bernhard Heinrich Martin, Fürst von 26 28 34
Bush, George 14 191

Calic, Marie-Janine 82
Carrington, Peter Lord 15 17 122 244
Carstens, Karl 67
Carter, Jimmy 69
Čat, Marijan 95
Chavez, Linda 156
Christopher, Warren 18 122 185
Cinkar-Marković 42
Clinton, Bill 173
Crvenkovski, Krste 104
Cuéllar, Javier Pérez de 15 244
Cvetković, Dragiša 42

Dapčević-Kučar, Savka 102 103
Dedijer, Vladimir 56
Dehmel, Richard 38
Dizdarević, Raif 110 114
Djukić 249
Doyle, Arthur Conan 217
Drašković, Vuk 119 207
Drnovšek, Janez 94
Dumas, Roland 12 18
Dušan, Štefan 239
Duve, Freimut 100 208

Eggert, Heinz 178

Fichter, Tilman 179
Filipović-Majstrović, Miroslav 59
Fischer, Joschka 98 101 130 200
Fischer, Oskar 67
Franz Ferdinand 21 241

Franz Joseph 22 25 27 28 31
Frasure 152
Frederic, Dagmar 150
Frlec, Boris 165

Gallors, Pierre-Marie 17
Gandhi, Indira 67
Gansel, Norbert 123 126 128 177 219
Geibel, Emanuel 194
Gelbard, Robert 213
Genscher, Hans-Dietrich 12 15 16 18 67 98 101 119 121-126 128 131 135 136 139 140 142 165 171 192 213 219 226 244
Gerster, Johannes 177
Gligorov, Kiro 74
Glotz, Peter 131 161
Goebbels, Joseph 58
Gorbatschow, Michail 79 80 95
Gortschakow, Fürst 23
Grabert, Horst 16 130 131
Grey, Sir Edward 31
Groener, Wilhelm 39
Gutman, Roy 158
Gysi, Gregor 100

Haberl, Othmar Nikola 77
Hackett, John 96
Handke, Peter 141 150 191
Herbert, Gabriele 80
Herder, Johann Gottfried 186
Hilpold, Peter 82
Himmler, Heinrich 57 60
Hitler, Adolf 20 41-44 47-49 51 55 58 145 159 179 222
Holbrooke, Richard 152 173
Höll, Barbara 159
Honecker, Erich 67 68
Hötzendorf, Franz Graf Conrad von 25 29
Hua Guofeng 67
Huber, Erwin 124
Hummer, Waldemar 82
Hurd, Douglas 12

Ionesco, Eugène 216
Izetbegović, Alija 92 105-107 125 134 148 151 248

Jagow, Gottlieb von 22
Jelačić, Ban Josef 240
Jelzin, Boris 185 190
Jeremić, Zoran 165
Johannes Paul II. 16
Jović, Borisav 77
Jung, Rainer 203

Kadijević, Veljko 147
Kalbe, Ernstgert 81
Karadjordjević, Pavle 42
Karadzic, Radovan 100 132 134
Kardelj, Edvard 87 109 117
Karger, Adolf 76
Kavčič, Stane 104
Keitel, Wilhelm 51 181
Kenney, Georg 137
Kielmansegg, J. A. Graf von 178
Kilić, Alev 17
Kind, Christian 79 80
Kinkel, Klaus 119 131 139 140 157 163 172 173 175 176 183 185 200 201 213-215 218-220 225 249 250
Kissinger, Henry A. 137 220-222 224 227
Kohl, Helmut 16 19 55 122 125 126 131 139 173 182 188 191 199 200 210 226 244
Komarica, Mirhunisa 153
König 53
Korfmacher, Heribert 17
Korošec, Anton 40
Kosyrew, Andrej 190
Kraus, Karl 36 38
Kriege 34
Kuhnke, Claus 178
Kvaternik, Eugen 61
Kvaternik, Slavko 56 58

253

Lalumière, Catherine 94
Lamers, Karl 124 125 128 131 132 162 163 177
Lazar (serbischer Zar) 21
Lenin, Wladimir Iljitsch 85
Lentze 163
Lettmayer, Martin 155
Libal, Wolfgang 42
Lichnowsky, Karl Max 22
Liebknecht, Karl 35
Liszt, Franz 41
Livingston, Robert Gerald 184 186 187
Lončar, Budimir 122
Lubbers, Ruud 125
Ludendorff, Erich 39

Mackensen, August von 38 39
Maizière, Lothar de 12
Männle, Ursula 160
Mappes-Niediek, Norbert 150
Marcone, Guiseppe Ramiro 61
Marković, Ante 19
Marković, Mihailo 152
Matić, Milan 146
Maticek, Ronald Grossarth 78
Mazowiecki, Tadeusz 156
Mehring, Franz 35
Mellenthin, Knut 99 101
Mesić, Stepe 147
Meštrović, Ivan 237
Mihajlović, Draza 50 51
Miloš (serbischer Fürst) 23
Milošević, Slobodan 77 99 100 111 140 141 212 215-217 246-248 250 251
Milutinović, Milan 120 217
Modrow, Hans 100 133 167
Moltke, Helmuth von 29
Mondale, Walter 67
Mugos, Mate 59
Mühlen, Alexander 191
Murat I. (Sultan) 21
Mussolini, Benito 55
Mustafić, Ibran 153

Mutz, Reinhard 120 136 228
Naumann, Klaus 180 193
Nedić, Milan 49
Negoš, Petrović 21
Nemanja, Štefan 239
Newhouse, John 125
Niehuis, Edith 157 158
Niemetz, Alexander 120
Niggemeier, Horst 178
Nikezć, Marko 104

Obilić, Miloš 21
Obrenović, Miloš 240
Orić, Naser 153
Oskar, Prinz von Preußen 178
Owen, David 228 246 247

Pantelić, Lazar 52
Pašić, Nikola 40
Pavelić, Ante 55-60 116
Pavle (serb. Patriarch) 166
Peter, König von Jugoslawien 47
Petrović, Karadjordje 240
Pickering, Thomas 14 15
Pius XII. 60
Plavšić, Biljana 250
Pleitgen, Fritz 146
Poppe, Gerd 160
Princip, Gavrilo 21 22
Prinz Eugen 42

Ranković, Aleksandar 117
Rein, Eberhard 94
Reißmüller, Johann Georg 77 78 98 141 148
Reuter, Jens 137 147
Richelieu, Armand Jean 193
Rose, Jürgen 180
Rugova, Ibrahim 205 214 216 249 251
Rühe, Volker 55 124 196 197 201 203

Samary, Catherine 80
Scharping, Rudolf 199 210

Scharrenbroich, Heribert 157
Schäuble, Wolfgang 177 199
Schewardnadse, Eduard 12
Schmidt, Helmut 67-69
Schwarz, Stefan 158-163 178
Schwarz-Schilling, Christian 178
Scowcroft, Bren 191
Šerfezi, Ivica 150
Šešelj, Vojislav 207
Simović, Dušan 43 44 47
Solana, Javier 204
Solms, Hermann Otto 162 201
Sonnenfeld, Helmut 14
Spranger, Karl-Dieter 226
Stalin, Jossif Wissarionowitsch 70 80 92
Stepinac (Erzbischof) 59 60
Stiglmayer, Alexandra 154 155 157
Stoltenberg, Gerhard 228 246 247
Stumm, Karl Ferdinand Freiherr von 163
Šuvar, Stipe 104 105
Szögyény-Marich 28

Thumann, Michael 142
Tisza (Graf) 25
Titi, Josip Broz 43 47 50 51 62 63 67-70 75-80 85 89-91 96 103-105 107 109 148 236 241 242
Tomislav von Jugoslawien 239

Tripalo, Miko 102 103
Trumbić, Ante 40
Tschirschky 27
Tudjman, Franjo 72 91 96 115 116 146 248
Tülff von Tschepe und Wildenbach 30
Turner 57 60

Ujčić (Erzbischof) 60

Val, Mery del 33
Vance, Cyrus R. 246
Veesenmeyer, Edmund 58
Verheugen, Günter 200
Vogel, Friedrich 100
Voigt, Karsten 162 170 219

Walther, Hans-Dieter 54
Warburton, Anne 156
Wehling, Hans-Georg 76
Weisel, Horst 172
Wickert, Ulrich 120
Wilhelm II. 25 27-29 31 37 194
Winter, Marko 136
Wollenberger, Vera 130
Würfel, Uta 160

Yilmaz, Mesut 214

Zweig, Arnhold 161

RALPH HARTMANN
(geboren 1935 in Zwickau)

Nach einer für Ostdeutschland und die DDR nicht gerade untypischen Kindheit und Jugend in seiner Geburtsstadt – Volksschule, Pionierverband, Oberschule, FDJ und Eintritt in die SED – nahm sein Leben einen Verlauf, in dem es an »jähen Wendungen« nicht fehlte: Statt, wie geplant, Atomphysik studierte er in Moskau von 1954 bis 1960 Außenpolitik; statt nach dem Abschluß des Studiums sofort eine Tätigkeit im Außenministerium anzutreten, arbeitete er ein knappes Jahr als Metallschleifer im Lokomotivbau in Potsdam-Babelsberg; statt im Außenministerium im Referat Italien, für das er in Moskau 6 Jahre als Länderspezialist vorbereitet worden war, zu arbeiten, landete er in der Presseabteilung; statt über einen Aufenthalt in Kuba, wo er erstmals als Presseattaché eingesetzt war, nun zu einem Lateinamerika-Spezialisten zu werden, wurde er nach Jugoslawien delegiert, in dem er dann einen großen Teil seiner diplomatischen Laufbahn – 1968 bis 1972 als Presseattaché, 1977 bis 1981 als Botschaftsrat und 1982 bis 1988 als Botschafter, zuletzt auch als Doyen des Belgrader CD – absolvierte; statt danach ins Außenministerium zurückzukehren, wurde er als Sektorleiter für die sozialistischen Länder in der internationalen Abteilung des Zentralkomitees der SED eingesetzt, eine Tätigkeit, die zu dieser Zeit schon eher den Namen »Konkursverwalter« verdient hätte; und statt nach der jahrzehntelang niemals ausgeschlossenen und dann doch überraschend eingetretenen gesellschaftlichen »jähen Wende« das Abwicklungslos seiner ehemaligen Kolleginnen und Kollegen im Außenministerium zu teilen, verschlug es ihn mit Hans Modrow an den Rhein. Als wissenschaftlicher Mitarbeiter des vorletzten Ministerpräsidenten der DDR und Bundestagsabgeordneten erlebte er bis zum Oktober 1994 in Bonn, in Blicknähe zum Bundeskanzleramt, den Rausch der »Sieger der Geschichte« und das Wundenlecken der Geschlagenen, die Vereinigungspolitik der Etablierten und den Widerstand einer sich formierenden, noch schwachen linken parlamentarischen Opposition.

Seine Erlebnisse und Eindrücke im ersten Jahr der deutschen Einheit hat er in seim Buch »Des Kanzlers rote Nachbarn. Aufzeichnungen eines Mitläufers« (1995) festgehalten. 1997 veröffentlichte er »Die Liquidatoren. Der Reichskommissar und das wiedergewonnene Vaterland«, das sich mit dem Treuhand-Untersuchungsausschuß des Bundestages beschäftigte.